简读中国史

NOTES ON CHINESE HISTORY

张宏杰 著

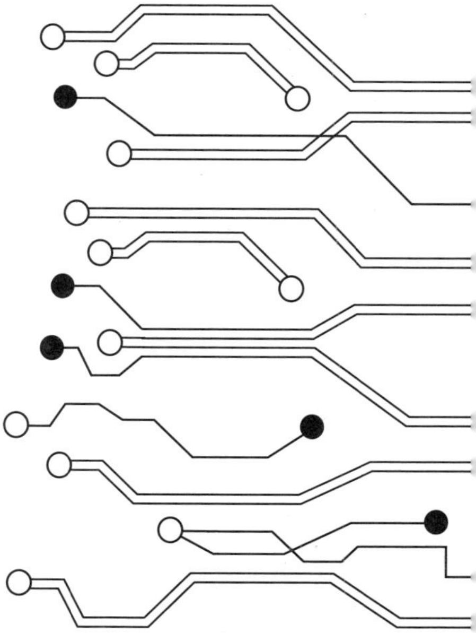

中国历代腐败背后的权力与财政

CNS 岳麓書社·长沙 博集天卷 CS-BOOKY

目录

腐败首先是一个制度问题，其次才是道德问题。在制度层面，腐败的源头无疑是权力的不受约束和权力决定一切，但官员的薪酬或者俸禄水平是否能让他们过上体面的生活，是否和他们手中的权力匹配，则是诱发腐败最直接、最具体的原因。如果官员没有体面的收入，无论是崇高的道德说教，还是严厉的法律惩处，最终只能事与愿违。

第二编

最坏的结局，最好的样本：清王朝的腐败与反腐败

清朝的皇帝们，希望通过根除腐败来消除满汉种族矛盾造成的合法性危机。遗憾的是，最有能力和声望的康熙在腐败面前望而却步，甚至纵容了制度性腐败。雍正的养廉银改革，因后继者改革精神的缺失而夭折。赫德在中国海关参照西方的制度反腐取得成功，但在大厦已倾的晚清，也只是一时一域的个例。

第三编

高贵的穷人：荒诞制度下的官员真实生存状态

从道德层面看，腐败的官员是不值得同情的，但如果不了解官员阶层的真实生存状态，那么，造成腐败的荒诞制度一定是抽象的、冰冷的。腐败顽疾为何蔓延千年，翻开清朝官员的账本之后，答案或许会清晰起来。

我说中国人和我们不同之处可以追溯到根本的出发点：中国人说人性善，我们说人性恶。中国人因而求助于教育养成的规矩；我们则通过“惩”，对违法进行治理和处罚，树立法律和规章。

——赫德

自序

千年顽疾为何无良方

一

腐败是传统社会的顽疾，历代皇帝为了治理腐败，可谓绞尽了脑汁，想尽了办法。

比如鲜卑族建立的北魏，一开始非常腐败，地方官几乎无一不贪。北魏的皇帝们反腐决心很大，措施层出不穷，很多办法甚至非常“现代”。比如北魏太武帝建立“举报制度”，号召天下百姓，可以跑到皇帝面前直接举报其官长：“其令天下吏民，得举告守令不如法者。”[1]文成帝则要求对官员们实行“长期追责制”，虽然官员们已经任满调离或者退休回家，如果发现有经济问题，也绝不放过：“牧守莅民，……虽岁满去职，应计前逋，正其刑罪。”[2]北魏明元帝拓跋嗣则发明了类似今天西方国家“财产公开制度”的办法。他专门派出一批使节到各地巡行，清查官员家里的财产。巡行使节事先并不告知，而是突然袭击，闯入官员家中，一项项清点财物。如果你不能证明哪些东西是合法所得，那就一律视作赃物，治以“巨额财产来源不明罪”。

看起来，北魏皇帝们的制度创新能力已经接近那个历史时代的极致了。

但是皇帝们的百端治理整顿，几乎毫无成效，北魏前期的腐败程度在中国历史上绝对名列前茅。不但没有成效，有些措施还产生了严重的副作用。比如皇帝号召百姓举报不法官员，诏令下达之后，各地倒是群起响应，不过响应的都是地方上的流氓地痞。“凡庶之凶悖者，专求牧宰之失，迫胁在位，取豪于闾阎。而长吏咸降心以待之，苟免而不耻，贪暴犹自若也”[3]。就是说，这些地方上的凶恶之徒，专门搜集地方官员的过错，然后上门威胁，如果不给我好处，我就上报。地方官员不得不贿赂他们，回过头加倍贪暴。皇帝的诏令反倒成了地方黑恶势力发财的机会。

五代十国时期，南汉皇帝刘鋹反腐方法更是出奇，为了防止官员们有私心，他选官是“阉然后用”。《新五代史·南汉世家》记载，刘鋹规定拟用官员均须先行阉割一下：“至其群臣有欲用者，皆阉然后用”。

为什么要采取如此奇葩的手段呢？刘鋹有这样一番解释：“自有家室，顾子孙，不能尽忠，唯宦者亲近可任。”（《新五代史·南汉世家》）有家室子孙，官员们就不能做到公而无私。把他们全阉了，才能全心全意为国家服务。

虽然采取了如此“独出心裁”的反腐奇招，但是南汉还是在刘鋹手中灭亡了。刘鋹在位期间，荒淫无度、统治昏庸，他宠爱一名波斯女子，与之淫戏于后宫，叫她“媚猪”，而自称“萧闲大夫”，不理政事。后来，他又将政事交给女巫樊胡子，连宰相龚澄枢和卢琼仙都不得不依附于她。大宝十三年（北宋开宝三年，970年），北宋大将潘美率军攻打南汉，南汉官员已经全部腐化，掌兵权的全是宦官，“城墙、护城河，都装饰为宫殿、水塘；楼船战舰、武器盔甲，全部腐朽”。这样的国家，怎能不亡？

到了明太祖朱元璋时期，反腐手段更是残酷。

明太祖朱元璋是中国历史上反腐措施最激烈的皇帝。《草木子》说，明太祖规定，地方官贪污受贿六十两以上，就要在土地庙前剥下皮来，里面填上草，放在官府大堂的公座边上，以提醒下任官员不要贪污："明祖严于吏治，凡守令贪污者，赃至六十两以上者，枭首示众，仍剥皮实草。府州县卫之左，特立一庙，以祀土地，为剥皮之场，名曰皮场庙。官府公座旁，各悬一剥皮实草之袋，使之触目惊心。"实在令人毛骨悚然。

从洪武十八年（1385年）到洪武二十八年（1395年），朱元璋几乎无日不杀人。据说，朱元璋上朝时，如果把玉带高高地贴在胸前，这一天杀的人就少一些；如果把玉带低低地按在肚皮下面，官员们就吓得面如土色，这一天准得大杀一批。传说当时的京官，每天清早入朝，必与妻子诀别，到晚上平安回家便举家庆贺，庆幸又活过了一天。

一般估计，朱元璋在反腐过程中杀掉的官吏在十万到十五万名之间，数量不可谓不多。由于诛戮过甚，两浙、江西、两广和福建的行政官吏，从洪武元年（1368年）到十九年（1386年）竟没有一个能做满一个任期，干到一半就被罢官或者杀头。有些衙门，因为官吏被杀的太多，已经没有人办公，朱元璋不得不实行"戴死罪、徒流办事""戴斩、绞、徒、流刑在职"的办法，叫判刑后的犯罪官吏，戴着镣铐回到公堂办公。

朱元璋还发明了通过群众运动来反腐。他发布了针对全国民众的《大诰》，号召底层民众起来，造官僚阶级的反。他在《大诰》中宣称，在他的帝国之内，百姓们如果痛恨某一官吏，可以不经任何法律程序，直接闯入官府，捉拿官吏，送到他面前来审判。这在中国政治史上是从来没有过的事情。此令一下，在通往南京的路上，经常出现一群衣衫褴褛的百姓押解着贪官污吏行走的情景。

虽然力度如此之大，然而，朱元璋期望的良好吏治也没能出现，洪武一朝，贪污事件仍然层出不穷，“弃市之尸未移，新犯大辟者即至”。“朝治而暮犯，暮治而晨亦如之，尸未移而人为继踵，治愈重而犯众多！”弄得朱元璋连声哀叹：“似这等愚下之徒，我这般年纪大了，说得口干了，气不相接，也说他不醒。”[4]

而且允许百姓直接擒拿犯法吏员一举不久就显现了很大的负面作用。群众运动的火候是最难掌握的。不久，就有许多地方的地方官为了政治利益，威胁利诱百姓们保举自己，打击他人，更有许多地方群众为了抗税不交而把正常工作的税收官员捉拿到京。这类事情远比真正捉到的贪官要多，弄得朱元璋一个劲儿地呜呼不已。在他死后，腐败更是迅速发展，大明最终以“中国历史上最腐败的王朝之一”被列入历史。

二

为什么中国历史上这些反腐措施不能取得治本之效呢?

原因很简单，这些措施都没有触及根本。

中国传统社会的腐败大多数时候都是一种制度性腐败。它的产生是基于以下几方面的原因。

第一个原因是“权力决定一切”的社会运转机制。

自秦朝至清末，中国历史基本上就是一个皇权专制不断强化的历史。而皇权专制本身，就是最大的腐败。

皇权专制制度的根本特征是，皇帝不是为国家而存在，相反，国家是为皇帝而存在。用黄宗羲的话说，从秦朝开始的君主专制制度是“以天下之利尽归于己，天下之害尽归于人”。黑格尔则说，传统中国是

“普遍的奴隶制。只有皇帝一个人是自由的，其他的人，包括宰相，都是他的奴隶”。这句话在中国史书中得到这样的注解：后梁宰相敬翔曾对梁末帝说：“臣虽名宰相，实朱氏老奴耳。”（《旧五代史·敬翔传》）

这种制度安排，使天下成了君主的世袭产业：“其未得之也，荼毒天下之肝脑，离散天下之子女，以博我一人之产业，曰：‘我固为子孙创业也’”，“其既得之也，敲剥天下之骨髓，离散天下之子女，以奉我一人之淫乐，曰：‘此我产业之花息也’”。确实，在君主专制制度下，整个国家就是给皇帝提供服务的庄园，全体臣民，其生存意义都在于为皇帝奔走。换句话说，国家就是皇帝的盛筵，皇帝一家是唯一的食客，天下百官是负责上菜的服务员，而老百姓则是餐桌上的食物。这就是所谓的“竭天下之财以自奉”“以四海之广，足一夫之用”“夺人之所好，取人之所争”。这种状况本身当然就是最大的腐败。用黄宗羲的话说，皇权专制制度是“天下之大害”。用孟德斯鸠的话说则是：“专制政体的原则是不断在腐化的，因为这个原则在性质上就是腐化的东西。”

利益如此巨大，风险当然也高。为了保证自己及后代的腐败特权，皇帝们建立起庞大的官僚体系，试图控制社会的方方面面，“人人而疑之，事事而制之”，甚至于“焚诗书，任法律，筑长城，凡所以固位养尊者，无所不至”。这就导致权力笼罩一切。

记得我中学时读世界历史，课本上有一段是讲西方资本主义是怎么发展起来的，说因为欧洲的国王们很穷，打仗办事得向商人们借钱，钱借多了还不起，结果国王们就被新兴的资产阶级控制，不得不制定有利于资本主义发展的政策。读了这些之后，我大惑不解：君主怎么会被商人控制？抄了商人的家，商人的一切不就都是君主的了吗？西方的君主怎么那样笨？

其实，我的想法是典型的中国人的思维方式。虽然私有制在中国起源很早，然而中国社会并没有真正确立起“私有财产神圣不可侵犯”的概念，普天之下，莫非王土，率土之滨，莫非王臣。天下的一切，都是皇帝的。中国古代权力的起源主要依靠赤裸裸的暴力，因此“经济基础决定上层建筑”，一定意义上而言，对古代中国并不完全适用。传统中国是一个“权力决定一切”的“超经济强制”的社会。马克思称之为“行政权力支配社会”。皇帝们可以凭一己之喜怒，把国家像揉面团一样揉来揉去：秦始皇可以调集全国之力修陵墓、修长城，朱元璋在全国之内组织了数千万人的大移民，甚至到了清朝康熙时代，尚可一道迁海令下，沿海三十里内，人民搬迁一空。如此巨大的行政动员能力，让西方人惊叹不已。

传统社会生产生活的各方面，都是在权力的直接支配之下进行。比如农业，刘泽华说：“国家通过权力系统对农业生产进行直接的监督和管理，贯穿于中国整个封建时代。……从官府集中大量耕牛、种子、生产工具在全国范围内调配，到将几十万、上百万的劳动者从东迁到西，又从西迁到东；更不必说产品征收和转运过程中组织、措施的复杂与严密，都体现着一种精神，即国家对于全部土地、农民、一切生产活动的主宰。农民几乎没有自由的独立的自己的生产，一切都要纳入符合封建国家需要的轨道。自由竞争或自由选择的原则，在这里完全没有效应。”

不仅是大事由统治者决定，甚至普通百姓穿什么样的衣服，住多大的房子，也要由统治者来具体规定。比如明朝开国之初，朱元璋就制定了一系列规章制度，对细民百姓生活的方方面面都进行了明确要求。他规定金绣、锦绣、绫罗这样的材料只能由贵族和官员们使用。老百姓的衣料只限于四种：绸、绢、素纱、布。他还规定普通老百姓的靴子“不得裁制花样金线装饰”。也就是说，靴子上不得有任何装饰。洪武二十五年（1392年），朱元璋一次微服察访，发现有的老百姓在靴子上绣了花纹，勃然大怒，回宫后，“以民间违禁，靴巧裁花样，嵌以金线蓝条”，专门下令，严禁普通老百姓穿靴子。后来北方官员反映，北方冬天太冷，不穿靴子过不了冬。朱元璋遂格外开恩，“惟北地苦寒，许用牛皮直缝靴”。就是说可以穿靴，但只许穿牛皮的，只许做成“直缝靴”这一种样式。除了衣服之外，其他的生活起居也无不有明确的规定。比如老百姓的房子，洪武二十六年（1393年）定制，不过三间，五架，不许用斗拱，饰彩色。百姓喝酒，酒盏用银器，酒注只能用锡器，其余的都只能用瓷器、漆器……事实上，在中国传统时代，不存在公域与私域的区别，一切私人领域都具有政治性质，都是政治领域。一个人的生老病死，衣食住行，都需要由权力来规定。

而且中国皇帝对商人特别敌视。战国时期，中国的统治者们就十分敏锐地认识到，经济力量会威胁政权的稳定。因此，中国多数朝代都对商人阶层设置了歧视性规定。比如西汉“令贾人不得衣丝乘车”，到哪儿都得步行。晋代为了侮辱商人，让他们“一足着白履，一足着黑履”。就是让你看起来和正常人不一样。前秦皇帝苻坚规定，“工商皂隶不得服金银、锦绣。犯者弃市”。朱元璋则规定，在穿衣方面，商人低人一等。农民可以穿绸、纱、绢、布四种衣料，而商人却只能穿绢、布两种料子的衣服。即使你富可敌国，也没权利穿绸子。商人考学、当官，都会受到种种刁难和限制。

历代统治者都坚持“利出一孔”原则，什么叫“利出一孔”，就是天下所有的好处，天底下所有的利益，都要从一个孔出来，那就是都要由“权力”这个孔出来，由皇帝来赐予。所以，在传统时代，财富不能给自己带来安全，因为它随时可以被权力剥夺。一定要攀附权力，才能安全。权力可以让一个人一夜暴富，也可以让他一夜赤贫。汉文帝宠爱为他吮疮吸脓的黄头郎邓通。汉文帝病了，长了个疮，怎么也治不好，邓通就给汉文帝吸脓。汉文帝很感动，特许他可以冶铜铸钱，邓通遂一跃而富甲天下；过几年，汉文帝死了，汉景帝上台，厌恶这个靠拍马屁上来的人，于是邓通就“家财尽被没收，寄食人家，穷困而死”。朱元璋时代一个有名的传说是，江南首富沈万三为了讨好朱元璋，出巨资助建了南京城墙的三分之一，孰料朱元璋见沈万三如此富有，深恐其“富可敌国”，欲杀之，经马皇后劝谏，才找了个借口将沈万三流放云南。沈万三终客死云南，财产都被朱元璋收归国有。这个传说虽然被历史学家证明为杜撰，却十分传神地表现了朱元璋时代富人财富的朝不保夕。在古代中国，“政治地位高于一切，政治权力高于一切，政治力量可以向一切社会生活领域扩张”。确实，如果说西方资本主义社会是金钱万能，那么中国传统社会则是权力万能。

因为权力支配一切，所以通过权力很容易获得巨额财富。因此，在传统社会，人们商品经济意识不发达，对纯粹的商业经营、经济投资兴趣不大，而对政治冒险、政治投机、权力经营十分投入。战国时期的大商人吕不韦是中国式权力投资学的开创者。他说，耕田之利不过十倍，珠宝之利不过百倍，而政治投资赢利无数。后来，他果然通过拥立子楚为秦国国君而拜相封侯，一下子家童万人，食洛阳十万户。在古代中国，要想致富并且保持财富，只有通过做官：“三代以上，未有不仕而能富者。”

这是古代中国制度性腐败的第一个基础：权力支配一切。

第二个基础则是权力不受约束。

中国古代传统社会历来讲究人治，因此权力运用表现出极大的任意性。凭武力夺取天下的中国皇帝，可以对天下一切人随意“生之、任之、富之、贫之、贵之、贱之”。而各地官员则是各地的“土皇帝”，在自己的地盘上，一手遮天，说一不二，独断专行。他们对上只对皇帝一个人负责，对下则永远英明，永远正确，永远受到逢迎，下属们除仰自己之鼻息外，别无他法。因此，他们也很容易作威作福，专擅恣肆。康熙年间的工部右侍郎田六善曾这样说：“今日官至督抚，居莫敢谁何之势，自非大贤，鲜不纵恣。”[5]

虽然中国历代王朝为了约束权力也进行了一些制度设计，但是因为相信“人性本善”，相信教化的作用，相信“有治人无治法”，所以，实际上这些制度发挥的作用很小。

虽然中国古代王朝通常都很重视监督机制建设，御史台、都察院在历代都是朝廷重要的衙门，但几乎每一个王朝，监察系统发挥的作用都非常有限，甚至根本就是空转。比如清代几乎所有的贪污大案，都并非监察制度监察到的，而是一些非常偶然的因素或者是政治原因引发的。最典型的是清代最大一起贪污案——王亶望案，涉及甘肃省官员二百余人，其中布政使以下县令以上官员一百一十三人，形成了一个有组织的贪腐集团。捐粮案前有预谋、有计划，案中有分工、有组织、有步骤，案后有攻守同盟。这样一个涉及全省的巨案，不但在甘肃是公开的秘密，在全国，也为许多人所知。但是，七年之内居然无一人举报告发，最终还是贪污者自我暴露。

之所以出现这样的结果，是因为监察机构只是皇权的附属，并不能监督皇权。皇权不能分割，传统监察制度本是为强化皇权而设的。在传统社会，皇帝的权力从本质上讲是不受制约的。意志强悍的皇帝很容易就可以绕开制度、更改法律，以一人之意志而为高下，甚至法外施情，以情代法。比如明代成化、嘉靖两位皇帝喜欢方术，很多术士只凭一纸符篆，便可官运亨通。到了一个王朝的中后期，皇帝往往带头腐败，监察系统就完全失去作用。对谏官来说，谏诤不合圣意，轻则遭贬，重则丧命。这样的例子，历史上比比皆是。比如永乐年间刑科给事中陈谔“尝言事忤旨，命坎瘗奉天门，露其首”，非常悲惨。

西方现代的反腐机构虽然大多直属政府首脑，不能直接监督政府首脑，但是政府首脑往往会受到司法系统、议会系统及新闻舆论的有力监督。因此，监察机制从理论上来说是无死角的。但是政治分工、权力制衡的观念都是近代以来的产物。古代皇权是不可分割的，也不能让渡，所以传统社会不可能对皇权进行有效监督和制衡。

另外，中国传统的权力制约机制是封闭的，它排除外来力量的参与，特别是拒绝引入民间的监督力量，因此是一种体制内的自体监督，效力自然非常有限。所有官员都处于同一权力体系之内，受到“官大一级压死人”这个游戏规则的左右，监察官员打“大老虎”，随时可能为其反噬。所以传统时代，大多数时候监察官员只能“打打苍蝇”。万历年间，左副都御史丘橓曾经说：“（官场）贪墨成风，生民涂炭，而所劾罢者大都单寒软弱之流。”[6]

此外，监察官员和其他官员一样，也受利益最大化原则支配。当他们发现巴结权贵有利于自己时，就会轻易将手中的监察权力作为向权贵们讨价还价的资本。所以，在历史上很多时期，监督者与被监督者很容易猫鼠一窝，在窃取“天家”利益的时候结成同盟。历代王朝后期，随着官僚体系的腐败，监察系统也会高度腐败。

明代言官的权力非常大，特别是“风闻言事”的特权让他们拥有非同寻常的杀伤力。这并没有导致明朝官场风纪特别严明，反而导致了明代后期言官系统的腐败特别严重。因为手中握有监督和考查官员的权力，所以他们公然索贿，买官卖官。明代后期，人称科道监察官员为

“抹布”，“言其只要他人净，不顾己污也”。监察系统腐败的结果是这个系统完全失去作用。比如崇祯年间，都察院考核地方官吏，已经完全流于形式，徇私情，通关节，结果全是“称职”，真是滑天下之大稽。

第三，低薪制导致腐败的恶化。

在中国历史上，薄俸制是主旋律。汉桓帝时的名臣朱穆，长期任中高级官员，“禄仕数十年，蔬食布衣，家无余财”。东汉著名学者政论家崔寔，曾经在多地担任太守，“历位边郡，而愈贫薄。建宁中病卒，家徒四壁立，无以殡殓”。东汉那些级别低的官吏，不但不能养活妻室儿女，甚至连冬夏衣被也买不起。比如东汉明帝时，河内药崧“家贫为郎，（尚书郎）常独直台上，无被，枕杫，食糟糠”。“杫”是指放在柱础上面的板子。无独有偶，《京兆旧事》载：“长安孙晨，家贫，为郡功曹，十日一炊，无被，有蒿一束，暮卧其中，旦则收之。”简直如同叫花子一般。

某些王朝，比如宋朝，对中高级官员局部实行了高薪养廉，但是对广大低级官吏一直是薄俸制，因此，从总体上说，宋代也是一个低薪制的朝代。宋代许多中低级官员的生活也是十分紧张的。宋朝时有人抱怨说：“闲曹奔走徒云仕，薄俸沾濡不逮亲。”更有打油诗说：“平江（治今江苏苏州）九百一斤羊，俸薄如何敢买尝。只把鱼虾充两膳，肚皮今作小池塘。”宋真宗时，张逸“（知）青神县，贫不自给，（王）嗣宗假奉半年使办装”。低级官员甚至有贫至生不足养、死不得葬者。如“观察推官柳某死，贫不能归，乳妪挟二子行丐于市”，流落成了乞丐。

传统社会的低薪制，到底低到什么程度，离满足基本生活相差多少？我在《给曾国藩算算账》一书中专门通过曾国藩等人的例子进行了分析，曾国藩在做翰林院检讨时，年收入为一百二十九两左右，年支出为六百零八两左右。赤字四百八十两左右，需要自己想办法弥补。这是当时京官的常态。

不仅大部分王朝都采取薄俸制，有的王朝甚至还采取无俸制，不给官员开工资，比如北魏王朝和元王朝早期。

游牧民族建立的王朝，一般以战争抢掠为生，所以立国之初，北魏人根本不知道什么是俸禄。当时北魏文武百官的生活来源主要靠朝廷赏赐的战利品。但是获得赏赐最多的当然是随军出征的将士及文武官员，留守的官员所获甚少，甚至根本捞不到赏赐。比如北魏名臣高允在任中枢机要官员中书侍郎时，“时百官无禄，允常使诸子樵采自给”，“家贫布衣，妻子不立”，其家“惟草屋数间，布被缊袍，厨中盐菜而已”。[7]出任机要，而家贫如此，可见北魏官员待遇水平是何等不公平。

在这种情况下，大部分留守文职官员和地方官员的主要收入就靠贪污受贿、“刮地皮”。史载当时无禄之官，“率是贪污之人”，“少能以廉白自立”，以至百姓视他们为“饥鹰饿虎”。北魏太武帝时，公孙轨出任虎牢镇将，“其初来，单马执鞭；返去，从者百两（辆），载物而南”[8]，百姓登山怒骂相送。

北魏前期的皇帝们在反腐上可谓机关算尽，但是他们没有意识到，没有俸禄制度是一个根本制度缺陷。直到孝文帝时期，北魏君主才想通了这个简单的道理：不给百官发俸禄，就不可能达到地方吏治的清明。因此才开始制定俸禄制度。孝文帝结束了北魏一百年无俸的历史，然后再厉行惩贪，取得了明显的效果，并且为他的汉化改革创造了良好的制度条件。

朱元璋反腐未能治本，也有俸禄制度方面的原因。在中国历朝历代皇帝中，朱元璋对官员们是最小气的。朱元璋制定的俸禄水平是中国历史上最低的，史家因有“明官俸最薄”之说。我们以县令收入为例。明代正七品县令月俸只有七石五斗。那时的官员并不享受国家提供的福利待遇，不但不享受别墅、小车、年终奖，也没有地方报销吃喝费。用七石五斗粮食养活一个大家庭，甚至家族，这个县令的生活只能是普通市民水平。而且，明代对于官员办公费用不予考虑，师爷、账房、跟随、门房和稿签等手下均需要县令来养活。作为县令，还要在官场上迎来送往、交际应酬，这就给官员们造成了巨大的经济压力。

这种低薪制造成了两种结果，一个是奉公守法的官员生活极为清苦。

比如洪武朝弘文馆学士罗复仁性格质直，经常在朱元璋面前率直发言，因此，朱元璋称他为“老实罗”。但朱元璋对这个“老实罗”到底是真老实还是假老实还是有所怀疑，因此，有一天便服到罗复仁家去私访，恰逢罗复仁正站在一张折了一条腿的木梯上填补一块剥落的粉壁。朱元璋不觉感慨，说：“老实罗确实老实，是清廉之员，不用再修房子了，朕赏你一套新住宅。”于是赐给他城中府第。[9]

最为极端的例子是洪武朝官至正三品的通政使曾秉正，去职时竟“贫不能归”，实在没有办法，“鬻其四岁女”，充作路费。朱元璋一听，不仅没反省自己的低薪政策，反而勃然大怒，“帝闻（曾卖女一事）大怒，置腐刑，不知所终”（《明史·曾秉正传》）。

翻开明史，这类清官生活困苦，甚至饥寒的例子，随处可见。

另一个结果是，大部分官员不得不想“歪门邪道”来弥补自己的亏空。贪污腐败自然不可避免。

低薪薄俸为朝廷节省了大量的财政支出，也有利于培育出一批清官楷模。但与此同时，薄俸制也有巨大的危害：它容易诱发腐败，导致腐败的普遍化。权力笼罩一切，并不受约束。与此同时，官员们却又只能拿到极低的，甚至不能满足基本生活需要的薪水。这就形成了“渴马守水，饿犬护肉”的局面：让一条饥饿的狗去看着一块肥肉，那么无论你怎么打它、骂它、教育它，它还是要偷吃，因为不偷吃，它就活不下去。

西方学者戴维斯等人构建了相对剥夺理论。当人们感到相似的投入没有得到相同的报酬时，相对剥夺感就可能产生。剥夺感受的积累会引致行为失当，因此也为个人的腐败提供了借口。员工自感“相对剥夺”、士气很差的企业，腐败程度往往较高。

在生活艰辛之际，选择做清官的毕竟只是少数，大多数人不可避免地把手伸向灰色收入，导致第一次“失身”。而“腐败”这件事，如同吸毒或者性行为一样，有了第一次，就很容易有第二次。因为你贪一次也是贪，贪两次也是贪。很少有人说，我一生就收过一次钱。所以低薪制很容易诱发腐败，并导致腐败的蔓延。明清两代是中国历史上薪俸最低的两个朝代，这两个朝代后期的腐败程度之深，面积之广，在中国历史上也是登峰造极的。这两者之间，并非只是一种巧合。

在低薪制或者无薪制下，人们想当公务员，动机绝大多数都是不纯的。传统中国的流行话语是“当官发财”，“千里做官只为财”。这些人一旦进入官场，就如同恶虎扑食，给国家和社会造成的危害极大。

腐败的危害是巨大的，它会导致官僚体制失效，统治效率低下，严重危及政治稳定，甚至导致国家政权的倾覆。提高官吏俸禄从表面上看会增加百姓负担，但是，这其实远比官员毫无节制地盘剥百姓，给民众造成的痛苦要轻。

这个道理，统治者并不是不懂。我们看中国历史上，关于廉政与俸禄之间的关系阐述得已经非常充分了。早在先秦，管子曾经说过：“仓廪实则知礼节，衣食足则知荣辱。”汉宣帝、唐玄宗、宋太祖等很多皇帝都指出低薪注定导致贪腐。崔寔和白居易等大臣都曾经专门论证过合理的俸禄水平是廉政建设的基石，比如白居易这样详尽地分析：“臣闻为国者皆患吏之贪，而不知去贪之道也；皆欲吏之清，而不知致清之由也。臣以为去贪致清者，在乎厚其禄、均其俸而已。夫衣食阙于家，虽严父慈母，不能制其子，况君长能检其臣吏乎？冻馁切于身，虽巢由夷齐，不能固其节，况凡人能守其清白乎？臣伏见今之官吏，所以未尽贞廉者，由禄不均而俸不足也。”白居易主张尽量“厚其禄，均其俸”，“使天下之吏温饱充于内，清廉形于外，然后示之以耻，纠之以刑”。

道理如此清楚，那么为什么在中国历史上绝大多数时期，统治者还是坚持实行低薪制呢？

低薪制的其中一个原因是官僚系统的不断扩张，导致财政无力负担。

中国历史上有一个鲜明的规律，那就是历代官吏数量呈不断扩张的趋势。明代刘体健称“历代官数，汉七千八百员，唐万八千员，宋极冗至三万四千员”。到了明代，文武官员共十二万余人。

另一个特点是，每一个王朝建立之初，官吏数量比较精简。但是随着时间的推移，无不成倍增长。

比如唐代，初唐时厘定的京官定员只有640人。到了玄宗开元末期，京官人数达到2620人，外官人数则达到16185人。

宋朝草创之初，内外官员不过五千人，到了景德年间，已达一万多人；而皇祐年间，更是增加到两万多人。南宋只有半壁江山，但是，庆元年间，内外官员竟达四万余人。这是指官员。至于吏人数量，更是惊人，宋真宗一次就裁汰冗吏十九万余人。

明代也是这样。世宗嘉靖年间，刘体健上疏指出，明初洪武四年（1371年），天下文职官吏数目不过“五千四百八十员”，武职官数在国初也不过为二万八千员。“自宪宗五年，武职已逾八万，全文武官数盖十余万。至武宗正德年间，文官二万四千六百八十三员，武官十万。”

中国传统社会经济结构非常单一，传统赋税又主要只有农业税一途，官吏数量过于庞大，使得俸禄成为财政支出的第一大项。西汉末年，国家赋税收入“一岁为四十余万石，吏俸用其半”，官员俸禄支出占国家财政收入的一半。唐代中后期，“计天下财赋，耗斁之大者，惟二事焉，最多者兵资，次多者官俸。其余杂费，十不当二事之一”。国家财政支出，第一大项是军费，第二大项就是官俸。南宋初期，“百官有司之费，十去五六”。明代“国家经费，莫大于禄饷”。所以支付官俸成为财政上一大难题，为了节省开支，薄俸制就成为大多数时候不得已的选择。

那么由此又引出了另一个问题：官僚系统为什么会不断扩张？

这里有三方面原因。

第一个原因是官僚体系的存在虽然是为皇权服务的，但是一旦出现，它本身就会成为一个独立的利益集团，具有自我保护、自我繁殖的特点。按照公共选择学派理论，官僚机构本身是一个垄断组织，它垄断了公共物品的供给，缺少竞争机制，同时公共物品的估价存在困难，政府管理活动的输入、输出都是不可观察的。基于这些特点，官僚机构总是倾向于尽一切可能实现权力寻租，倾向于机构不断扩张，表现在官员数量上只能增不能减，既得利益只能增加不能减少，行政效率不断降低。

事实上，中国历史上搞了多次公务员减员增效改革，然而，总的趋势却是愈裁愈多。大多数时候，减员改革都失败了。比如宋代“景祐三年正月，诏御史中丞杜衍沙汰三司吏。吏疑衍建言。己亥，三司吏五百余人诣宰相第喧哗，又诣衍第诟詈，乱掷瓦砾”。也就是说，当时皇帝命御史中丞杜衍负责裁减三司吏员。这些吏员怀疑这件事是杜衍向皇帝建议的，十分愤怒，五百多个吏员集体跑到宰相府去闹事，然后又跑到杜衍家门口破口大骂，乱扔瓦块石头，进行抗议。这一事件发生后，朝廷虽“捕后行二人，杖脊配沙门岛”，但“沙汰”之举也被迫“因罢”。再比如清代戊戌变法期间，光绪皇帝大规模减撤冗员，成为保守派官员强烈反击的起点，不几日，变法即遭失败。

第二个原因是官僚系统的不断扩张，这也是皇权专制制度不断强化的结果。官僚系统是君主专制的工具，官权是皇权的延伸，君主专制不断完善，注定官僚系统也不断延伸膨胀。

秦汉以后，中央集权不断发展强化。每一次集权强化都意味着国家权力不断延伸，造成官僚队伍的不断发展壮大。

君主专制制度强化表现出两个方向，一个是皇权不断向下延伸，比如朱元璋强化里甲制度。古代社会发展的一个特点是民间组织、民间自治不断被打压，所有事务都要由官僚体系来把持。所以国家权力不断向基层扩张。

另一个方向是随着君主专制的发展，官员权力被不断分割，以期官员相互制衡，弱化他们对皇权的挑战。由此造成一官多职，官僚队伍进一步扩张。比如宋代为了防止地方割据，不断增设机构、分化事权，“昔以一官治之者，今析之为四五；昔以一吏主之者，今增而为六七”。比如汉代初期的地方行政制度只有郡、县两级，唐代地方行政也只有州府和县两级；宋太宗至道三年（997年），在州府上面又加了一级政权叫“路”，设置了四个行政长官，即帅（安抚使）、漕（转运使）、宪（按察使）、仓（常平使），分别掌管军事、财政、司法、救济等要务，且四个长官互不隶属。州县过去只承奉一个顶头上司，而现在得应付四个顶头上司衙门。

历代裁减官吏数量的努力之所以失败，也与官权是皇权的代表这一因素有关。皇帝裁撤官吏数量，就意味着要简政放权，放松对社会的控制，这是皇帝不愿意看到的。因为官僚权力受到约束之后，皇权也会相应萎缩。皇帝为了自己能更有力地控制社会，不得不依赖官僚集团，也就无法从根本上过度触动他们的利益。

第三个原因，古代社会还有以官位酬劳臣子的传统。比如魏晋南北朝时期，南朝官吏众多，所以皇帝不得不多立郡县，以此安排这些官员。“一郡分为四五，一县割成两三”，还有的二郡共一县，有的郡下竟无县。宋代为了保持政治稳定，通过科举制度，把民间精英吸收到文官队伍中来。同时为了保证官员的忠诚，还滥行恩荫制度，荫补太乱，以至“一人入仕，则子孙、亲族，俱可得官，大者并可及于门客、医士”。这样都会导致冗官的出现。最终结果是“民少官多，十羊九牧”。

低薪制的第二个原因是皇权专制的自私短视本性。

我们说过，皇权专制本身是一项极不合理的制度安排，它的设计原理是千方百计保证君主的利益，损害其他社会阶层的利益，这其中就包括官僚阶层的利益。

第一个表现是想方设法压低官员俸禄。在君主专制制度下，皇帝好比一个公司的老总，百官好比员工。压低员工工资，保证自己的利润，对老板来说是一种本能的做法。而且一遇到财政困难，皇帝们首先想到的都是削减，甚至停发百官工资。

第二个表现是在中央与地方的关系中，不断向中央倾斜。君主专制制度的发展，使得财政体制也朝高度集中的方向发展，财政安排上对中央财政考虑得越来越多。本来唐代后期“两税法”实行后，上缴中央的租税为三分之一，留给地方的是三分之二，这个比例是比较合理的。但是到了元代，每年地方上供中央的岁钞数占全国岁钞总数的70%，各省留用的仅占30%［《元史》卷二十二《武宗本纪一》记载：大德十一年（1307年），“常赋岁钞四百万锭，各省备用之外，入京师者二百八十万锭”］。到了清代，起运（解送到中央的钱粮赋税）占88%左右，存留（留给地方支配的钱粮赋税）仅占12%左右。这种不断向中央倾斜的情况，就导致地方政府经费无着，只能另辟渠道搜刮百姓。

皇帝自私短视的第三个表现是高级官员收入往往比较容易得到保障，而广大基层官吏的工资通常很低。这是因为从皇帝的视角来看，他接触的主要是中高级官员，听到的主要是他们的呼声。所以皇帝的赏赐，大多赏给了与自己有直接接触的中高级官员。每逢调整俸禄标准的时候，由于主导权掌握在中高级官员和皇帝手中，所以，首先选择的是解决中高级官员的生活问题。因此，历代俸禄改革，结果通常都是中高级官员俸禄不断增长，对低层官吏的生活缺乏考虑。

低薪制的第三个原因：制度惰性。

一般来讲，一个王朝刚刚建立之时，经济水平包括物价都比较低，实行低薪制在某种程度上情有可原。但问题是，随着社会的稳定，经济的发展，应该及时调整薪酬水平，但是皇帝们往往以“祖制”为由，拒不调整。

瞿同祖引用H.B.莫尔斯的话指出，中国的规费制度并不是独有的，类似的惯例在欧美也有。但是欧美国家后来都用现代财政制度取代中世纪水平的陋规制度，只是在中国，陋规一直原原本本地保持到了清末，朝廷一直没有认真且努力地去革除它。

因为革除陋规涉及根本性、大规模的财政改革，要把各种办公经费全部列入政府预算，政府也要相应地提高税率。但是清代皇帝，以康熙为代表，都迷恋“轻赋薄税”的美名，把“盛世滋丁，永不加赋”作为自己的政绩，不肯下功夫对财政税收体系进行理性分析和合理设计。只有雍正皇帝做了一定程度的突破，进行了养廉银改革。其实，清代的绝大多数陋规都可以用正式的税收来取代，让这些收费晒在阳光下，一方面可以解决政府实际支出困难，另一方面也可以减少对百姓的压榨。但统治者拒绝做出必要的调整，其结果只是富了官吏，穷了百姓，祸害了地方，也败坏了王朝的统治秩序。

瞿同祖精辟地指出：“中国这种紧张（官民之间、官吏及其上司之间等）没有导致显著的变革，一个决定性因素就是，所有这些（既得利益）集团，都在现行体制下获得了最大的回报，唯一例外的是普通百姓。因此，尽管有紧张（冲突），他们没有兴趣去改变现状。”

总而言之，低薪制甚至无薪制，原因是基于以皇权为核心的传统财政制度的自私性与短视性。从皇帝的视角来看，采取“薄俸制”和“低薪制”既省心省力，又为国家节省了大量财政经费。但事实上，这都是典型的掩耳盗铃之举，对最高统治者来说，同样是“占小便宜吃大亏”。因为大部分官员会选择谋取灰色收入，最后给国家造成的损失比开足工资要大得多。

实行低薪制的王朝都有一个特点，统治者迷信道德的约束力。他们认为，官员腐败与吏员贪婪似乎只与道德有关。

对于俸禄问题，历史上一直持续着“义”派与“利”派的不停争论，也就是说，一派是坚持“高薪养廉”，另一派则坚持“以德养廉”，宣传自我奉献精神。

“以德养廉”派由于其实施上的低成本，所以历来被统治者所提倡。

比如康熙年间，面对“俸薄禄微、廉吏难支”的情况，康熙大力提倡理学，表彰清官。他希望官员们以“存理遏欲”为思想武器，保持廉洁。他反复说："大凡人衣食可以自足，便宜知足，理应洁己守分"，"洁己澡躬，臣子之义，悖入悖出，古训所戒，子产象齿焚身之论，最为深切著明，当官者宜铭诸座右"。

应该说，这种思路在中国传统社会中一直很有市场，也是低薪制得以存在的重要思想基础。比如嘉庆时的两江总督孙庭玉就大义凛然地说，俸禄水平与廉政毫无关系，"人之贪廉，有天性。贪者，虽加俸而亦贪；廉者，不加俸而亦足"，也就是说，思想政治工作是廉政建设唯一的可靠保证。这种把问题归于道德的说法，并不是在解决问题，而是在回避问题的根源。

三

历史是连续的，反腐必须从历史中汲取经验和教训。今天的中国社会，在器物层面上已经与传统社会大相径庭，但是社会运转的基盘，仍然保持着强大的惯性。特别是贪腐现象及其背后的规律，与历史上很多时期有很多相同或者相似之处。看清历史，有助于我们找到治理这个千年顽疾的良方。

注释

1.《魏书》卷四上，《世祖纪上》。

2.《魏书》卷五，《高宗纪》。

3.《魏书》卷一百一十一，《刑罚志》。

4.朱元璋：《御制大诰武臣》序。

5.《二十六史精粹今译续编》，人民日报出版社，1992年，第1653页。

6.《明臣奏议》卷三十，《陈吏治积弊八事疏》。

7.《魏书》卷四十八，《高允传》。

8.《魏书》卷三十三，《公孙表传公孙轨附传》。

9.《明史·罗复仁传》：罗复仁，尝操南音。帝顾喜其质直，呼为“老实罗”而不名。间幸其舍，负郭穷巷，复仁方垩壁，急呼其妻抱杌以坐帝。帝曰：“贤士岂宜居此。”遂赐第城中。

腐败首先是一个制度问题，其次才是道德问题。在制度层面，腐败的源头无疑是权力的不受约束和权力决定一切，但官员的薪酬或者俸禄水平是否能让他们过上体面的生活，是否和他们手中的权力匹配，则是诱发腐败最直接、最具体的原因。如果官员没有体面的收入，无论是崇高的道德说教，还是严厉的法律惩处，最终只能事与愿违。

第一编

中国历代腐败背后的权力与财政

第一章
汉代：为什么西汉清廉而东汉腐败

一个人如果生活不下去了，即便面对锋刃相逼，也会想办法去谋取收入，何况他们还手握地方财政大权。这就是所谓的“让渴马去守水，让饿犬去护肉”，让他们不去碰，是不可能的。在薄俸制下，虽然会有一些恪守操守的清官廉吏，但只是极个别的现象，不可能用这样标准去要求所有人。

中国历史上的吏治败坏时期，其政治病状通常是高度相似的。除了梁冀门者通过收门包致富这种后世也经常存在的手段，东汉官场还出现了腐败集团化、公开化，很多官员结成利益共同体，以求自保。

一

所谓俸禄，就是官员的薪水。战国以前是没有后世意义上的俸禄的。因为那时是贵族社会，实行世袭制，没有今天所说的官员。夏商周的诸侯及其下级卿、士大夫各有自己的领地或者叫“食邑”。他们是自己领土的主人，代代世袭，领土内的一切财产，除进贡的之外都由他们自己支配。

打个比方，当时的王朝是由各级诸侯与天子共同持有股权的一个公司，大家都靠股息生活，只不过股份大小有别，所以根本不用发工资。这种体制也叫“世卿世禄制”。

“俸禄制”是伴随君主专制制度发展起来的。所谓君主专制，是指国家的产权收归君主一人，其他中层管理者不再与君主共享国家的股权，而是变成了君主的打工仔。有打工的，才有了工资，也就是俸禄。

战国时代是君主专制的萌芽期。因为各国激烈竞争，诸侯们不约而同进行改革，逐步废除不利于调动社会各阶层积极性的贵族制，也就是“世卿世禄制”，将其过渡为任命制。君主根据人们的功绩来封官授爵，按官爵高低来决定工资。

秦代是第一个全面实行俸禄制的大一统王朝。不过秦代留下的俸禄资料很少，《中国俸禄制度史》中根据部分存留下来的资料计算，秦代“五十石”之官，也就是一个基层小官，年收入为1712.5公斤小米，大约相当于五口之家一年的口粮。而一个“千石”高官，每年收入是34250公斤小米，已经可以维持相当优裕的生活。工资差别是相当大的，这也验证了历史记载的秦代“有功者不得不赏，有能者不得不官，劳大者其禄厚，功多者其爵尊，能治众者其官大”[1]的统治原则，也就是说，通过高官厚禄、拉大收入差距来刺激人们的积极性。

二

西汉的俸禄制度主要袭自秦代，中高级官员俸禄比较丰厚。汉元帝时，著名贤臣贡禹曾在上书中描述他家经济情况的变化。他说，未做官时，他家虽然有百亩田地，但是衣食不赡，生活困苦，做官之后，情况就截然不同了：

臣禹……拜为谏大夫，秩八百石，奉钱月九千二百。廪食太官，又蒙赏赐四时杂缯绵絮衣服酒肉诸果物，德厚甚深。……又拜为光禄大夫，秩二千石，奉钱月万二千。禄赐愈多，家日以益富，身日以益尊。[2]

这则资料告诉我们，西汉的俸禄形式是比较现代化的，不再像战国和秦那样用粮食支付，而是主要以铜钱支付，也就是实现了货币化。贡禹在做相当于中级官员的“八百石”官时，月收入是九千二百钱。据汉简材料，汉代一斤（一汉斤约为250克）肉大约六钱或者七钱，则他的月收入在今天可以买大约七百零七斤（今天的斤）肉。《九章算术》卷七记：“善田一亩，价三百；恶田七亩，价五百。”也就是说，好地一亩三百钱，差地一亩七十余钱。则他的月收入可以买近三十一亩好地。

除了薪水，皇帝对中高级官员还会有不时的赏赐，赐给“四时杂缯绵絮衣服酒肉诸果物”[3]，所以，汉代中级以上官员收入还是比较高的。

汉代在建立之初，经济相对困难之时，就确立了中高级官员较高的薪俸标准，这是有着明确的“高薪养廉”的考虑的。汉孝惠帝说：“吏所以治民也，能尽其治则民赖之，故重其禄，所以为民也。”[4]也就是说，给官员们高薪，是让他们好好为百姓工作，最终落脚点也是为了民众。

所以董仲舒说，当时官宦之家一般实力都非常雄厚，可以大量购买田宅奴婢：“身宠而载高位，家温而食厚禄，因乘富贵之资力，以与民争利于下。”[5]汉武帝时，丞相公孙弘生活俭朴，晚上睡觉盖着布被。名臣汲黯认为这与他的收入状况不符，有作秀的嫌疑，因此上疏弹劾他："弘位在三公，奉禄甚多，然为布被，此诈也。"[6]由此可见，汉代高级官员的生活待遇确实是非常优厚的。

与此同时，汉代法律对贪污受贿的处罚也非常严厉。汉初，官吏接受他人宴请被举报，就要罢官。"吏受所监临，以饮食免。"[7]汉代官员如果接受贿赂，或者通过经商谋取收入，则以"盗贼罪"论处。主政官员"盗直十金"，即判死刑"弃市"。如果收受礼物，则处以罢官，并且还要没收礼物以及处罚金。"受所监臧二百五十以上，请逮捕系治。"[8]二百五十钱在当时只不过能买一件比较好的衣服而已，可见处罚之重。朝廷鼓励百姓举报贪污受贿行为，还把没收之物作为对举报者的奖赏。

因此，西汉大部分时期和东汉前期，在整个中国历史上属于官风较好的时期，中高级官员极少出现大面积贪腐现象。《二十四史》中，以汉代"循吏"，即清正有为之官最多，比如"仁爱好教化"、主动俭省用度的蜀郡太守文翁；"视民如子""为百姓兴利，郡以殷富"[9]的南阳太守召信臣；厉行廉洁、立节自律、"身处脂膏""不以自润"的姑臧长孔奋；"性公廉"、拒收贿赂的东莱太守杨震等。

三

但是汉代俸禄体系存在一个很大的问题，就是高级官员与低级官员，以及官员与吏之间的待遇过于悬殊。

关于汉代官与吏的划分，一直有所争论。有些学者认为，汉代和秦一样，"六百石以上为官，六百石以下为吏。吏以二百石为界，二百石以上为大吏，以下为小吏"。但是也有学者提出疑问，因为如果按这个标准，一县之长级别为三百石到五百石，也要被划入吏的范围，这显然不符合实际情况，而且汉代二百石以上官吏都由朝廷任命，二百石以下才可由地方政府自行任命。所以有人主张应该以二百石为界，二百石以上为官，以下为吏。

不论如何，汉代高级官员和低级官员的收入差距是非常大的。最高级别的官员丞相的月俸钱，相当于中低级官员“比六百石”的二十倍，相当于二百石以下吏员的一百倍到六百倍。差距巨大。“百石”级的小吏，其年收入仅与普通农户一年的收入相当。汉代高级官员俸禄水平虽然很高，但是官吏整体平均月收入竟然不过一千三百八十九钱，甚至比不上“月二千”的，雇来替人服徭役的“更卒”。这是因为汉代高级官员数量很少，而基层公务员数量却非常庞大，所以平均数就被大大拉低了。因此我们说，汉代大多数政府公务员收入不高。从这个角度来看，汉代也应该属于薄俸制。

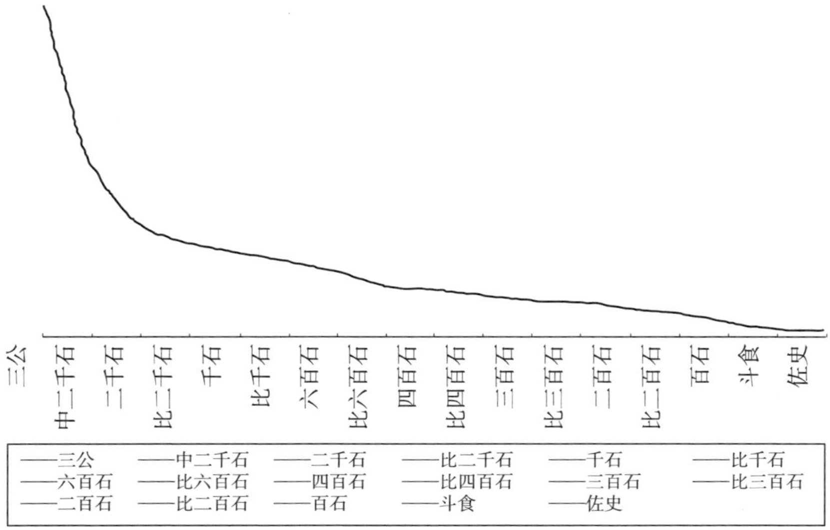

东汉官吏收入对比曲线

讲到这儿，我们要来分析一下官与吏的区别，这是了解中国古代社会的一个重要常识。今天我国的公务员系统不再有官与吏的区别，只有中高级领导与普通科员的区别。但是在古代，这两个有很大的身份差别。一般来讲，官员是皇帝任命的，在地方上代表皇帝的权力。而吏则是官员任命的，是政府里的具体工作人员，负责收收发发，跑腿办事。打个不恰当的比方，官员相当于今天政府里的中层以上领导，吏员则相当于今天的科员，顶多是主任科员。

别看吏员的地位比较低，但是在一定条件下，吏员的权力甚至比官员还要大。因为他们负责的范围很广。中央政府的吏员负责管理文件档案，协助长官处理日常事务。地方吏员的一般责任是地方政府的文件收发、管理，官场上的迎来送往，负责具体与百姓打交道等。

秦汉时代，法律公文繁杂，所谓“五曹自有条品，簿书自有故事”[10]，一般官员空降到一个地方，很难迅速适应当地情况，而吏员长年在一个地方，熟悉繁缛复杂的政府条文，是法律方面的专家，他们“勤力玩弄，成为巧吏”[11]。《汉书·刑法志》说：“文书盈于几阁，典者不能遍睹。是以郡国承用者驳，或罪同而论异，奸吏因缘为市，所欲活则傅生议，所欲陷则予死比。”也就是说，因为法律条文和以前案例太多，积压于档案室内，根本看不过来。所以那些资深的奸猾之吏就可以玩弄其间，同一个罪名，根据不同的判例可以做出完全不同的判决意见，想让人生则生，想让人死则死。律令成为市场交易的砝码。《汉书·周勃传》说，周勃下廷尉后，“不知置辞……勃以千金与狱吏，狱吏乃书牍背示之”。一个往日的丞相，也不得不低颜求助于小吏。

除了司法领域，地方政府吏员还具体负责收取赋税、征发徭役等任务。所以他们比官员离百姓更近，是与百姓直接发生关系的政府毛细血管末梢，负责把百姓的膏血汲取输送到上层。因为难于监管，腐败容易滋生。早在律法严密的秦代，就已经出现胥吏腐败的现象。《云梦秦简·法律答问》说：“部佐匿者（诸）民田，者（诸）民弗智（知），当论不当？部佐为匿田，且可（何）为？已租者（诸）民，弗言，为匿田；未租，不论□□为匿田。”这里的“部佐”即乡部之佐，基层吏员，这种匿田的乡佐，就是上下其手的胥吏。

汉代吏员腐败情况更为普遍。《汉书·黄霸传》说，官府在送故迎新之际，“奸吏缘绝簿书盗财物，公私耗费甚多”。颜师古注说：“因交代之际而弃匿簿书以盗官物也。”也就是说，在两任官员交接的时候，小吏故意把账簿弄丢或者藏起来，偷偷盗取官物。

汉代有的地方吏员甚至已经形成了强大的地方势力，新任长官到了之后不得不先拜他们的码头。比如颍川“吏俗朋党”，齐郡吏员“舒缓养名，（朱）博新视事，右曹掾史皆移病卧。博问其故，对言：‘惶恐！故事二千石新到，辄遣吏存问致意，乃敢起就职。’”[12]也就是说，朱博到齐郡当官，吏员都在家里装病，要给新太守一个下马威，直到太守专门派人询问，才肯上班，以此显示自己的存在感。并且，这已经形成了“故事”，也就是惯例。可见吏员在地方盘根错节把持政务在汉代已经出现了苗头。

所以，汉代政治中最大的问题之一，是低级官吏，特别是吏员谋取灰色收入的情况比较普遍。一方面，他们收入过低，无法满足基本生活需要。另一方面，他们在百姓面前又是权力的代表，有很多上下其手的空间。《盐铁论》分析了吏员腐败的原因：“今小吏禄薄，郡国徭役，远至三辅，粟米贵，不足相赡，常居则匮于衣食，有故则卖畜粥业。非徒是也，徭使相遣，官庭摄追，小计权吏，行施乞贷，长吏侵渔。”这种情况下，不可避免“上府下求之县，县求之乡，乡安取之哉？语曰：‘货赂下流，犹水之赴下，不竭不止。’”[13]败坏了基层统治。有人评论当时吏治说："今俗吏所以牧民者，……诈伪萌生，刑罚无极，质朴日消，恩爱浸薄。"[14]

西汉基层吏治的弊病，除了吏员剥削百姓、玩弄司法，还表现在基层政府官吏办事效率低下，欺上瞒下，推诿拖延，导致公务积压。基层吏治不清，结果自然是普通民众承受痛苦。"其民困于饥寒而吏不恤。"[15]

汉宣帝时，张敞、萧望之上书，主张提高低级官吏的薪俸水平。他们说："夫仓廪实而知礼节，衣食足而知荣辱。今小吏俸率不足，常有忧父母妻子之心，虽欲洁身为廉，其势不能，请以什率增天下吏俸。"[16]汉宣帝是一个十分开明的皇帝，此时又当汉初经济恢复之时，国家财政状况良好，遂发布诏令，进行基层公务员工资改革，专门给低级公务员涨了一次工资。他说："今小吏皆勤事，而奉禄薄，欲其毋侵渔百姓，难矣。其益吏百石以下奉十五。"[17]这句话是"增禄养廉"主张的代表性言论。

这次改革是比较成功的。汉宣帝时期是汉代吏治最为良好的时期之一，"汉世良吏，于是为盛"[18]。这一时期出现了很多有名的循吏。不过这次增俸，只是一定程度上减少了低级官吏的收支差距，增长幅度仍然与实际需要相去甚远。总体来看，低级官吏收入太低的问题，整个汉代都没有解决。其主要原因，当然还是低级官吏数量太大，国家财力无法负担其俸禄的大幅上涨。

讲到这，我们还要岔开话头，谈一谈古代的官民比例问题。网上一些资料说，中国古代的官民比例开始是非常低的，越往后越高。据说西汉的官民比例为1∶7945，唐代为1∶3927，清代为1∶911。而到了现在，官民比例达到1∶33。

这种算法其实有很大问题，最主要的问题是只算了官，却没有算吏。而吏的数量，在每个时代，都是远大于官的。如果只算官，那么古代一个县政府，可能只有令、丞、尉等三四个官员。但是我们不能忘了，在他们之外，还有庞大的吏员及差役系统。秦汉之际，国家对乡里社会的控制是非常全面而具体的。乡里之中，除有乡啬夫、乡佐、里典、里佐，还有属于都官系统的乡司空、仓主、田官、田典等吏。钱穆先生说："汉代一个县政府，也往往有属吏几百人的大规模。"[19]严耕望在评价汉代地方政治时说："而郡府县廷之内部组织则极为严密。内置诸曹，分职极细；外置诸尉，星罗弈布。而重刑罚，每置狱丞；重教育，则有学官；至于农林畜牧工矿诸务，各置专署，为之董理。又纲以道路，节以亭候，务交通以便军政，因亭吏（应为乡亭之吏）而治里落。秦汉时代，中国始归一统，其组织之严密已臻此境，居今思惜不得不深服先民之精思密划。"[20]

网上数字说西汉时期官民比例是1∶7945，据说是以全国人口5959万，官员7500人为基数计算的。但《通典》记载，西汉官吏合计为130 285人，没有具体说明其中官员的数字。记载东汉官员数目则说："（右）内外文武官七千五百六十七人。（自注：一千五十五人内，六千五百一十二人外）"[21]。"7500"这个数字与《通典》提供的东汉数字7567接近。《通典》说东汉外官6512人，则以汉代103个郡国计算，平均每个郡（国）才63个人。不可谓不精简。但是《通典》接下来说："内外诸色职掌人一十四万五千四百一十九人（自注：一万四千二百二十五人内职掌：令史、御属、从事、书佐、员吏、待诏、卒骑、治礼郎、假佐、官骑及鼓吹、屠者、士卫、缇骑、导从、领士、乌桓骑等；一十三万一千一百九十四人外职掌：员吏、书佐、假佐、亭长、乡有秩、三老、游徼、家什等）。都计内外官及职掌人十五万二千九百八十六人。"[22]这样一平均，每个郡有官吏数量近一千五百人。事实上，实际数字比通典记载的可能还要多。尹湾汉墓出土《东海郡属县乡吏员定簿》说明，西汉末年，东海郡43个县，每县官员最多107人，最少也有41人。如果以平均70人计，全郡官吏也有3010人，比我们刚算出来的63人多了47倍。

所以按官吏合计计算，官民比例可就大不一样了。如果我们仅按《通典》的数字，西汉官吏总数130 285人，东汉152 986人，总人口基数都按5959万计算，西汉官民比例约为1：457；东汉官民比例约为1：389。比照网上数字，一下子上升了近20倍。

在这种情况下，官吏的俸禄就成为政府极为沉重的负担。传统时代，政府财政收入来源渠道非常单一，主要是农业税，财政基础薄弱，所以政府对广大基层官吏只能采取薄俸制。即便如此，汉朝政府也要拿出一半左右的财政收入作为官吏俸禄。汉代吏员的作风问题因此比较突出。

不过，总体来讲，两汉吏员的素质和隋唐之后的历朝历代比起来算是相当高的。这主要是因为汉代吏员有着比较畅通的上升空间。汉代吏员成绩出色，可以升为官员，甚至高官。清人钱大昕说："汉之三老、啬夫，治行犹著者，可累擢至大官，故贤才恒出其中，郡县掾吏亦然。今虽欲重其选，而若辈本无出身之路，地方官又数凌辱之，其愿充者不过奸猾无耻之徒而已，安能佐县令之治哉。"[23]所以，汉代吏员多有能忍耐清苦、自尊自爱、力图有为者。但是唐代以后，随着科举制的发展，官与吏的地位差别日益拉大，吏员们出人头地的空间日益狭窄，但是待遇低下问题却没有解决，因此，吏员腐败也就日甚一日。

汉代吏员可以做官，对保证官员的素质也有益处。后世有人说："徒三十年看儒书，不如一诣习主簿。"[24]那些由吏员出身的官员，治理地方更有经验，属于"技术型"官僚，他们与后世那些靠背四书五经参加科举的官员比起来，对民生疾苦更为熟悉。

四

讲汉代俸禄史，不能不提王莽时期的俸禄改革。

王莽这个人是一个奇葩，他为人既狡诈，又有浓重的书呆子气，所以大脑充满了各种奇思妙想。他篡位之初，就开始仿照古书记载，进行了一系列花样百出的官制改革，新创了许多官名。比如，他按照《周礼》的规定，设了三公九卿二十七大夫八十一元士。这一下导致各级官吏数量倍增，结果“国用不足”，不得不大幅降低官员们的俸禄水平。一度自公卿以下，每月只有麻布二匹。这样一来，百官无法存活，贪污之风迅速刮起。

为了应对这种局面，天凤三年（16年），王莽开始进行大规模的俸禄改革。

王莽的设计初衷良好，尝试进行高薪养廉，大幅提高了工资标准，“上至四辅以万斛云”，新莽四辅级官员是最高级别，他们的俸禄是西汉最高级别官员三公的二点三八倍，看起来魄力不可谓不大。问题是，虽然制定了改革方案，但是王莽并没有能力迅速扩大财政收入，那么靠什么给百官发工资呢？王莽一个脑筋急转弯，靠货币改革，增发货币。

王莽货币改革的主要思路是不需要增加产铜量，只需要把铜钱上铸明的币值大大提高，以此来增长铜钱的供应量，所以他设计了非常复杂的兑换体系。在王莽的货币体系中，有大钱，有壮钱，还有幼钱、幺钱、小钱。他给钱币组织了一个“家庭”，排了辈分。除了钱，还有布，布的家族关系更复杂，有小布、幺布、幼布、厚布、差布、中布、壮布、弟布、次布、大布。按照上古的制度，乌龟壳、贝壳也都成了货币。此外，还有货布、货泉、契刀、错刀等。

一个大布值十个小布，一个小布值两个大钱，一个大钱值五十个小钱。一个乌龟壳值十个贝壳，一个贝壳值半个大布。一个错刀值十个契刀，一个契刀值十个大钱。一个货布值两个半货泉……（葛承雍《王莽新传》）

但是这样随便增发货币，自然迅速导致恶性通货膨胀，王莽所发的新币，老百姓根本不承认。所以，王莽制定的高工资根本无法兑现。史载“莽之制度烦碎如此，课计不可理，吏终不得禄”[25]，官员收入每况愈下，很多官员没有俸禄收入。贪污腐败因此不可避免地更加剧烈起来：“各因官职为奸，受取赇赂以自供给。”[26]虽然没有俸禄，却出现了许多富豪。“天下吏以不得奉禄，并为奸利，郡尹县宰家累千金。”[27]

王莽见状大怒，又开始了雷厉风行的铁腕惩贪。他下令从始建国二年（10年）起，“诸军吏及缘边吏大夫以上为奸利增产致富者，收其家所有财产五分之四，以助边急”。[28]也就是说，把那些贪官家产的五分之四没收，充作军费。为了反腐，王莽大力鼓励属下举报长官，奴仆举报主人，结果天下大乱。“公府士驰传天下，考覆贪饕，开吏告其将，奴婢告其主，几（冀）以禁奸，奸愈甚。”[29]他越反贪，贪污腐败越恶化。俸禄制度的失效，造成整个国家官僚体制的失效，王莽遂因之败亡。

五

东汉前期，吏治也算清明。到了东汉中后期，情况发生了改变。

首先是因为战乱和灾荒交迫之下，东汉王朝的财政状况不断恶化。汉安帝时，诸羌反叛，政府用于平乱的战争费用达到二百四十亿钱之巨。汉顺帝末年，羌人复反，军费达到八十余亿钱。再加上东汉中期连续不断的严重自然灾害，财政陷入了极度困难。为了度过危机，东汉政府采取了“最省事”，也是最容易想到的办法：减少百官的俸禄。汉安帝、汉顺帝均曾下诏，“减百官俸”。桓帝时期，因为对武陵蛮的战争，还一度停发了百官俸禄。

在这种情况下，中高级官员的收入也大幅降低，那些洁身自好的清廉官员，大都陷入了穷困之中。如汉桓帝时的名臣朱穆，长期任中高级官员，“禄仕数十年，蔬食布衣，家无余财”[30]。东汉著名学者政论家崔寔，曾经在多地担任太守，“历位边郡，而愈贫薄。建宁中病卒，家徒四壁立，无以殡殓”[31]。

西汉时期就存在的基层官吏收入过低问题在这种情况下更加恶化，那些级别低的官吏，不但不能养活妻室儿女，甚至连冬夏衣被也买不起。比如东汉明帝时，河内药崧“家贫为郎，（尚书郎）常独直台上，无被，枕杫，食糟糠”[32]。无独有偶，《京兆旧事》载：“长安孙晨，家贫，为郡功曹，十日一炊，无被，有蒿一束，暮卧其中，旦则收之。”

深受薄俸之苦的崔寔曾经详细算了一笔账来证明东汉中后期的俸禄制度多么不合理。他说：“夫百里长吏……一月之禄，得粟二十斛、钱二千。长吏虽欲崇约，犹当有从者一人。假令无奴，当复取客。客庸一月千，刍膏肉五百，薪炭盐菜又五百。二人食粟六斛，其余财足给马，岂能供冬夏衣被、四时祠祀、宾客斗酒之费乎？况复迎父母、致妻子哉！不迎父母，则违定省；不致妻子，则继嗣绝。迎之不足相赡，自非夷齐，孰能饿死？于是则有卖官鬻狱，盗贼主守之奸生矣。”[33]就是说，一个堂堂县长，月俸才40斛，相当于4000钱。即使不照顾父母妻子，自己一个人生活，但身边总少不得要雇一个用人了。一个用人每月佣金1000钱，每月的柴草及油、肉需500钱，薪炭盐菜也要500钱。加上主仆二人粮食消费6斛，又是600钱，以上总计2600钱，下余1400钱，还要用来养马。因此冬夏衣被、四时祠祀、宾客斗酒之类费用就无处可出了，再加上父母妻子需要奉养，所以这点工资确实没法支撑正常的生活。

崔寔在中国历史上首次对薄俸与吏治的关系进行了深入的思考。他说：

> 今所使分威权、御民人、理狱讼、干府库者，皆群臣之所为，而其奉（俸）禄甚薄，仰不足以养父母，俯不足以活妻子。父母者，性所爱也。妻子者，性所亲也。所爱所亲，方将冻馁，虽冒刃求利，尚犹不避，况可令临财御众乎！是所谓渴马守水，饿犬护肉，欲其不侵，亦不几矣。夫事有不疑，势有不然，盖此之类，虽时有素富骨清者，未能百一，不可为天下通率。圣王知其如此，故重其禄以防其贪欲，使之取足于奉（俸），不与百姓争利。[34]

也就是说，如今官员权力很大，但是俸禄却不足以养活父母妻儿。一个人如果生活不下去了，即便面对锋刃相逼，也会想办法去谋取收入，何况他们还手握地方财政大权。这就是所谓的让渴马去守水，让饿犬去护肉，让他们不去碰，是不可能的。在薄俸制下，虽然会有一些恪守操守的清官廉吏，但是只是极个别的现象，不可能用这样的标准去要求所有人。所以，圣明的君王会以厚禄来防止官吏贪污不法。

在两千年前，崔寔就已经把道理讲得这样清楚了。然而和后世一样，东汉皇帝们在这种情况下，却开始大力提倡“清官”政治，要求官员们崇尚节操，以清廉自守，以“薄屋者为高，藿食者为清”[35]。东汉末年政论家仲长统在《昌言》中直言不讳地批评统治者们的这种思路说：“君子非自农桑以求衣食者也，蓄积非横赋敛以取优饶者也。奉禄诚厚，则割剥贸易之罪乃可绝也……彼君子居位，为士民之长，固宜重肉累帛，朱轮四马。今反谓薄屋者为高，藿食者为清，既失天地之性，又开虚伪之名，使小智居大位，庶绩不咸熙，未必不由此也。……禄不足以供养，安能不少营私门乎？从而罪之，是设机置阱以待天下之君子也。”[36]

确实，在薄俸制下，东汉官风迅速大坏。“乡官部吏，职斯禄薄”[37]，导致他们“车马衣服，一出于民，廉者取足，贪者充家”[38]。也就是说，既然国家不能提供足够的生活费用，那么官吏衣食所需，只能向老百姓伸手了。清廉之人，捞的钱够一家生活就可以了，那些贪婪之人，则开始无所不至，贪腐大面积覆盖官僚系统。“上自公侯，下至小吏，皆不得禄，而私赋敛，货赂上流，狱讼不决。”[39]也就是说，从高级官员到底层小吏，因为没有工资收入，所以就纷纷开动脑筋，把权力当成收入的资本，想办法捞钱，于是一级级上贡的现象开始出现，而地方政府行政效率大大降低，社会公正受到极大破坏，民生更加艰难。吏治腐败，甚至导致人口减少，鲍宣就把“酷吏殴杀”列为民众“七死”之首。

六

当然，东汉末期腐败横行的原因不仅是薄俸制。严重的党争和宦官、外戚专权也是重要原因。东汉中后期，权力运行的常态被打破，最高权力在皇帝、外戚和宦官集团中不断摇摆，权力运行日益失去制约。

在这种情况下，虽然国家财政仍然日益紧张，官场上的超级富豪却不断出现。外戚梁冀势力极盛之时，到他家送礼的人络绎不绝。梁冀本人日进斗金不说，连他的门人也因之巨富：“皆请谢门者，门者累千金。”[40]梁冀家财因此“合三十余万万”[41]。官场奢侈之风日盛，宦官侯览“起立第宅十有六区，皆有高楼池苑，堂阁相望，饰以绮画丹漆之属”。[42]

中国历史上的吏治败坏时期，其政治病状通常是高度相似的。除了梁冀门者通过收门包致富这种后世也经常存在的手段，东汉官场还出现了腐败集团化、公开化，很多官员们结成利益共同体，以求自保。比如汉桓帝时，“太尉张颢、司徒樊陵、大鸿胪郭防、太仆曹陵、大司农冯方，并与宦竖相姻私，公行货赂”[43]。

东汉中后期还出现了与科举时代类似的因师门、同年关系而结党的情况。两汉选官采取征举制，也就是说，由官员们举荐那些社会名声良好的人为官。但是，“名声良好”这个标准弹性极大，操作起来灰色空间也巨大，导致官场人情风盛行。一位官员举荐了某个人，则这个人不管以后官做到多大，永远是举主的“故吏”，要念举主恩情。因此，一个高官能轻松地用师生情谊织就庞大的官场关系网。比如门阀大族弘农杨氏和汝南袁氏，皆“门生故吏遍于天下”。和明清科举时的同年类似，汉代同一年被征辟、察举为官者互称“同岁”，同岁之间，亦常常党庇帮助。比如五世公因为和段辽叔“同岁”，所以段辽叔早亡之后，五世公就举其长子为官。

到了东汉后期，征举制已经形同虚设，完全失去了最初的意义。显贵之家世代为官，选拔官员任人唯“情”，所以出现了“举秀才，不知书；察孝廉，父别居。寒素清白浊如泥，高第良将怯如鸡”[44]的著名谚语。

东汉末年，皇帝带头腐败，公开卖官赚钱来满足自己奢侈生活的需要。尤其是汉灵帝时期，买官晋升已成为常制，绝大多数官员都要通过交钱才能晋升官位。“是时，段颎、樊陵、张温等虽有功勤名誉，然皆先输货财而后登公位。”[45]当时的廷尉（相当于今天司法部部长）崔烈为了当宰相，花了五百万。正式任命那天，灵帝对左右亲信说，“悔不少靳，可至千万”[46]，就是说他很后悔当初没有再坚持一下，要不然，这个官可以卖到一千万。事后，崔烈的儿子对他说：“大人实在不该买这个三公，外面议论纷纷，都嫌这官有铜臭味。”[47]（“铜臭”这个典故就是从这儿产生的。）

洛阳白马寺人司马直尽管廉能之名满天下，但是要升官也得花钱。灵帝因司马直“有清名”，所以给他打了折，减价到三百万钱，让他升任巨鹿郡太守。赴官任上，司马直越想越难过，给皇帝写了一封奏折，痛陈朝政之失，然后服毒自杀，一时轰动朝野。

总之，在皇帝、外戚、宦官交替专权和集体腐败下，国家的统治基础已经被掏空了。东汉末年出现了“里野空”“朝廷空”“仓库空”的“三空之厄”，权臣们“亲其党类，用其私人，内充京师，外布列郡，颠倒贤愚，贸易选举，疲驽守境，贪残牧民，挠扰百姓，忿怒四夷，招致乖叛，乱离斯瘼”。[48]政治腐败直接导致了东汉的灭亡。

注释

1.杨子彦：《战国策正宗》上，华夏出版社，2014年，第75页。

2.班固：《汉书》（下册），岳麓书社，2008年，第1147页。

3.班固：《汉书》（下册），岳麓书社，2008年，第1147页。
4.班固：《汉书》（上册），岳麓书社，2008年，第26页。
5.班固：《汉书》（下册），岳麓书社，2008年，第965页。
6.班固：《汉书》（下册），岳麓书社，2008年，第988页。
7.班固：《汉书》（上册），岳麓书社，2008年，第44页。
8.班固：《汉书》（下册），岳麓书社，2008年，第1224页。
9.班固：《汉书》（下册），岳麓书社，2008年，第1353页。
10.王充：《论衡》，上海人民出版社，1974年，第190页。
11.王充：《论衡》，上海人民出版社，1974年，第190页。
12.班固：《汉书》（下册），岳麓书社，2008年，第1269页。
13.桓宽：《盐铁论》，上海人民出版社，1974年，第75页。
14.班固：《汉书》（下册），岳麓书社，2008年，第1143页。
15.班固：《汉书》（下册），岳麓书社，2008年，第1352页。
16.杜佑：《通典》上，岳麓书社，1995年，第510页。
17.班固：《汉书》（上册），岳麓书社，2008年，第84页。
18.班固：《汉书》（下册），岳麓书社，2008年，第1346页。
19.钱穆：《中国历代政治得失》，台湾：东大图书公司，1966年。
20.严耕望：《中国地方行政制度史——秦汉地方行政制度》，台湾："中央"研究院历史语言研究所影印第四版，1997年，序言第3—4页。
21.杜佑：《通典》一，中华书局，1988年，第990页。
22.杜佑：《通典》一，中华书局，1988年，第990—991页。
23.顾炎武、黄汝成：《日知录集释》，花山文艺出版社，1990年，第364页。
24.房玄龄等：《晋书》（简体字本），中华书局，1974年，第1435页。
25.班固：《汉书》（下册），岳麓书社，2008年，第1551页。

26.班固：《汉书》（下册），岳麓书社，2008年，第1551页。

27.班固：《汉书》（下册），岳麓书社，2008年，第1554页。

28.班固：《汉书》（下册），岳麓书社，2008年，第1554页。

29.班固：《汉书》（下册），岳麓书社，2008年，第1554页。

30.范晔：《后汉书》（上册），岳麓书社，2008年，第533页。

31.范晔：《后汉书》（上册），岳麓书社，2008年，第628页。

32.范晔：《后汉书》（上册），岳麓书社，2008年，第507页。

33.严可均：《全后汉文》（上册），商务印书馆，1999年，第468—469页。

34.严可均：《全后汉文》（上册），商务印书馆，1999年，第468页。

35.范晔：《后汉书》（上册），岳麓书社，2008年，第602—603页。

36.范晔：《后汉书》（上册），岳麓书社，2008年，第602页。

37.范晔：《后汉书》（下册），岳麓书社，2008年，第722页。

38.范晔：《后汉书》（下册），岳麓书社，2008年，第722页。

39.范晔：《后汉书》（上册），岳麓书社，2008年，第494页。

40.范晔：《后汉书》（上册），岳麓书社，2008年，第429页。

41.范晔：《后汉书》（上册），岳麓书社，2008年，第431页。

42.范晔：《后汉书》（下册），岳麓书社，2008年，第916页。

43.范晔：《后汉书》（下册），岳麓书社，2008年，第800页。

44.葛洪：《抱朴子》，上海书店出版社，1986年，第127页。

45.范晔：《后汉书》（上册），岳麓书社，2008年，第628页。

46.范晔：《后汉书》（上册），岳麓书社，2008年，第629页。

47.范晔：《后汉书》（上册），岳麓书社，2008年，第629页。

48.范晔：《后汉书》（上册），岳麓书社，2008年，第603—604页。

第二章

魏晋南北朝："无俸制"贪小便宜吃大亏

历史事实一再证明，薄俸甚至无俸，对一个王朝来说，总是占小便宜吃大亏之举。实行俸禄制度，从短期看，因为兴革之举会导致官民一时不便，但从长远看，对国家是有好处的，因为这一改革从制度上堵住了百官肆无忌惮地抢夺民众财产的渠道，百姓的负担实际上是大大减轻了。

一

魏晋南北朝是中国历史上一个极为动荡的时期，先后出现过数十个政权，这些政权的俸禄制度也有很大差别。

动荡时期，财政通常比较紧张，官俸水平往往不高。比如晋代实际俸禄水平很低，晋武帝坦承："今在位者，禄不代耕"[1]。著名诗人陶渊明"不为五斗米折腰"，辞去彭泽令，一方面固然表现了他心志高洁，另一方面也从侧面说明了晋代官俸之薄。陶渊明所说的五斗米，应该是日俸，换算成年俸，不过才一百八十斛。

南朝袭晋制，俸禄也很低。南朝陈时的著名清官褚玠就遇到过因为俸禄过低而无法返乡的窘事。褚玠为官"廉俭有干用"，当时山阴县官员与地方黑恶势力勾结，贪污受贿，"山阴县多豪猾，前后令皆以赃污免”[2]。皇帝遂命他为山阴令，前去治理整顿。他到任后，厉行打击豪强大户，成绩显著，不过离任时遇到了一个严重的问题：没有路费。“玠在任岁余，守禄俸而已，去官之日，不堪自致，因留县境种蔬菜以自给。……皇太子知玠无还装，手书赐粟米二百斛，于是还都。”[3]也就是说，他当县令时，仅靠俸禄生活，不谋求灰色收入，所以离职之时，竟然无力支付车船费用，只好留在县里，靠种蔬菜维持生活。直至皇太子得悉这一情况，资助他返回首都。

这类薄俸制下清官境遇悲惨的故事，在中国历史上时有发生，而且情节也大同小异。

二

魏晋南北朝时，有件中国俸禄史上比较特殊的事值得一提，那就是北魏的俸禄改革。

中国历史上不光有薄俸制，在某些历史时期，还曾实行过无俸制。

这些实行无俸制的朝代当然大多数都是由少数民族建立的，比如鲜卑族拓跋部建立的北魏。游牧民族建立的王朝一般都以战争抢掠为生，所以立国之初，北魏人根本不知道什么是俸禄。当时北魏文武百官的生活来源主要有三个方面。

一是朝廷赏赐的战利品。每当北魏王朝打了胜仗，那些随军将士和百官就过一次节。至于赏赐的内容，当然是抢到什么就赏什么，所以内容五花八门，既有金银器物、马牛猪羊、衣服首饰，还有俘获的人口，即所谓的“生口”。

比如拓跋珪天兴二年（399年），“破高车杂种三十余部，获七万余口，马三十余万匹，牛羊百四十余万头。……班赐从臣各有差”。[4]

泰常八年（423年）四月，南攻刘宋后还军至晋阳，因为掠夺之物甚丰，所以“班赐从官，王公以下逮于厮贱，无不沾给”[5]。

始光三年（426年），出军攻打夏政权，获其“宫人万数，府库珍宝车旗器物不可胜计……马三十余万匹，牛羊数千万，以（赫连）昌宫人及生口、金银、珍玩、布帛班赉将士各有差”[6]。

一打胜仗，就有大量子女玉帛可分，这种山大王式的生活听起来当然很爽。但是也有问题，一个是赏赐不时，没有规律，二是分配严重不均，获得赏赐最多的当然是随军出征的将士及文武官员，留守的官员所获甚少，甚至根本捞不到赏赐。这些官员的生活当然会遇到困难。比如北魏名臣高允在任中枢机要官员中书侍郎时，“时百官无禄，允常使诸子樵采自给”[7]，“家贫布衣，妻子不立”[8]，其家“惟草屋数间，布被缊袍，厨中盐菜而已”。出任机要，而家贫如此，可见北魏官员待遇水平是何等不公平。这不是高允的个别情况，《中国俸禄制度史》中说：“当时平城汉族文官因没有固定俸禄，又不能得到赏赐，以致衣食不足者，当不在少数。”

在这种情况下，大部分留守的文职官员和地方官员的主要收入就靠贪污受贿、“刮地皮”。史载当时无禄之官，“率是贪污之人”，“少能以廉白自立”，以至百姓视他们为“饥鹰饿虎”。北魏太武帝时，公孙轨出任虎牢镇将，“其初来，单马执鞭；返去，从车百两（辆），载物而南”，百姓登山怒骂以送。这当然是坏官。相比之下，所谓好官也不过是取之百姓时，手法比较“文明”而已。北魏文成帝时，崔宽任陕城镇将，“时官无禄力，唯取给于民，宽善抚纳，招致礼遗，大有受取，而与之者无恨。……家产丰富，而百姓乐之。诸镇之中，号为能政”[9]。也就是说，崔宽为官，因为国家不给俸禄，所以也不乏聚敛，但是聚敛之后，善于抚慰，且地方治理尚算有方，所以居然被称为“能政”，北魏其他地方吏治可想而知。

地方官员的贪腐给王朝治理带来了很多问题，他们过度剥削，压榨百姓，侵夺民产，导致地方残破、民不聊生，甚至无力上交国税，文成帝太安五年（459年）诏书称：“牧守莅民，侵食百姓，以营家业，王赋不充。”[10]还有的地方民众逃亡，土匪横行，“致令盗贼并兴，侵劫滋甚”[11]，商旅不通，国家当然深受其害。

所以北魏前期，皇帝们经常下诏，痛斥各地官员的贪污不法。比如太武帝太延三年（437年）诏书说：“内外群官及牧守令长，不能忧勤所司，纠察非法，废公滞私，更相隐置，浊货为官，政存苟且。”[12]太平真君四年（443年）诏书说，“牧守令宰”们不仅不能励精图治，“勤恤民隐”，甚至“侵夺其产，加以残虐”[13]。孝文帝延兴二年（472年）诏书指责“牧守无恤民之心，竞为聚敛”[14]，太和二年（478年）又说：“诸州刺史，牧民之官，自顷以来，遂各怠慢，纵奸纳赂，背公缘私，致令盗贼并兴，侵劫滋甚，奸宄之声屡闻朕听。”[15]可见北魏虽是新兴王朝，但吏治腐败程度较南朝却有过之而无不及。

这是官员获取收入的第二条途径，贪污受贿。

第三条则是与大商人勾结，通过经商牟取厚利。北魏前期虽然商业并不发达，但是官员经商之风却很盛。如上文所说，崔宽任陕城镇将，一方面剥削百姓，另一方面，因为“弘农出漆蜡竹木之饶，路与南通，贩贸往来”[16]，由此所获不少。官员经商，当然主要是利用手中职权，与富商大贾相勾结，垄断市场，强买强卖，牟取暴利。比如文成帝和平二年（461年）诏称：

刺史牧民，为万里之表，自顷每因发调，逼民假贷，大商富贾，要射时利，旬日之间，增赢十倍，上下通同，分以润屋。故编户之家，困于冻馁；豪富之门，日有兼积。为政之弊，莫过于此。[17]

旬日之间，获十倍利润。这哪是生意，简直是抢劫。所以官员们在分润自肥的同时，却导致了地方上贫富差距不断扩大。

基于以上种种情况，北魏皇帝们的惩贪动力是很强的。为了惩治贪腐，他们也开动脑筋，想尽了各种办法。太武帝太延三年（437年）下诏，号召天下百姓和官员，举报其官长和上级："其令天下吏民，得举告守令不如法者。"文成帝太安五年（459年）下诏书，要求对官员们实行长期追责制，虽然任满调离或者退休，但是如果发现问题，也不放过，"牧守莅民……虽岁满去职，应计前逋，正其刑罪"。

北魏明元帝拓跋嗣的办法更为特别，他发明了类似今天财产公开的办法。他听说州县官员搜刮百姓特别厉害，就专门派一批使节到各地巡行，任务只有一项，就是查点官员的财产。巡行使节闯入官员家中，一项项清点财物。如果你不能证明是合法所得，那就以"巨额财产来源不明罪"论处，一律视作赃物。明元帝还扩大了举报制度，诏令"守宰不如法，听百姓诣阙告之"[18]。试图发动群众的力量，共同打击贪腐，其做法有类于后世的朱元璋。

献文帝拓跋弘甚至设置"诸监临之官"，以此监察百官，"所监治受羊一口、酒一斛者，罪至大辟，与者以从坐论"[19]。与朱元璋贪污六十两剥皮实草颇为相似。

但皇帝们的百端治理整顿，几乎毫无成效。明元帝号召百姓举报不法官员，诏令下达之后，倒是群起响应，不过响应的都是地方上的流氓地痞。"凡庶之凶悖者，专求牧宰之失，迫胁在位，取豪于闾阎。而长吏咸降心以待之，苟免而不耻，贪暴犹自若也。"也就是说，这些地方上的凶恶之徒，专门搜集地方官员的过错，然后上门威胁，如果不给我好处，我就上报。地方官员不得不贿赂他们，回头加倍贪暴。其情形与朱元璋时期官员“朝杀而暮犯”十分相似。

清代史学家赵翼对这种情况有过评价：“是惩贪之法未尝不严，然朝廷不制禄以养廉，而徒责以不许受赃，是不清其源而徒遏其流，安可得也。”[20]可谓一针见血。

直到孝文帝太和八年（484年），北魏君主才想通了一个简单的道理：不给百官发俸禄，不可能达到地方吏治的清明。因此才把制定俸禄制度的问题提上了议事日程。北魏孝文帝以汉化改革闻名史册，他的俸禄改革其实也是任内的一项重要举措，只不过后世注意的不多。他将魏晋南朝的九品制由九个等级变为正一品到从九品十八个等级，加大了官员职位的差别，并据以分发不同数量的俸禄。此制直至明清，相沿不绝。但因史料缺乏，北魏俸禄标准具体多少不得而知。

俸禄制度的建立，结束了北魏政权建立以来一百年无俸的历史，也有利于整顿吏治。在颁行俸禄制度的同时，孝文帝厉行惩贪。孝文帝诏书中说，对官员的贪污行为，因为历史原因，既往不咎，但“禄行之后，赃满一匹者死”[21]。规定极其严厉。

孝文帝说到做到，在冯太后的支持下，对于那些胆敢以身试法者频频出手，决不姑息。当时，任秦益二州刺史的李洪之与献文帝之母结拜为兄妹，所以“号为显祖亲舅”，此人“素非廉清，每多受纳”[22]，被人举报，孝文帝命人把他锁拿进京，亲自审问，力排众议，令李洪之在家里“自裁”。皇室梁州刺史临淮王拓跋提、汝阴王拓跋天赐及南安王拓跋桢，都因贪赃枉法，或发配边镇，或贬为平民。孝文帝派大批监察人员巡视全国，“纠守宰之不法，坐赃死者四十余人”[23]，至于流放之人，“岁以千计”，使得天下贪污受贿之风为之一刹。

当然，和历史上其他改革一样，这样一个重大的俸禄改革，也遇到了极大的争议。很多人认为新制度奉行不便，感觉实在太麻烦了，还不如恢复过去的赏赐制简单明了。还有人认为，建立俸禄制，“增加了百姓负担”。

确实，孝文帝在宣布实行俸禄制的诏书中说：“始班俸禄……户增调三匹、谷二斛九斗，以为官司之禄。”[24]每户老百姓要多交三匹布，多交二斛九斗谷，作为百官俸禄的来源。这样一看，似乎百姓负担大大加重了。后世那些实行薄俸制的君主，不给百官开足俸禄的理由也是以减轻百姓负担为说辞。但是，历史事实一再证明，薄俸甚至无俸，对一个王朝来说，总是占小便宜吃大亏之举。实行俸禄制度，从短期看，因为兴革之举会导致官民一时不便，但从长远看，对国家是有好处的，因为这一改革从制度上堵住了百官肆无忌惮地抢夺民众财产的渠道，百姓的负担实际上是大大减轻了。所以孝文帝接着说：“虽有一时之烦，终克永逸之益。”[25]

所以，虽然朝中激起了多次讨论，最终大部分人认为，还是俸禄制是长久之道：“洪波奔激，则堤防宜厚；奸悖充斥，则禁网须严。且饥寒切身，慈母不保其子；家给人足，礼让可得而生。……今给其俸，则清者足以息其滥窃，贪者足以感而劝善；若不班禄，则贪者肆其奸情，清者不能自保。难易之验，灼然可知，如何一朝便欲去俸？”[26]

历史事实证明，孝文帝的俸禄改革，保证了国家的财政收入，减轻了农民负担，整顿了吏治，因此保证了孝文帝时期均田制、移风易俗、实行汉化等其他各项改革的顺利进行。

可惜北魏的俸禄制度后来也遇到了和东汉后期一样的命运。北魏后期，因为战争等需要，财政紧张，多次削减百官俸禄，“太和中，军国多事，高祖以用度不足，百官之禄四分减一”。[27]百官实际只能领取三个季度的俸禄。孝明帝末，战乱四起，水旱灾害频发，财政窘迫，甚至向百姓预收数年租调，俸禄也很难再正常发给，孝庄帝时，干脆停止发放俸禄。“百官绝禄”，官员们又聚敛成风，政府再度陷入极度腐败，国家不久就灭亡了。

注释

1.顾炎武、张京华：《日知录校释》上，岳麓书社，2011年，第510页。
2.李延寿：《南史》，岳麓书社，1998年，第438页。
3.李延寿：《南史》，岳麓书社，1998年，第438页。
4.魏收：《魏书》，吉林人民出版社，1998年，第24页。
5.魏收：《魏书》，吉林人民出版社，1998年，第42页。
6.魏收：《魏书》，吉林人民出版社，1998年，第45页。
7.李延寿：《北史》卷三十一，中华书局，1974年，第1124页。
8.李延寿：《北史》卷三十一，中华书局，1974年，第1124页。
9.魏收：《魏书》，吉林人民出版社，1998年，第383页。
10.魏收：《魏书》，吉林人民出版社，1998年，第79页。
11.魏收：《魏书》，吉林人民出版社，1998年，第98页。
12.魏收：《魏书》，吉林人民出版社，1998年，第58页。
13.魏收：《魏书》，吉林人民出版社，1998年，第63页。
14.魏收：《魏书》，吉林人民出版社，1998年，第93页。
15.魏收：《魏书》，吉林人民出版社，1998年，第98页。

16.魏收：《魏书》，吉林人民出版社，1998年，第383页。
17.魏收：《魏书》，吉林人民出版社，1998年，第80页。
18.李延寿：《北史》卷一至卷四五，吉林人民出版社，1995年，第17页。
19.李延寿：《北史》，中华书局，1974年，第795页。
20.赵翼：《廿二史劄记》，中华书局，2008年，第148页。
21.魏收：《魏书》，吉林人民出版社，1998年，第104页。
22.魏收：《魏书》，吉林人民出版社，1998年，第1178页。
23.魏收：《魏书》，吉林人民出版社，1998年，第1678页。
24.魏收：《魏书》，吉林人民出版社，1998年，第104页。
25.魏收：《魏书》，吉林人民出版社，1998年，第104页。
26.魏收：《魏书》，吉林人民出版社，1998年，第732页。
27.魏收：《魏书》，吉林人民出版社，1998年，第454页。

第三章
唐代：高度人性化的俸禄制度

唐代俸禄水平在中国历史上属于较高时期，这是统治者在制度设计上的有意为之。唐代俸禄制度的最大特点是人性化，比较合理。

唐代俸禄水平在中国历史上属于较高时期。这是统治者在制度设计上的有意为之。唐玄宗曾于天宝十四年（755年）下诏说：“衣食既足，廉耻乃知。至如资用靡充，或贪求不已，败名冒法，实此之由。”[1]可见“足薪养廉”是唐代统治者的明确思路。

在这种思路的指导下，唐代建立起了体系完备、内容复杂的俸禄制度。唐代官员的法定收入主要有三大类：职田（非现任职官则给禄米）、俸钱（因俸钱中包括了食料、杂给等钱，所以通常又叫俸料钱）和赏赐。

唐代各级地方现任职官，每人都会分有八十亩至十二顷不等的职田。离任时，职田交接给下一位官员。非现任官员则发禄米，这是官员收入中最稳定的部分。因为在遇到通货膨胀的时候，只有粮食是最保值的。职田会保证官员们无论什么情况下都能吃得上饭。

第二部分是俸钱，这是政府提供给官员用来购买日常食物及办公用品的钱，其中还具体包括月俸、食料、杂用、课钱等项。因为粮食已经有职田供应，所以“月俸”主要用于官员购买粮食之外的生活必需品；“食料”用于工作餐和个人生活；“杂用”则用于自备工作所需的一些办公用品。由此可见，唐代政府对官员的生活及工作需要考虑得是很周到的。除此之外，朝廷甚至还负责各级官员仆役的生活费用，叫作课钱。并且，朝廷对大臣，特别是高级大臣还经常有所赏赐。

在这种情况下，唐代高级大臣的生活是非常优裕的。名臣郭子仪“岁入官俸二十万贯，私利不在焉”[2]。大历八年（773年），回纥人请求卖给唐朝一万匹马，而朝廷因开支不足，准备只买一千匹。郭子仪说：“回纥人帮我们平定叛乱立有大功，应该报答一下他们的支持，而且国内也需要马，我请求缴纳一年的俸禄，帮助出马钱。”请纳自己一年的俸禄以充一万匹之马价，足见其俸禄之隆。中级官员的收入也不低，白居易任江州司马，作了一首《琵琶行》，给人的感觉是十分失意，其实，他那时的工资并不低，按规定，他的月俸为五万文，实领可达六七万文。因此，唐人沈既济曾说：“禄利之资太厚，……得仕者如升仙，不仕者若沉泉，欢娱忧苦，若天地之相远也。”[3]

相比之下，明清两代俸禄体系当中，就没有职田，只有禄银禄米，而且标准很低，朝廷还经常不能足额发给。这实际上就相当于一定程度上默许官员去营谋灰色收入。

唐代俸禄制的另一大特点是各级政府的办公费用有明确的来源渠道，不需要官员自己想办法。唐代为保证各级官员的办公条件，按不同官署级别，批给数量不等的“公廨田”，交由农民耕种，收租归各级官署使用，作为办公费用。

唐代还实行了公务用车制度，各级官署都备有交通运输工具。中央机构基本上都有自己的车坊。《唐六典》载：“诸司皆置车牛……司农等车一千二十一乘，将作监三百四十五乘，殿中省尚乘局一百乘，少府监六十三乘，太常寺一十四乘，国子监二十乘，太仆寺一十乘，光禄寺二十乘……”地方各州县也普遍设置车坊。

和历代一样，唐代官员服制也很森严，官员在不同场合的着装，有着具体的礼仪规定，分为朝服、公服、弁服等，烦琐复杂，不过，唐代官员的官服费用是由国家负担的，不需要个人置办。

唐代官员出差费用也有保证。官员因公出行，持有官方颁发的有效证件，也就是券牒，可以使用官方提供的馆驿。为了体现对官员的体恤，有些时候，官员因私事外出，比如节假日请假扫墓，皇帝也会开恩允许其使用馆驿。而且馆驿制度规定得也很详细周到，比如《唐会要》载：“诸使至京都，经一日以上，即停乘传驿及供给。”外地官员进京第一天，还可享受传驿和驿站的供给待遇，第二天才取消。

唐代退休官员也有退休工资，发给在职工资的一半。

总之，唐代俸禄制度的最大特点是人性化，比较合理。明清两代，退休官员没有工资，在任官员购置官服需要自己出钱，因为官服昂贵，可能是官员年收入的数倍之多，所以清代有时会出现有的官员买不起官服要租官服穿的奇怪现象。甚至清代连皇帝赏赐大臣马褂花翎之类的，也是只赏一个资格，需要大臣们自己出钱去买。除此之外，大臣们上班坐车坐轿、置办办公用品，从一地到另一地赴任的路费，这些本应该政府补贴的项目，都要大臣们自己出钱去买。对于各级政府办公经费，朝廷也考虑甚少，地方财政收入大部分都划归中央，留下的费用只能满足需要的不到十分之一，绝大部分办公经费需要官员自筹解决，所以地方官员就只能在国家税费之外，乱搜刮乱摊派，无限度地增加百姓负担。所以说，明清两朝俸禄体系的特点是皇帝目光短浅，为了自己省事，把无限的麻烦都推给官员了事，这同时也意味着要放任官员们贪污腐败。而唐代俸禄体系的成功之处在于国家不惮花费精力去进行较为完备的财政体系建设，其结果是唐代的官风远较明清两代为好。

当然，唐代的俸禄制度也经历了从不完善到完善的过程。唐朝“武德已后，国家仓库犹虚，应京官料钱，并给公廨本。令当司令史、番官回易给利，计官员多少分给”[4]。就是说，国家付给各部门一定的基金作为官府的商业资本和高利贷资本，即“公廨本”。各衙门委派小吏以此为本钱去搞创收，给官员解决“料钱”，即官员的生活杂用费用。这些搞创收的小吏当时被称为“捉钱令史”。这项制度实行不过十几年，弊端已日益明显，捉钱令史依官仗势，强买强卖，与民争利，给社会造成了巨大祸乱。《唐会要》卷九一载，开元六年（718年），秘书少监崔沔说：“收利数多，破产者众……在于平民，已为重赋。”直到玄宗开元年间，朝廷才痛感这样占小便宜实际上是吃大亏，因此将官员俸料的来源纳入税收渠道，与正式俸禄一道解决。

在李唐统治的近三百年里，除了安史之乱及稍后的一段时间，官员的俸禄都比较稳定。特别是禄米和职田的变化不大。不过，俸料钱却在唐立国始定以后二百多年里增长了十多倍。究其原因，主要是物价上涨，俸料钱同步上升。这也说明了唐代俸禄制是有弹性的，随着条件变化而增减。

当然，虽然实行厚禄制，但唐代仍然有一些官员俸禄不足以生活的记载。比如唐僖宗时，张直方“百口不自存，每内燕，以衣敝恶，辞不赴”[5]。其主要原因，是当时大部分稍高品级的官僚家庭，供养的人口都在百口以上。比如《旧唐书》载，工部尚书刘审礼“再从同居，家无异炊，合门二百余口，人无间言”。因此，这不能作为唐代俸禄水平不高的证明。

注释

1.顾炎武、黄汝成：《日知录集释》，岳麓书社，1994年，第438页。

2.《新唐书·郭子仪传》，转引自葛承雍：《中国古代等级社会》，陕西人民出版社，1992年，第211页。

3.杜佑：《通典》卷十八，岳麓书社，1995年，第226页。

4.《唐会要》卷九一《内外官料钱》上，转引自李剑农：《中国古代经济史稿》，武汉大学出版社，2006年，第443页。

5.欧阳修等：《新唐书》，中华书局，1975年，第5981页。

●左——宣统三年二十文大清铜币（五十枚换银币一元）

造于 1911 年，有五文、十文、二十文（为试铸币，未发行）币值

●右——大清铜币（一文）

造于光绪三十一年至三十二年（1905—1906 年），户部造，为试铸币，未正式发行

●上——十国货币

第一排从左至右分别为：天汉元宝，前蜀；大唐通宝，南唐；广政通宝，后蜀；乾亨重宝，南汉

第二排为：天策府宝，楚；永隆通宝，闽

十国时期铸钱多，地域性强，同时流通唐代钱币

●下左——清代“光绪三十四年”“两淮京饷”“庆同裕高和”五十两银锭

属清代十一盐场中两淮盐场区实物，系将两淮所征收盐税银起解中央作为京饷之用

●下右——光绪大清金币

光绪三十三年（1907 年）铸机制钱

●上——三官“五铢”青铜钱

汉武帝实行货币专铸政策，由水衡都尉的属官钟官、辨铜、技巧三令丞负责在京师铸造五铢钱，是当时全国通用的货币

●下——王莽货币

西汉末年，王莽当政，进行货币改革，增发多种货币

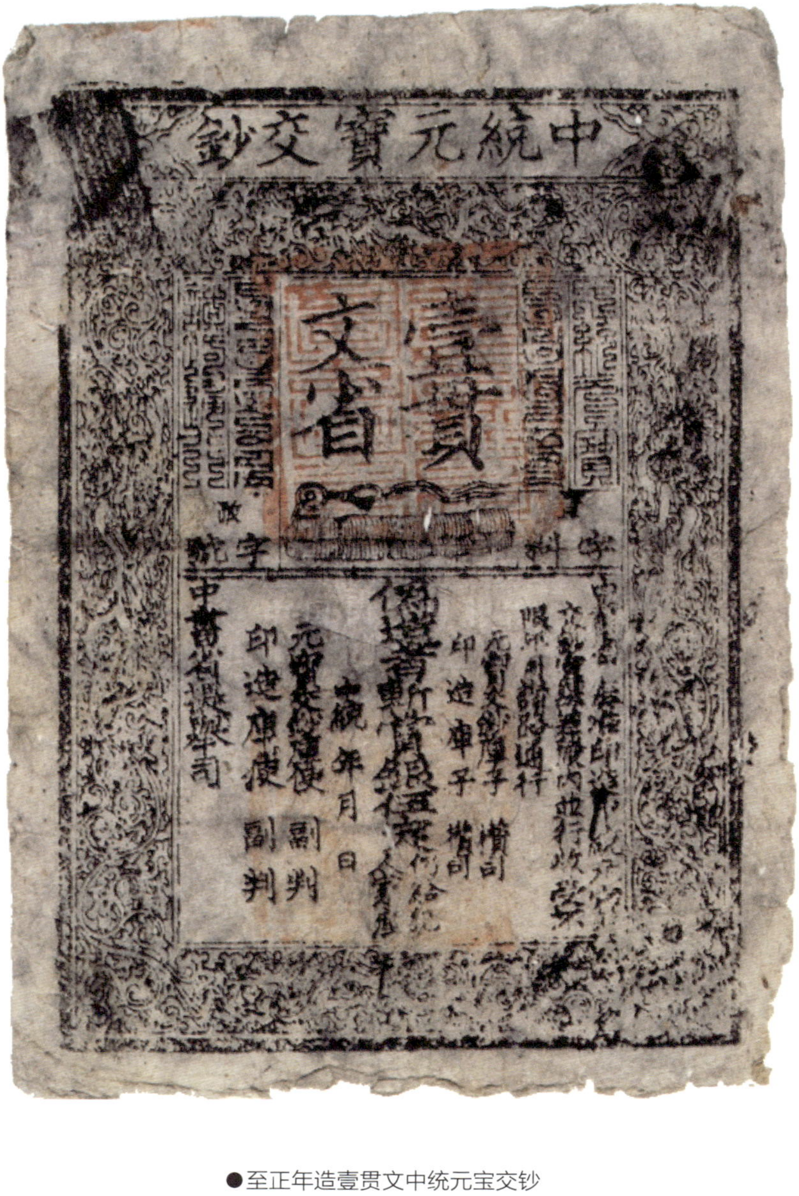

●至正年造壹贯文中统元宝交钞
发行于至正十年（1350 年）

第四章
宋代：“高薪养廉”的得与失

北宋晚期，贪污腐败已经由下至上，遍及整个官场。高级大臣也常有沦陷者。当然，北宋晚期腐败普遍化的原因是多方面的，既有低薪制原因，也有制度崩坏的原因。宋代腐败的主要原因之一，是低薪制导致的底层官吏腐败普遍化。到了南宋，低薪状况加剧，对贪腐的惩罚力度也不断减弱。与此同时，党争越来越严重，权力约束越来越弱化，官僚体系也日益呈现整体性沦落。

一

宋代在中国历史上以高薪闻名。有人说，“在中国历代封建王朝中宋代官僚的俸禄是最为优厚的”[1]。清人赵翼讲：“其给赐优裕，故入仕者不复以身家为虑，各自勉其治行。观于真、仁、英诸朝，名臣辈出，吏治循良。及有事之秋，犹多慷慨报国，绍兴之支撑半壁，德祐之毕命疆场，历代以来，捐躯殉国者，惟宋末独多，虽无救于败亡，要不可谓非养士之报也。”[2]

但是，如果仔细分析史料，我认为对宋代官俸以“最厚”一词蔽之，过于简单化了。宋代俸禄制度不是一两句话就能说清楚的。大体来说，宋代初期，官俸并不高，以致百官生活多有困难者。后来历经调整，逐渐增长，到北宋中期后达到较高水平。南宋时期，因为财政困难、物价上涨等原因，俸禄水平又有所下降。此外，宋朝与汉朝一样，中高级官员收入很高，低级官员收入却很低，很多基层官员的收入甚至不能满足体面生活的需要。更为严重的是，宋代的地方胥吏居然是没有俸禄的。所以说，宋代应该是厚禄与薄俸兼具的时代，高官厚禄，低级官员薄俸，而吏员甚至无禄。

宋代初年，和很多王朝初创时一样，官员俸禄并不太高。宋初俸禄沿袭北周，名义上俸禄水平大约是唐代的一半，但是经常八折发给，其中三分之二又是实物而非铜钱，所以，总算起来，俸禄只有唐代的四分之一（见《中国俸禄制度史》）。因为制度未备，有的职务甚至没有俸禄。因此有人称，“士大夫俸入甚微”，“所幸物价甚廉，粗给妻孥，未至冻馁，然艰窘甚矣”[3]。太宗至道二年（996年），馆陶县尉查道“与妻采野蔬杂米为薄粥以疗饥”[4]，后来穷得没有办法了，与妻子商量辞官改去卖药以糊口，“不胜贫，与妻谋，欲去官卖药”。[5]白州知州蒋元振“亲属多贫，不能赡养……啜菽饮水，缝纸为衣”。[6]居然穿着纸衣。

宋朝立国的方针是崇文抑武。这主要是鉴于五代武人不断篡位的历史教训，但除此之外，赵匡胤也认为，相对武人在地方治理上表现出的贪婪残暴，文官治国对老百姓的危害毕竟更小一些。宋太祖说：“朕今选儒臣干事者百余，分知（治）大藩（节度使辖区），纵皆贪浊，亦未及武臣一人也。”[7]以文官治国，总是划算的，即使多给他们些钱，也比军阀治理地方要合算得多。

因此，宋太祖确立了高薪养廉的思路。他说：“吏员猥多，难以求其治；俸禄鲜薄，未可责以廉；与其冗员而重费，不若省官而益俸。”[8]宋太祖是中国历史上为数不多的经常讲人话的皇帝。他说的道理很简单，既然你给人家的钱少，你就没法要求人家廉洁。所以开国之初，宋太祖曾精简官员编制、合并州县，同时提高官吏待遇。宋太祖一共废了十六个州，州县的官吏也尽可能精简，二百户以下的小县，只设主簿一人，一州官员，最多只有四人。州县官员编制精简后，每位州县官加俸五千钱。

总体来说，赵匡胤及其弟弟太宗皇帝的治理是成功的。宋太宗登基后，对自己治下的官风做出了这样乐观的评价：五代时期，“外则侯伯不法，恣其掊敛。内则权幸用事，货赂公行”[9]，而近些年来，这些弊端多被清除，“臣僚守法，兆民舒泰，虽未能还淳返朴，亦可谓之小康矣”[10]。

不过，宋太祖“省官益俸”的思路，在后世子孙那里只是部分得到执行，“省官”也就是官僚队伍的精简未能被继承，但是宋代俸禄确实越来越优厚，对中高级官员的实际生活需要考虑得越来越周密。宋代进行过好几次公务员工资改革，越改水平越高。宋真宗大中祥符元年（1008年）重定百官俸禄，执行增俸益禄之策，以致“三司估百官奉给折支直，率增数倍”[11]。元丰三年（1080年），宋神宗进行官制改革，颁行《元丰寄禄格》，对官员的福利待遇考虑得更加周到，官员可以配有仆役，最低级的官员配给一名，宰相则可配给一百名。高级官员的仆役由国家发给衣粮钱，普通官员的仆役国家发给餐钱。考虑得可谓无微不至。所以史称“元丰制禄复倍增矣”[12]。此外，宋代各级地方政府还设有公使库，专门用于宴请、馈赠，官员赴任、免职，官员往来的支出。

宋代官员俸禄体系比唐朝还复杂，大体可划分为正俸、加俸、职田三类。宋代官员的正俸主要包括俸钱、衣赐、禄粟三种。加俸则主要有职钱、侍从衣粮、餐钱、茶酒厨料、薪蒿炭盐，以及各种添支等项。职田又称“职分田”“圭田”，是用作官员在职补贴的官田。除上述收入之外，宋代官员还享有给券、公使钱及多种赏赐，可以视为变相俸禄。“动辄为银五千两，或钱五十万缗。云：有人臣赐第，一第之赏，数十万缗，稍增壮丽，非百万不可。”如果把以上各项折成米斤比较，宋代官员俸禄大多数时候稍高于唐朝水平。

所以，宋代中级以上官员生活总体来讲比较优裕，高级官员更是腰缠万贯。“国朝遇士大夫甚厚，皆前代所无。”[13]宋朝的著名宰相吕蒙正出身贫寒，任官期间也算廉洁。然而吕蒙正退休后，在洛阳建“有园亭花木，日与亲旧宴会”[14]。中级官员如元丰年间的朝奉郎、试户部侍郎苏辙，既享有寄禄官正七品朝奉郎本俸，内容是月俸钱三十千，春冬绢各十三匹，春罗一匹，冬绵三十两，又享有职事官从三品试户部侍郎职钱月四十五千。另外还按年或月发给不同数量的盐、茶、酒、面、厨料、薪、蒿、炭、纸，给马刍粟以及元随傔人衣粮等，所以宋代中高级官员生活水平很高。

因此，总体看来，宋代中前期宰执大臣官风相对较好，特别是北宋中前期，高级大臣多能“以天下为己任”，贪赃枉法者很少。有宋一代，文治大兴，百姓生活比较稳定，始终没有爆发大的农民起义，一定程度上与官僚体系的尽职尽责有关。

二

不过，宋代也存在和汉代类似的问题，就是高级官员与低级官员收入差距过大。

宋代州县级官员收入较低。以《嘉祐禄令》为例，最高等的节度使，料钱为四百千，最低的内侍郢、唐、复州内品才三百，差距非常明显。元丰时期大幅度提高俸禄标准，主要是针对中上层官员进行的，品级较低的官员受惠较少。总体来说，宋代五品以上官员收入很高，但是五品以下的收入是比较低的。特别是州县官员及幕职官员，其收入一般仅能满足基本生活需要，家口多者，养家糊口都有困难。宋代州县官及幕职官等低级官员称为“选人”（因其是京官的“候选”官员），其数量占整个官员队伍的五分之四，“选人”普遍低薪，因此在整个宋代官员队伍中其实也是薄俸者居多。而且，每当国家经费不足时，朝廷首先会克扣、迟发州县级官员的俸禄。乾道七年（1171年），曾有臣僚上言：“沿边诸州，访闻除守倅外，郡县官请俸至累月不支，何以养廉？”[15]有很多州县官员从上任那一天直到离职，俸禄一直被拖欠，比如罗仲谋在永州东安县“摄邑凡八月，去之日，有未给俸钱四十万，以邑之匮也，置之而去”。[16]汉阳军汉川县令“既去，俸之未给数十万钱”。这在宋代并不是个别现象。

所以，低级官员普遍感觉生活压力巨大。有人抱怨说：“闲曹奔走徒云仕，薄俸沾濡不逮亲。”更有打油诗说：“平江九百一斤羊，俸薄如何敢买尝。只把鱼虾充两膳，肚皮今作小池塘。”[17]大中祥符年间，翰林学士李宗谔“家贫，禄廪不足以给婚嫁，（王）旦前后资借甚多”[18]。宋真宗时，张逸“（知）青神县，贫不自给，（王）嗣宗假奉半年使办装”[19]。低级官员甚至有贫至生不足养、死不得葬者。如“观察推官柳某死，贫不能归，乳妪挟二子行丐于市”[20]。

宋代采取高级官员厚禄而低级官员薄俸的矛盾制度，也自有其不得已，这就是宋代官吏数量过多。宋代以文官治国，大力推行科举，中者无不授官。据统计，宋太宗在位二十一年，通过科举得官的将近一万人。宋仁宗在位四十一年，单由进士一科得官的就有四千五百一十七人。两宋官吏数量增长非常迅速。仅以“三班员”（供奉官、左右班殿直）而言，据《续资治通鉴长编》载，宋初仅三百人，真宗天禧间已达四千二百余人，而神宗时则多至一万一千余人。这些一方面造成人浮于事，文牍主义盛行，“居其官不知其职者，十常八九”[21]，另一方面造成官吏队伍过于庞大，财政不胜负担，“三冗”（冗官、冗兵、冗费）现象十分突出。《宋史·食货志》说：“承平既久，户口岁增。兵籍益广，吏员益众。佛老外国，耗蠹中土。县官之费，数倍于昔。百姓亦稍纵侈，而上下始困于财矣！”宋代“吏部以有限之官待无穷之吏，户部以有限之财禄无用之人”[22]，广大低层官员只能承受低薪，吏员无薪的怪异制度设计。这种情况对国家来说当然也是占小便宜吃大亏。

这种低薪制造成了两种后果。一是很多人视州县官员为畏途。宋代尚无“三年清知府，十万雪花银”的说法，有些地方，比如广南西路等地，多次出现县令缺员现象，“县令有阙，十占六七”。咸平三年（1000年）六月诏，“如今州县阙员甚多，可选朝官有清望者，不限员数，令各举所知以补员阙”。[23]绍兴二年（1132年）诏，“二广州县多缺官，有一郡止知州，或一县全缺正官者，望令吏部速注正官，催促之任，事下榷货务及吏部勘当”。可见这并非偶然现象。

另一后果是不可避免地出现了部分州县官员的贪污不法。

宋代州县等基层官员，不但承受着低俸禄的经济压力，更承受着官僚体系层层传导下来的财政压力。两宋军费开支巨大，冗费沉重，所以财政常年紧张，不得不拼命压榨地方。以“上供钱物”为例，宋高宗绍兴二十六年（1156年），右承议郎鲁冲上书谈及宜兴县的情况：“以臣前任宜兴一县言之……岁入不过一万五千余缗。其发纳之数，有大军钱、上供钱、籴本钱、造船钱、军器物料钱、天申节银绢钱之类，岁支不啻三万四千余缗；又有见任寄居官请奉，过往官兵批券，与非泛州郡督索拖欠，略无虚日。”[24]可见宜兴县上供支出名目繁多，每年要三万四千余缗，但是其收入只有一万五千余缗。这其实也是南宋地方州县财政状况的常态。所以州县官员税收压力巨大。为了应对财政紧张，中央政府不得不给予基层政府一定税收自主权，只规定税目和税额，至于如何操作，不得不任由地方官“开动脑筋”，对其破格之处也只能睁一只眼闭一只眼。这就开启了地方官员额外征敛之途。

所以宋代中后期，地方官税外加税、费外加费的情况司空见惯，方式则五花八门。绍熙五年（1194年），户部曾说：“潼川府盐、酒为蜀重害。盐既收其土产钱给卖官引，又从而征之。矧州县额外收税，如买酒钱、到岸钱、榻地钱之类，皆是创增。”[25]“近来诸邑别欲增衍，多有出卖官纸者，吏人行遣，人户投词，非官纸不用。此本非法令所许，若县道藉此支用，已非一日……”[26]也就是说，县政府要求本地办公用纸及百姓诉讼用的状子，必须使用官纸，这种做法在当时是违法的。当然，地方官克扣百姓更常见的做法是在收粮的时候，在量具、价钱以及所谓的损耗上下功夫，以至南宋理宗曾诏令各路减价购买米的时候要按市价给钱，量具公平，“毋科抑，申严收租苛取之禁”。但和后世一样，当然也屡禁不止。比如饶州知州每石粮食要多加收四斗。

宋代已经出现“常例钱”的说法，所谓“常例钱”，就是官场上半公开化的礼金，性质与元明两代的“常例钱”和清代的“陋规”相同。蔡戡曾云：“臣窃见二广县尉，多是恩科出身。巡检亦有拣汰，离军使臣或老或病，或顽钝无耻，或贪黩无厌。初为此类，志在苟得，但知减克弓兵钱粮，诛求保正常例，或收接词讼，公受贿赂。”[27]显然，蔡氏这里所云“常例”是指“常例钱”。

从宋初开始，就屡有州县官员贪腐的记载。比如宋太祖乾德二年（964年）庚子，平海军节度使陈洪进每年向上进贡的物品非常丰厚，“多厚敛于民”[28]。他的亲戚、子弟之间也相互勾结，“交通贿赂”，贪污腐败，导致“二州之民甚苦之”[29]。太平兴国八年（983年），威塞军节度使、判颍州曹翰本州政事治理不力，专务苛刻，在州内敛财，擅自动用部内衙役，“官卖盐所得钱银，民岁输租粟及丝绵、绢，翰悉取其余羡；又擅赋敛民以入己，侵官地为蔬圃果园”[30]。官员贪腐，地方民众当然只能蹙额兴叹。有的州县官员甚至“所为贪酷，自到任数月，民之逃徙者二千余家，籍货者以数千[31]”。

范仲淹对于低薪与经济犯罪的关系有过具体论述，他说：

> 养贤之方，必先厚禄，厚禄然后可以责廉隅。……在天下物贵之后，而俸禄不继，士人家鲜不穷窘，男不得婚，女不得嫁，丧不得葬者，比比有之。……（低级官员）衣食不足，求人贷债，以苟朝夕，到官之后，必来见逼，至有冒法受赃，赊贷度日，或不耻贾贩，与民争利。既作负罪之人，不守名节，吏有奸赃而不敢发，民有豪猾而不敢制，奸吏豪民得以侵暴，于是贫弱百姓理不得直，冤不得诉，徭役不均，刑罚不正，比屋受弊，无可奈何，由乎制禄之方有所未至。[32]

当然需要说明的是，宋代州县官之贪污不法，尚不及明清两朝之普遍。上文州县官员多次缺员，就是明证。

三

与州县官员腐败比较起来，宋代吏员腐败更为严重，甚至与明清相仿。

宋代基层政府，官与吏的比例一般为一比二十左右，可见胥吏数量之庞大。但宋代官与吏的地位差别至为明显。

我们讲过，汉代吏员有机会升为高官。但是唐宋之后，随着科举制的发展和普及，官吏渐渐分途。唐宪宗时曾有上谕禁止吏员投考进士科。不过在唐代，吏员还可以由别科（如明法科）进入官员阶层。到了宋代，官员阶层基本由科举出身的读书人垄断，吏员不论工作多么努力，也没有什么上升空间（宋代虽然有胥吏出职为官的规定，但真正能出职的人数极少，且多需在官府任吏职二十年以上，而且一般只能被授县尉、县主簿、监当官之类的繁杂差遣，官阶最高也只能到八品）。

随着地位的降低，吏员阶层逐渐受到社会的鄙视，主流社会一般认为，“吏事，末也”[33]。所以唐宋之后，称吏一般为“胥（小）吏”。宋代朝廷对官员收入考虑得还算尽心，对吏员则基本不考虑其收入。中央政府的胥吏，只给予极为微薄的俸禄，而地方州县吏干脆“无常俸”，不给任何报酬。这是因为宋代把吏员作为百姓为国家服役的方式之一，要求他们义务为国奉献。宋神宗时期虽然创立“仓法”，也称“重禄法”，提高了吏员俸禄，但是主要针对的是中央机关的吏员，地方上的情形并无很大改善。因此，宋代初年，稍有资产的人都不愿为吏。

虽然没有工资，吏员们却还要承担许多不合理的负担。比如他们要负责筹备过境官员迎来送往、食宿赏玩的开支，备办官员生日的送礼等支出：“县官日用，则欲其买办灯烛柴薪之属；县官生辰，则欲其置备星香图彩之类；士夫经从，假寓馆舍，则轮次排办；台郡文移，专人追逮，则裒金遣发；其他贪黩之令，诛求科罚，何可胜纪。”他们在各级官员眼中，就是可以任意拔毛的羊。有的地方甚至规定，如果地方赋税征不上来，要由负责收税的吏员代缴。“岭南民有逋赋者，县吏或为代输，或于兼并之家假贷，则皆纳其妻女以为质。”[34]所以，吏员如果不营私舞弊，很容易将自己弄得倾家荡产。

那么在这种情况下，极少数老实的胥吏可能真的宁肯倾家荡产，也不为害百姓，绝大多数人则注定要“蚕食百姓”。而他们蚕食百姓的机会，又唾手可得。

科举时代，进士举人的腹中只有几句圣人之言，对于治理地方，并无任何专业知识，所以很多公事都要交给胥吏具体处理。正如王安石所言：“文吏高者，不过能为诗赋，及其已仕，则所学非所用，政事不免决于胥吏。”（李焘：《续资治通鉴长编》卷二二一）吏员是专制权力的终端，他们处理的事务表面上看琐碎细小，但是关系百姓生活甚重。宋代的知县以三年为任，很多人只当了一年半载即赴他任，但是吏员却长期在本地工作，了解地方民情。所以，刚到任的官员不得不高度依赖吏员。

所以科举时代，吏员的势力往往强过主官，“近时吏强官弱，官不足以制吏”（李心传：《建炎以来系年要录》卷六〇），甚至有人将宋代官府曹司形容为“公人世界”（叶适：《水心别集》卷一四《吏胥》）。胥吏在处理具体事务时可以“轻重高下，悉出其手”。他们得以营私的手段很多，“凡有毫厘之事关其手者，非赂遗则不行”[35]。“胥吏之驵侩奸黠者，多至弄权。盖彼本为赇赂以优厚其家，岂有公论？……百姓便以为官司曲直，皆出彼之手，彼亦妄自夸大以骄人。往往事亡巨细，俱辐凑之，甚至其门如市，而目为立地官人者。”[36]被称为“立地官人”“立地知县”。

具体来说，征税之吏，“户长当限，引呈催数，多寡率计于吏手，县令岂能一一悉知。往往吏得赂，则以催少为多，故侥幸免罪；不得赂，则催多为少，故枉受刑责”[37]。处理文案的吏人盘剥百姓的机会更多，“奸民密知人有产无契，若有契未印，若界至不明，辄诈作逃绝乞佃，脱判会实，嘱里正耆邻扶同诬申，案吏利其厚赂，不问是非，遽凭偏词给据”[38]。在普通经济纠纷案件中，谁贿赂吏人到位，谁就更有可能胜诉，“二竞者之词，悉见于亲供，或惮案牍之繁，不暇遍览，将结断时，案吏则以案具始末情节引呈，盖欲便于观览也。不知甲乙对竞，甲之赂厚，则吏具甲之词必详；乙之词虽紧要者亦且节去，以此误长官之判多矣”。[39]

宋代史料中，关于胥吏不法行为的记载比比皆是。比如吏员随意下乡，剥削百姓，“乡村小民，畏吏如虎，纵吏下乡，犹纵虎出柙也”[40]。吏员们经常低价买物，甚至白吃白拿，“今州县有所谓市令司者，又有所谓行户者，每官司敷买视市，直率减十之二三，或不即还，甚至白著，民户何以堪此”[41]。宋代乡村还活跃着一批“揽户”，他们一到征粮时节，就走乡串户，到各家收粮，再统一上交官府。揽户代纳赋税原本是利官便民之举，但是因为他们大多由地方胥吏或是胥吏的亲戚担任，仗着官府的权势，强行征税，又在计量器（斛）上大做文章，大斗改小斗，已成为地方上的黑恶势力。有的地方，吏员们提前把很多年的税先收了，“今闻属县，有未及省限而预先起催者，有四年而预借五年之税，五年而预借六七年之税者，民间何以堪此”[42]。有的州县政府甚至有意识地制造冤狱，以此来满足供养吏员的经费需要。黄震记载：“县狱若不遍追一乡无辜之人，则结解时无以充计置本州公人之费，州狱若不再追本县已放之人，则圆结时无以充提刑司计置公人之费。积弊已深，有力莫救。”[43]

宋代胥吏贪污腐败已不仅局限于小范围，不是个体现象，而是形成了群体性、普遍性的现象，有人说，有宋代“良吏实寡，赇取如故”[44]。有人说，宋代“天下吏人素无常禄，唯以受赇为生”[45]。陈藻甚至写了一首名为《憎吏行》的诗，诗中说：“人逢胥吏面，唾欲捣其胸。伤哉彼何罪，造化生蛇虫。”宋人说，胥吏之治，是宋代最失败的地方：“汉之天下弊于戚畹，唐之天下弊于宦竖，我朝天下弊于吏奸，凡为朝廷失人心、促国脉者，皆出于吏贪。”[46]

王安石对胥吏不法的原因做过比较合理的分析。他说：“方今制禄，大抵皆薄，……州县之吏，……计一月所得，乃实不能四五千，少者乃实不能及三四千而已。虽厮养之给，亦窘于此矣。而其养生、丧死、婚姻、葬送之事，皆当出于此。……故今官大者，往往交赂遗，营资产，以负贪污之毁；官小者，贩鬻、乞丐，无所不为。”[47]司马光的观点大致相同：“府吏胥徒之属，居无廪禄，进无荣望，皆以啖民为生者也”[48]。国家不肯给吏员发放俸禄，实际上就是默许他们蚕食百姓，其代价就是社会底层的败坏。

为了防治胥吏不法，朝廷和官员们想了很多办法。宋代的官箴书籍中出现了很多关于防范吏人的告诫，作者通常会建议各地地方官重视胥吏人选，“帑吏，必择信实老成人，仍召有物力者委保”[49]。宋代政府对胥吏群体的管理和约束相当严厉，规定胥吏一旦犯罪，即处以重法。“至待贪吏则极严：应受赃者，不许堂除及亲民；犯枉法自盗者，籍其名中书，罪至徒即不叙，至死者，籍其赀。”[50]其严厉程度超过官员阶层数倍。然而，如果收入来源不能保证，再严厉的惩罚也无法制止手握权力者枉法营私，这已经多次被历史证明了。所以，虽然国家不给工资，但是各地猾民争相做吏，很多吏人居然也能成为豪富。比如吴地一姓朱吏人田产“跨连郡邑，岁收租课十余万石，甲第名园，几半吴郡”[51]。

四

当吏员大面积腐败并且腐败手法光怪陆离时，他们就不得不贿赂州县官员以求自保。而州县级官员大面积腐败之后，势必也得分润其直接上级。这样，腐败就从吏员到州县级一层层往上，不断蔓延。

北宋时期，贪腐一直局部存在，包拯曾对当时的吏治情况深表不满。他说：“今天下郡县至广，官吏至众，而赃污擿发，无日无之……虽有重律，仅同空文，贪猥之徒，殊无畏惮。”“况幅员至广，官吏至众。黩货暴政，十有六七。若不急于用人，以革其弊，亦朝廷之深忧，不可不察。”[52]

到了北宋晚期，贪污腐败已经由下至上，遍及整个官场。高级大臣也常有沦陷者。当然，北宋晚期腐败普遍化的原因是多方面的，既有低薪制原因，也有制度崩坏的原因。本来宋代的“祖宗家法”对各级权力，特别是皇权形成了比较有效的制约，以至有人说宋代实行的是“儒家宪政主义”。但北宋末期诸帝，特别是宋徽宗带头破坏宋初一系列良好制度。宋代皇帝下诏，要经过中书门下诸衙门审核通过才能执行，但宋徽宗“御笔手诏”行事，既不与中书省商议，又不交中书舍人起草，也不经门下省审覆，而是亲笔书写后直接交付实行。宋徽宗本人滥用皇权，贪图享受，恣意妄为，干出不少劳民伤财之事。同时，在他的治下，对官权的约束也受到破坏。宋代本来严格限制宦官权力，但是到了北宋末期，童贯破例领枢密院事，成为两宋历史上唯一的宦官执政，号称“媪相”。宋朝旧制，宰相一般不是一个人，而是由参知政事和宰相组成的一个集体。而蔡京独相十三年零十一个月，成为两宋历史上第一个权相。北宋末年的大面积腐败，根源在于权力的恣意滥用。宋徽宗重用宠信的蔡京、王黼等“六贼”，这六人公然卖官，每一个官职均有定价，甚至在科举殿试时名次亦可通过行贿而得。到了北宋灭亡前夕的宣和七年（1125年），宋徽宗本人也曾下诏，哀叹当时的吏治情况：“比者，士或玩法贪污，遂致小大循习货赂公行，莫之能禁。外则监司守令，内则公卿大夫，托公徇私，诛求百姓，公然窃取，略无畏惮，将何以安！”[53]

而南宋吏治整体上又逊于北宋。南宋政治动荡，财政困难，物价不稳定，官员，特别是低级官员收入难以保障。绍兴三年（1133年）五月壬戌，宋高宗说，自元丰俸禄改革以来，物价涨了三倍，而俸禄没有增长，“自元丰增选人俸至十千二百，当时物价甚贱，今饮食衣帛之价，比宣和间犹不啻三倍，则选人何以自给？而责以廉节难矣”[54]。然而南渡之初，为了应对财政困难，部分官员俸禄又“权减三分之一”。后来又数次减俸，连皇帝赐人的鞍马、衣服等，也减半赐予，以至于“赐目”上写道：“马半匹，公服半领，金带半条，汗衫半领，裤一只。”[55]令人啼笑皆非。后来俸禄水平虽然有所恢复，但是总体上比北宋低了很大一截。

携带了北宋的腐败基因，收入水平相比北宋又有所降低，在这种情况下，南宋的腐败比北宋更加普遍化、系统化。官场腐败从行政系统蔓延到了民政、军政和司法等大多数领域。北宋中早期，对腐败官员的处理是非常重的。《宋史本纪》载，太祖“绳赃吏重法，以塞浊乱之源”[56]。宋太祖为人宽大，官员犯其他错误或可宽纵，但贪赃问题不能逃脱处分。整体上，北宋对贪腐的处理都是比较重的。但是到了南宋，因为腐败已经普遍化了，法不责众，所以，本应处以重罪者，常常轻纵。"文官爱钱，武官怕死"，因此成了官场风气。南宋时期，官商勾结，举凡赈贷、盐政、漕运、专买、税关、营建、水利工程等，都成为官员大肆敛财的肥差。

我们讲过，宋代各府州都设公使库，作为宴请、馈赠官员以及供赴任、免职官员往来的支出来源。到了南宋，大吃大喝，请客送礼，成为官场常态，公使库因此也成为各地官场贪腐的据点，每年耗费的国家钱物难以数计。"扬州一郡，每岁馈遗，见于账籍者至十二万缗。江浙诸郡，每以酒遗中都官，岁五六至，必数千瓶。淳熙中，王仲行尚书为平江守，与祠官范（成大）致能、胡（元质）长文厚，一饮之费，率至千余缗。……东南帅臣、监司到署，号'上下马'，邻路皆有馈，计其所得，动辄万缗。"[57]一州一府的公使库成为当地长官、过往官员、朝中权贵搜刮聚敛贪污行贿的公开场所。

借公使库贪污，以南宋孝宗淳熙八年（1181年）发生的唐仲友案最为典型。这一年，大儒朱熹在主持地方赈灾事务时，发现知台州的唐仲友"不公不法"之事甚多，遂上疏弹劾。唐仲友贪财黩货，可谓不择手段。按宋代国家规定，公使库不准进行以牟利为目的的商业性活动。而唐仲友自知台州以来，下令公使库以公家的粮食来酿酒、卖酒营利，赚钱归自己所有。"其所造酒，米麦之属，既并取于仓库羡余；而所收息钱，太半不曾收附公使库钱历，并是入己。"[58]对于公使库原有的本钱，唐仲友也命人伪作书札，假借馈赠官员的名义支出，实际上据为己有。

公使库后来实际上成了唐仲友的私家宾馆，他的亲戚常常来台州聚会，"频作宴会"，动辄流连数月，"临行馈送，各以数百千"，皆出自公使库。唐仲友的儿子结婚，几乎一切支出，"凡供账、从人衣衫、乐妓服装的置办"，都从公使库支钱。唐仲友还从家乡自家开办的彩帛铺以高价买来各类布匹、绢帛等及各色染料，拘系当地染色工匠，在唐仲友的家里“变染红紫”，除去婚礼所用，其余运回金华本家彩帛铺货卖取利。“其子亲会宴集经月，姻族内外，一文以上皆取办于公库。”

除了借公使库发财，唐仲友还有很多其他生财之道。比如他欺行霸市，在本地恃势低价收购水产品，运回家乡的鱼鳖铺出卖，还差遣本州士卒为他家贩运其他海产品，他还通过收取过桥费致富。唐仲友下令：“造置浮桥，破费支万余贯官钱，骚扰五县百姓，数月方就。初以济人往来为名，及桥成了，却专置一司，以收力胜为名，拦截过往舟舡，满三日一次放过，百端阻节，生出公事不可胜计。”[59]

至于在判案等事上贪赃枉法当然更不例外。唐仲友在知州任上“少曾坐厅受领词状，多是人吏应褒、林木接受财物，方得签押，无钱竟不得通。……每事皆有定价，多至数千缗，又纵狱吏百端乞觅，民间冤苦，不可胜言”[60]。

和绝大部分贪官一样，他还有生活作风问题。他与官妓行首严蕊相狎，秽名狼藉，“虽在公宴，全无顾忌”[61]。他还下令支用公使库钱买各类丝织品，将其分送严蕊和当地官妓四十余人，舆论哗然。

像唐仲友这样贪迹如此显著的贪官，又经朱熹这样的名臣大力弹劾，却难以受到处理。朱熹说：“伏念臣所劾赃吏，党羽众多，棋布星罗，并当要路。自其事觉以来，大者宰制斡旋于上，小者驰骛经营于下。”[62]受到了朝中关系网的极大阻力。朱熹六上奏章，才使其罢官。可见南宋官场官官相护，已成习惯，也就是说，腐败已经成了系统性现象。朱熹告倒了唐仲友，本人却受到官场的集体报复，落得“怨仇当路，踪迹孤危”[63]的下场，不得不引退。

所以在南宋官场，行贿者步步高升，坚持操守者遭受排斥，已经成为正常现象。这就导致社会公道不存，国家根本动摇。南宋一代，唯有孝宗时期曾经对贪腐进行过认真有力的治理，其他时代，已经有心无力，只能听之任之。晚宋名儒真德秀说他所处的时代“馈赂公行，薰（熏）染成风，恬不知怪”。

五

提到中国历史上的高薪养廉，人们总是习惯以宋代为例。不过总体来说，宋朝高薪养廉是否成功，无法一言而论。

这首先是因为宋代的高薪，只局限于中高级官员。应该说，北宋中前期，在中高级官员当中，高薪养廉是相当成功的。当然，这也与当时贪惩措施比较严厉密切相关。但到了北宋末期，因为腐败现象自下而上的传导，同时皇权与官权渐渐失去约束，中高级官员也出现了很多腐败现象。而宋代基层腐败的主要诱因，恰恰是因为低薪制。特别是吏员腐败与“无常禄”之间的关系至为明显。

所以宋代腐败的主要原因之一，是低薪制导致的底层官吏腐败普遍化。到了南宋，低薪状况加剧，对贪腐的惩罚力度也不断减弱。与此同时，党争越来越严重，权力约束越来越弱化，官僚体系也日益呈现整体性沦落。

很多人把宋代当成高薪不能养廉的例子，并且夸张地说，宋朝是历史上最腐败的朝代，这种说法显然是不全面的。其实，在权力约束比较有效，腐败未从底层传导上来之前，北宋的高薪养廉还是取得了一定程度的成功。与此同时，宋代廉政建设虽然最终归于失败，但总体上的贪腐程度，仍然要逊于明朝和清朝中后期。

因此，总结宋朝的经验教训，我们应该说，局部高薪养廉注定不能长久，没有与权力约束结合起来的高薪养廉是不可能真正成功的。

注释

1.邵红霞：《宋代官僚的俸禄与国家财政》，《江海学刊》1993年第3期。
2.赵翼：《廿二史劄记》，凤凰出版社，2008年，第356页。
3.王栐：《燕翼诒谋录》卷二，转引自黄惠贤，陈锋：《中国俸禄制度史》修订版，武汉大学出版社，2012年，第226页。
4.毕沅：《续资治通鉴》一，岳麓书社，1992年，第225页。
5.李焘：《续资治通鉴长编》卷三十九，至道二年四月戊子条，转引自黄惠贤、陈锋：《中国俸禄制度史》修订版，武汉大学出版社，2012年，第282页。
6.毕沅：《续资治通鉴》一，岳麓书社，1992年，第186页。
7.李焘：《续资治通鉴长编》卷十三，“开宝五年十二月末纪事”，中华书局，1985年，转引自伍联群：《北宋文人入蜀诗研究》，巴蜀书社，2010年，第46—47页。
8.毕沅：《续资治通鉴》一，岳麓书社，1992年，第70页。
9.李焘：《续资治通鉴长编》二，中华书局，2004年，第597页。
10.李焘：《续资治通鉴长编》二，中华书局，2004年，第597页。
11.脱脱等：《宋史》三，中华书局，2000年，第2757页。
12.脱脱等：《宋史》三，中华书局，2000年，第2757页。
13.王栐：《燕翼诒谋录》卷五，转引自郭学信：《北宋士风演变的历史考察》，中国社会科学出版社，2012年，第275页。
14.毕沅：《续资治通鉴》一，岳麓书社，1992年，第302页。
15.《宋会要·职官》五十七之八十九，刘琳等校点，《宋会要辑稿》八，上海古籍出版社，2014年，第4607页。
16.曾枣庄、刘琳：《全宋文》240，上海辞书出版社，2006年，第243页。

17.《夷坚丁志》卷一七《三鸦镇》。
18.李焘：《续资治通鉴长编》卷七十八，大中祥符五年九月戊子条。
19.《宋史》卷四百二十六，《张逸传》。
20.周必大：《文忠集》卷六十四，《陈公居仁神道碑》。
21.《宋史》卷一百六十一，《职官》一。
22.脱脱等：《宋史》三，中华书局，2000年，第2420页。
23.曾枣庄、刘琳：《全宋文》（第五册），巴蜀书社，1989年，第707页。
24.脱脱等：《宋史》三，中华书局，2000年，第2824页。
25.脱脱等：《宋史》三，中华书局，2000年，第3001页。
26.《昼帘绪论·理财篇第九》，转引自汪圣铎：《两宋财政史》下，中华书局，1995年，第523页。
27.何竹淇：《两宋农民战争史料汇编》下编 第二分册（上、下册），中华书局，1976年，第418页。
28.毕沅：《续资治通鉴》一，岳麓书社，1992年，第37页。
29.毕沅：《续资治通鉴》一，岳麓书社，1992年，第37页。
30.李焘：《续资治通鉴长编》一，中华书局，2004年，第546页。
31.惠栋：《建炎以来系年要录》（卷七至卷十八），中华书局，1985年，第3053页。
32.李焘：《续资治通鉴长编》（卷十一至卷二十），中华书局，1985年，第3438页。
33.查继佐：《二十五别史（18—21）明书（1—4）》，齐鲁书社，2000年，第1097页。
34.李焘：《续资治通鉴长编》第二册卷一至卷一六，中华书局，1979年，第282页。
35.李焘：《续资治通鉴长编》（卷十一至卷二十），中华书局，1985年，第4759页。

36.陈襄：《州县提纲》卷一。

37.陈襄：《州县提纲》卷一。

38.陈襄：《州县提纲》卷二。

39.陈襄：《州县提纲》卷二。

40.真德秀：《西山政训》。

41.真德秀：《西山政训》。

42.真德秀：《西山政训》。

43.曾枣庄、刘琳：《全宋文》卷八零四一黄震一三，上海辞书出版社，2006年，第89页。

44.脱脱等：《宋史》四，中华书局，2000年，第2920页。

45.沈括：《梦溪笔谈·官政二》。

46.俞文豹：《吹剑录》。

47.王安石：《临川集》卷三十七《上仁宗皇帝言事书》。

48.司马光：《温国文正司马公集》卷二十三《论财利疏》。

49.陈襄：《州县提纲三·帑币择人》。

50.脱脱等：《宋史》四，中华书局，2000年，第3337页。

51.王明清：《玉照新志》。

52.包拯：《包拯集》卷三，张田编：《请先用举到官》。

53.《宋会要辑稿》刑法二之九二，中华书局，1997年。

54.熊克：《中兴小纪》卷十四。

55.庄绰：《鸡肋编》卷中。

56.脱脱等：《宋史》一，中华书局，2000年，第34页。

57.李心传：《朝野杂记》甲集卷十七《公使库》，第394—395页，转引自沈冬梅、范立舟：《浙江通史》第五卷宋代卷，浙江人民出版社，2005

年，第168页。

58.朱熹：《朱文公文集》卷十八：《按唐仲友第三状》。

59.朱熹：《朱文公文集》卷十八：《按唐仲友第三状》。

60.朱熹：《朱文公文集》卷十八：《按唐仲友第三状》。

61.朱熹：《朱文公文集》卷十八：《按唐仲友第三状》。

62.朱熹：《朱文公文集》卷二十二：《辞免江东提刑奏状三》。

63.朱熹：《朱文公文集》卷二十七：《与赵帅书》。

第五章
元朝：有缺陷的俸禄制度

忽必烈建立的元朝是一个蒙古旧制与中原制度相结合的统一体，管理上比较粗疏，所以元代俸禄体系发育很不完全，不合理之处甚多。

和北魏一样，以战争起家的元朝开始时是没有俸禄的。

游牧民族没有俸禄传统很容易理解。蒙古官兵开始是专以从战争中掠取大量财物、私属人口为生的，“鞑人初未有除授及请俸；鞑主亦不晓官称之义为何也”[1]。到中统建元之前，没有正式建立覆盖全域的俸禄制度。所以在地方治理上，与北魏初年一样，也是贪暴横行，“元初未置禄秩。”“无禄不足以养廉，于是地方官吏以未给俸，多贪暴”[2]。那些不能从战争中获得财富的地方官就从地方百姓身上肆意榨取。

在疆域日广之后，和北魏一样，元朝开始考虑建设俸禄制度。汉族大臣姚枢早就进言，说实行俸禄制度有利于建设社会的公平正义：“班俸禄，则赃秽塞而公道开。”[3]

于是，忽必烈时期正式建立了俸禄制度。“世祖即位之初，首命给之（禄秩）。……禄秩之制，凡朝廷职官，中统元年定之。”[4]不过，忽必烈建立的元朝是一个蒙古旧制与中原制度相结合的统一体，管理上比较粗疏，所以元代俸禄体系发育很不完全，不合理之处甚多。比如元朝南北官员，职田分配是不一样的，江南地少人多，所以职田只有北方的一半。朝廷内外官员收入也不均，有的官员俸禄很高，有的却非常低。郑介夫说："禄之不均，自是朝廷一大缺政。……其有俸钞有职田，则过于厚；无俸钞又无职田，则过于薄。"[5]

元代俸禄制度的另一个重要问题是俸禄中有相当一部分是用钞票发给的。元代钞法实行不善，经常出现严重的通货膨胀，比如中统、至元年间，物价上涨8—10倍。最严重的时候，钞票几成废纸，仅能值回印刷成本。虽然朝廷多次采取增俸措施，但远不及物价上涨的速度。通货膨胀期间，朝中高官的俸禄表面上很高，但是到市场上买不回多少东西。而地方小官，因为职田上的粮食收入，生活反而有所保障。所以就出现了"官益高而俸益薄"及"随朝三品、四品之官，反不及外任九品簿尉之俸"[6]的反常情况。大德年间，连百官之首的宰相都感到生活捉襟见肘，可见其他官吏俸薄的情况更加严重。

元代也属于薄俸制。郑介夫具体计算当时的官员收入说："外任俸钞从五品上，三十两，从六品，不满二十两，如九品，止十二两，以俸钞买物，能得几何？十口之家，除岁衣外，日费饮膳非钞二两不可，九品一月之俸，仅了六日之食。"[7]因此，元代中下官吏普遍生活困顿。如"（黄溍）在州县以清白自持，月俸不给，至鬻产佐之"（《新元史·黄溍传》）。这种低薪制不独汉官受害，也导致"不少蒙古官员家计入不敷出"。

元代治理水平不高的另一表现是发放俸禄的随意性。至元十七年（1280年）四月，朝廷为了"定夺俸禄，凡内外官吏皆住支"[8]，到十八年（1281年）四月才"复颁中外官吏俸"。但江南官吏直到至元十九年（1282年）六月仍"不曾支给俸钱"。类似的停俸，在武宗至大二年（1309年）也曾发生。不仅如此，中下级官吏的俸钱又多被上级克扣。比如至元七年（1270年）九月，“尚书省御史台呈……今各路总管府不深惟朝廷求治之意，将官吏俸禄擅自克减，且迁转官员客居任所，其百色所费止仰月俸，横遭克减，必致失所”。更有部分官吏名义上享有俸禄，实际上则无。如江西行省巡检“虽称勾当，考满实历，俸钞多有不及或全无俸月”[9]者；大都置总急递铺提领所，除了提领一员外，其他人皆无俸给。

与此同时，在中国历史上，元朝吏治之腐败也是空前的。元季官场贪污风行，陋规例钱形形色色。明初，叶子奇对元代名目各色的“例钱”曾做过分类解释，他说：“元朝末年，官贪吏污，始因蒙古、色目人惘然不知廉耻之为何物。其问人讨钱，各有名目。所属始参曰拜见钱，无事白要曰撒花钱，逢节曰追节钱，生辰曰生日钱，管事而索曰常例钱，送迎曰人情钱，勾追曰赍发钱，论诉曰公事钱。觅得钱多曰得手，除得州美曰好地分，补得职近曰好窠窟，漫不知忠君爱民之为何事也。”[10]俸禄制度的缺陷是造成这种情况的重要原因。

注释

1.王国维：《王国维遗书》第13册，《蒙韃备录笺证》。

2.杨树藩：《中国文官制度史》（下），黎明文化事业股份有限公司，1982年，第220页。

3.《元代奏议集录》，浙江古籍出版社，1998年，第37页。

4.宋濂等：《元史》，卷九十六《食货四》，中华书局，1976年，第1623页。
5.《历代名臣奏议》卷六七。
6.《元朝典故编年考》卷五，《俸禄》。
7.《元朝典故编年考》卷五，《俸禄》。
8.宋濂等：《元史》（简体字本）（卷一至卷二一〇），中华书局，1976年，第1623页。
9.《元典章》卷八，《吏部二》“巡检月日”。
10.叶子奇：《草木子》卷四下《杂组》。

第六章
明代："官俸最薄"与"腐败最烈"

朴素的农民式思维让朱元璋认为"当官的没几个好人"。因此在中国历朝历代中，朱元璋对官员们是最苛刻的。在制定俸禄制度的时候，朱元璋对自己的亲戚家人待之唯恐不厚，宗室贵族的俸禄异常丰厚。

大明王朝后期的腐败已经到了沦肌浃骨的地步，侵蚀到了社会肌体的每一个细胞。办一件事需要多少贿赂，明码标价，"权门之利害如响，富室之贿赂通神。钝口夺于佞词，人命轻于酷吏"。小小的衙门胥吏通过把持官府可以家资上万。

一

宋代的高薪在历史上很有名，同样有名的是明代的"薄俸制"。论者动不动就说，"明官俸最薄"，"俸禄之薄，无以逾明者"。

明代俸禄确实是非常微薄，这有两方面原因。一是受元代薄俸制的影响，另一个，也是最根本的原因，则是明太祖朱元璋的统治思路。

因为出身贫苦，朱元璋终生痛恨贪官污吏。他曾说："昔在民间时，见州县长吏多不恤民，往往贪财好色，饮酒废事，凡民疾苦，视之漠然，心实怒之。故今严法禁，但遇官吏贪污蠹害民者，罪之不恕。……苟贪贿罹法，犹行荆棘中，寸步不可移，纵得出，体无完肤矣。”[1]

朱元璋不了解，正是元代的薄俸制助长了官吏的贪污腐败。朴素的农民式思维让他认为“当官的没几个好人”。因此，在中国历朝历代中，朱元璋对官员们是最苛刻的。在制定俸禄制度的时候，朱元璋对自己的亲戚家人待之唯恐不厚，宗室贵族的俸禄异常丰厚。皇子封为亲王后年俸有一万石，是最高官员的近七倍，这还不包括丰厚的土地赏赐。但与此同时，朱元璋以开国之初，经济凋敝，“百姓财力俱困，如初飞之鸟”[2]为由，又把官吏的俸禄定得出奇之低，对普通官员以“薄俸”为主流。

明代俸禄之薄体现在以下四个方面：

第一，明代官员没有了职田。

从唐朝开始，地方现任官员俸禄中都有一项特别稳定的收入——职田收入，但是朱元璋却毅然废除历代相沿的职田制度。原因很简单，他要把天下官田都留着赏赐给自己的子孙。各地王府的赐地，“皆取之州县中极膏腴田地”[3]。

第二，禄米数量也大大降低。没有职田，官员俸禄中只剩下粮食，也就是禄米这一项，而且标准也大大降低。明代正一品年俸是禄米1044石；正二品732石；正三品420石；正四品288石；正五品192石；正六品120石；正七品90石；正八品78石；正九品66石。这个标准是历代最低的。顾炎武说：“‘唐兴，上州司马秩五品，岁廪数百石，月俸六七万，官足以庇身，食足以给家。’今之制，禄不过唐人之什二三，彼无以自赡，焉得而不取诸民乎？”[4]也就是说，唐代上州司马是五品官，每年收入数百石，还有月俸六七万钱，收入足以庇身给家。而明代官员的收入，不过是唐代的十分之二到十分之三。

明代俸禄制与秦汉以来历代不同的地方就在于，宋代以前，历代虽然低级官员收入不高，但中高级官员通常都是高薪。而到了明代，连高官也得承受低薪之苦。明朝中后期，最高级的正一品官员的全年俸禄折合成银子不过才三百两左右，抵不上一个京师富家子弟三个月的花费。所以，明代低薪制贯穿上中下级所有官员。

第三，不仅如此，朱元璋甚至舍不得给退休官员开工资，阎步克在《品位与职位》中说："国初的致仕者居然没有俸禄，赐半俸终身就算是优礼了。"

第四，除了低薪制，朱元璋还取消了官员的许多其他特权。唐宋两代，官员的子弟会得到"荫封"，可以直接做官，而朱元璋则取消了这一做法，大官之子虽有"荫叙"，但所叙的只是"禄"而非"官"，想做官仍要参加考试。和今天的"党内警告""降级撤职"作为一种惩罚一样，明代以前，官场上一直实行"以官抵罪"，即官员犯罪，以降职或夺官作为一种抵罪措施。然而，这一特权也被朱元璋毫不留情地勾销了。官员犯罪，与百姓同样，该坐牢的坐牢，该流放的流放，一点也不予宽容。薛允升因云："唐律于官员有犯除名、官当、免官、免所居官，委曲详备，其优待群僚之意，溢于言外。明律一概删去，古谊亡矣！"[5]因此，有人说，朱元璋是一个代表农民利益的"农民皇帝"。

很明显，在分配帝国利益蛋糕时，朱元璋把官僚体系排除在外了。朱元璋的做法显然是"既要马儿跑，又要马儿不吃草"。他希望这些孔孟之徒能"见义忘利"，吃着孔孟的精神食粮，忘我地为他工作。其实，从一个农民的角度思考，朱元璋认为他给官员的不算太少，因为比起农民来，他们的生活还是优越的。更何况，精打细算的朱元璋认为，做官对中国人来说，除了直接的物质收获，还会有成就感等心理上的报偿。朱元璋这样教育广大官员：如果你们清廉为官，虽然收入不是特别丰富，但“守俸如井泉，井虽不满，日汲不竭渊泉”，毕竟可以无忧无虑地生存下去。另外还能“显尔祖宗，荣尔妻子，贵尔本身”，“立名于天地间，千万年不朽”[6]。所以，他觉得他对官员们还算是够意思的。

但实际上，这样的低薪“不足以资生”，导致很多官员难以养家糊口。

比如洪武年间的陕西参政陈观，“在陕以廉谨称。……其卒也，妻子几无以自存”。[7]他一死，妻儿老小马上就无法生活了。

洪武年间的吏部尚书刘崧“幼博学，天性廉慎。兄弟三人共居一茅屋，有田五十亩”。[8]出仕之后，家族经济情况没有任何变化，“及贵，无所增益。十年一布被，鼠伤，始易之，仍葺以衣其子。居官未尝以家累自随”。[9]一条被子盖了十年，被老鼠咬破了才换条新的。但是旧的还要缝缝补补，给儿子当棉衣。

永乐时期的户部尚书秦纮为官四十余年，其“妻菜羹麦饭常不饱”，“及卒，家无余资。未几，子孙有贫乏不能存者。”[10]子孙一下子成了贫民。

二

朱元璋时代，俸禄已经如此之低。按理说，在朱元璋去世之后，随着经济恢复，社会发展，明代统治者们应该大幅度提高俸禄。但事实是，洪武之后，明代俸禄水平不但没有提高，反而逐步降低。

其主要原因是明代俸禄的“折色”制度。

明初俸禄主要是用粮食来发放的。但是，当国库中的粮食不够用时，偶尔也会发点其他东西来代替，这就是所谓的“折色”。折色最早始于洪武年间，在朱元璋去世后越来越普遍。

建文四年（1402年），户部称，“天下仓粮，宜撙节以备国用，各处都司官俸，旧全支米者，宜米钞中半兼支”[11]。也就是说，因为国家粮储不足，所以各处都司发工资时，一半发钞票，一半发粮食。到了正统四年（1439年），又诏称“南京及在外文武官吏俸米、军人月粮，近为粮储不敷，减分支给，以钞折充”[12]。折色渐渐成为定制。

问题和元代一样，明代的钞票经常严重贬值。《廿二史劄记》卷三十二“明官俸最薄”条记载：“洪武时，官全给米，间以钱钞，兼以钱一千、钞一贯抵一石。官高者支米十之四五，卑者支米十之七八，九品以下全支米。后折钞者每米一石给钞十贯。又凡折色俸，上半年给钞，下半年给苏木胡椒。成化七年，户部钞少，乃以布估给，布一匹当钞二百贯。是时钞一贯仅值钱二三文，而米一石折钞十贯，是米一石仅值二三十文钱也。布一匹也仅值二三百钱，而折米二十石，是一石米仅值十四五钱。”

朱元璋时代，偶尔也会发钱发钞，但是，那时钞票还好用，本应发一石米，实际所发之钞，大约值一两白银，和市场价格大致相当。但是到了明成祖时，因为钞票贬值，本来应该给一石米，实际所发钞票，却只能兑现白银一钱到二钱，就是说，已经贬值到只剩原来的一成到二成了。到了成化年间，一石米发给十贯钞，看起来比洪武年间涨了十倍，而事实上，那时十贯钞才值二三十文钱。也就是说，贬值到原来的百分之二到百分之三。如果按半粮半钞算的话，官员实际只能领到部分粮食，以钞折算的部分就算是给国家做贡献了，工资相当于降低了百分之五十。明代的皇帝们就是这样和百官耍流氓的。

时间长了，百官当然纷纷抗议，皇帝于是不发钞票，改发其他东西。发什么呢？发胡椒，发苏木。胡椒和苏木，一个是调料，一个是颜料，为什么发这些东西呢？因为这些是从外国进口的奢侈品，郑和下西洋的时候进口多了，宫中堆积多年，眼看着要放坏了，所以拿出来给百官充工资用。成化五年（1469年），实在没钱给百官开支了，甚至发衣服被褥，将内库所存的“纻丝绫罗、纱褐缯布之衣帨衾褥以及书画几案、铜锡磁（瓷）木诸器皿……以充俸钞”。就是说，皇宫大库存的绸缎布匹、衣服巾帕、被子褥子、桌子椅子、瓷茶碗锡茶壶都拿出来发给百官。反正宫里什么东西多就发什么。

为什么要用这些东西来给百官发工资？当然是因为国库没钱了。那么为什么大明王朝会穷成这样呢？主要原因是天下的银子都发给朱元璋的后代了。我们说过，朱元璋虽然给百官的俸禄标准定得很低，却给自己的子孙后代规定了极高的俸禄水平。朱元璋规定，他的后代由于身份高贵，不能从事任何社会职业，增加收入的方式只有一个渠道，那就是多生孩子。多生一个孩子，国家就按等级多发放一份俸禄。所谓“宗室年生十岁，即受封支禄。如生一镇国将军，即得禄千石。生十将军，即得禄万石矣。……利禄之厚如此，于是莫不广收妾媵，以图则百斯男”。

所以，明代皇族拼命生孩子。弘治五年（1492年）年底，山西巡抚杨澄筹向皇帝汇报，山西庆成王朱钟镒已生育子女共九十四人。不久，另一位藩王刷新了这一纪录，这位藩王光儿子就多达一百余个，每次节庆家庭聚餐，同胞兄弟们见面彼此都不认识。这就是史书上所谓的“每会，紫玉盈坐，至不能相识”。[13]

这仅仅是明代皇族人口爆炸的一个缩影。朱元璋建国之初，分封子孙于各地，“初封亲郡王、将军才四十九位”。这些王爷好比种子，一二百年过去后，在各地繁衍出的数量大得十分惊人：山西一省，洪武年间只有一位晋王，到了嘉靖年间，有封爵的皇室后代已经增长到一千八百五十一位。洪武年间河南本来也只有一位周王，到了万历年间，已经有了五千多个皇族后代……据明末徐光启的粗略推算，明宗室人数每三十年左右即增加一倍。而当代人口史学者推算的结果是，明代皇族人口增长率是全国平均人口增长率的十倍。据安介生等人口史专家推算，到明朝末年，朱元璋的子孙已经繁衍到近一百万人之多。

这样，国家财政就出现了难以支撑的窘况。嘉靖四十年（1561年），朝廷曾经算过一笔账，天下岁供京师粮四百万石，而诸王府的禄米支出竟然达到了八百五十三万石，缺口是四百五十三万石。天下所供，竟然不能满足王族所需。所以当时官员们说，“天下之事极弊而大可虑者，莫甚于宗藩禄廪”[14]。

实在拿不出银子给百官发工资，发点东西大家倒也能理解。问题是，皇帝们的小算盘仍然打得非常鸡贼。好比这东西本来只值十块钱，但是皇帝却非说能值一百块钱。比如永乐二十二年（1424年），每斤胡椒算成十六贯钞票，苏木每斤算八贯钞票。但到了明宣宗宣德九年（1434年），仅十年时间，胡椒每斤就算成一百贯钞票，苏木每斤算成五十贯钞票，翻了六七倍。

成化七年（1471年），因为国库里存的棉布太多，积压久了，眼看都快烂了，皇帝遂宣布，以后就用细布给百官开工资。什么标准呢，一匹细布折算成二十石米。然而，明代最好的三梭细布，一匹也不过能换二石米。皇帝显然把布价抬高了十倍。成化十六年（1480年），细布也快发光了，又发粗布，而且“每阔白布一匹折米三十石”。一匹阔白布，也就是粗棉布，本来不过值银子三四钱，却算成三十石粮食，这就把布价抬高了近百倍。所以《明宪宗实录》称：“然三梭（布）一匹极细者，不过直银二两，而米价遇贵则有一石直银一两者。今布一匹折米三十石。轻重已自悬绝。后乃至以粗阔棉布直银三四钱者，亦折米三十石，则是粗布一匹而价银直三十两，自古所无也。”明代皇帝们的无赖嘴脸就是这样毫无遮挡。

就这么低的工资，在明代还常常拖欠，甚至数年不支。明人王琼在《双溪杂记》记载：“京官折俸四五年不得一支。外官通不得支。”

顾炎武总结明代俸禄史说：“百官所受俸，亦米也，或折以钞，其后钞不行而代以银，于是粮之重者愈重，而俸之轻者愈轻，其弊在于以钞折米，以布折钞，以银折布，而世莫究其源流也。”[15]朝廷在发俸禄时，在银子、粮食、布匹之间反复折腾，但是不管怎么折腾，反正是越来越有利于皇帝，越不利于百官。

在明初洪武至宣德六十年间，载入《明史·循吏传》中的著名清官占明代循吏总数的六分之五，这不能不说与薄俸制有关。明代那些恪守节操不想大肆贪污的官员，无一不生活得非常艰难。宣德年间，像礼部侍郎这样的高官，死后甚至都不能安葬。“邹师颜，宜都人。……为礼部侍郎。省墓归，还至通州，卒，贫不能归葬。尚书吕震闻于朝，宣宗命驿舟送之。”[16]正统元年（1436年），左副都御史吴讷曾说：“近小官多不能赡，如广西道御史刘准由进士授官，月支俸米一石五斗，不能养其母妻子女，贷同道御史王裕等、刑部主事廖谟等俸米三十余石，去年病死，竟负无还。”[17]成化年间，曾以廷试第一名为翰林修撰的罗伦，在被贬为福建市舶副使时，因微薄的官俸不足开支，只好靠卖字谋生。

三

我们看明代官场贪腐发展的曲线图，与俸禄高低有着直接的关系。明代贪风之盛行，恰恰发生在洪武朝以后，与俸钞折色之制同步。折色越低，贪污腐化就发展得越厉害。

永乐时期，因为折支钞票的普遍化，贪腐也开始普遍化。有人描述其情形说："贪官污吏，遍布内外，剥削及于骨髓。朝廷每遣一人，即是其人养活之计。虐取苛求，初无限量。有司承奉，惟恐不及。间有廉强自守、不事干媚者，辄肆谗毁，动得罪谴，无以自明。是以使者所至，有司公行货赂，剥下媚上，有同交易。夫小民所积几何，而内外上下诛求如此。"[18]

对于这种情况，官员们纷纷指出，薄俸制是主要原因。比如任双流知县的孔友谅抱怨说："国朝制禄之典，视前代为薄。今京官及方面官稍增俸禄，其余大小官员自折钞外，月不过米二石，不足食数人，仰事俯育，与道路往来费，安所取资。贪者放利行私，廉者终窭莫诉。"[19]永乐年间的著名清官李贤说："若夫俸禄所以养廉也，今在朝官员，皆实关俸米一石，以一身计之，其日用之费不过十日，况其父母妻子乎？臣以为，欲其无贪，不可得也！"[20]大理寺右少卿戈谦也说："且计一官，其家少者五六口，多者十余口，俸既不足，则其衣食器用、仆隶之需，必出于民，为害非小。……因国用浩繁，文武官吏俸给什撙节其六七，所得不给其所费。"[21]

从永乐之后，贪腐一代比一代严重。何瑭说，洪武晚年，"渐启贪赂之习，积至正德年间，其弊极矣，官以赂升，罪以赂免，辇毂之下，贿赂公行，郡县之间，诛求无忌。小民受害，殆不忍言。百姓困穷，盗贼蜂起，国家之事，几至大败"。他也认为薄俸是造成这种情况的主要原因，官吏之俸薄，“故官吏则务为贪侵”。

明代正统年间巡按山东监察御史曹泰一生刚正不阿，铁面无私，两袖清风，世称“铁”御史。他也说：“今在外诸司文臣，去家远任，妻子随行，禄厚者月给米不过三石，薄者一石、二石，又多折钞，九载之间，仰事俯育之资，道路往来之费，亲故问遗之需，满罢闲居之用，其禄不赡，则不免失其所守，而陷于罪者多矣。”[22]

明代中后期之腐败，在历史上刷新纪录。嘉隆以后，“惟贿是举，而人皆以贪墨以奉上司”，官场“礼义沦亡，盗窃竞作”，贪婪和无耻之风弥漫。著名清官韩一良在与崇祯皇帝的交流中，把低薪制与官员贪风之间的关系表达得直言不讳：“陛下平台召对，有‘文官不爱钱’语，而今何处非用钱之地？何官非爱钱之人？向以钱进，安得不以钱偿。以官言之，则县官为行贿之首，给事为纳贿之尤。今言者俱咎守令不廉，然守令亦安得廉？俸薪几何，上司督取，过客有书仪，考满、朝觐之费，无虑数千金。此金非从天降，非从地出，而欲守令之廉，得乎？”[23]

明末思想家顾炎武总结明史时尖锐地指出：“今日贪取之风，所以胶固于人心而不可去者，以俸给之薄而无以赡其家也。”[24]

四

除了官员贪腐登峰造极，明代也是中国历史上吏员腐败最严重的时期之一。其原因也与低薪制密切相关。

在规定官员低薪制的同时，明代也规定了吏员的低薪制。洪武十四年（1381年），朱元璋规定，在京二品以下衙门吏员月支米皆一石，六品以下衙门米皆六斗。在此之后，又不断降低这一标准。洪武三十一年（1398年）规定，在京吏员有家小的，每石减二斗，无家小的，每石减五斗。洪武之后，历代皇帝也多次降低吏员俸禄，而且规定各地州县吏员的俸给全部折钞。在明代纸钞大幅贬值的情况下，就几乎等于不给各地吏员发薪水了。

在经济收入低下的同时，明代吏员的社会地位比宋代又进一步降低。明太祖和明成祖均曾颁谕说，因为吏员“心术已坏”，不准进行科举，对他们进行毫不掩饰的歧视。明仁宗称，国子监生有虽曾习吏事者，不准以此为资历出仕，仍须入监读书，由科举出身。这是因为“吏事，末也。诚能穷经博古，达于修己治人之道，于吏事何难？”[25]反之，如让“昧于大经大法”之人去治事，则往往“厉民而辱国”。

吏员待遇和地位如此之低，可是明代中后期，社会上有一个奇怪的现象，很多老百姓拼了命也要当吏员，甚至许多“身家殷实，田地颇多”的地主不惜重金买路子要当“挂名书吏”。

这是为什么呢？原因很简单，吏员们的实际收入很高。

明代吏员们的薪水虽然几乎等于无，但额外收入却林林总总。他们的第一项额外收入叫“顶首银”，也叫“顶头银”，就是一个吏员升走调动或者退休之时，会推荐一个人来接班，被推荐的人要给他一笔钱作为酬谢。据焦竑讲，明代“新旧相代，索顶首银多至千金”[26]。而黄宗羲说“京师权要之吏，顶首皆数千金”[27]。明朝大学士许讃则说“在京各衙门吏典交代，顶头银两渐至数百两”[28]。顶首银的高低，当然主要视这一职务的灰色收入之多少而定。中央政府部门的吏员顶首银如此之高，与他们手中权力之大是相符的。明代各部院的吏员大多来自江浙一带，他们最初是随着永乐皇帝迁都北京而入驻京师的，后来这份工作就世代相袭下来。明代大儒黄宗羲说，当时虽无世袭之官，却有世袭之吏，他们一代又一代泡在公文当中，精熟各官司典章掌故，所以在官长要求参照以前的案例时，他们可以随手拿出符合自己营私需要的案例。他们仗着自己的专业知识，动辄以不合程序为由，驳回下属官司来文。因为缺乏专业知识，明代那些掌握了“大经大法”的六部官员很容易被书吏把持，所以部院之中，实际主持部务的往往都是积年老吏，他们经手处理的公文很少被那些弄不清“成例”的主管官员否定，所以，他们往往亲自拟定批文，直接呈送堂官，堂官在大多数情况下也只好就稿画行。所以明代若干老吏掌握了巨大的权力，也就门庭若市、富敌王公。

地方吏员的灰色收入当然远没有这么高，不过也相当可观。著名清官海瑞在浙江淳安做县令时，就专门记载了当地吏员的顶首银标准。地方州县衙门有吏、礼、刑、户、兵、工六房，以应对朝廷的六部，因为六房职权不同，收入有别，所以顶首银标准也不一样。海瑞所记淳安县六房吏顶头银为：“吏房顶头银十两”“户房顶头银五十两”“礼房顶头银十五两”“兵房顶头银五十两”“刑房顶头银五十两”“工房顶头银五十两”。

吏员们的收入当然不止顶首一项。海瑞记载，淳安县的吏员们还有很多常例陋规收入。

吏房常例银为“一两考吏银伍钱。起送农民或银捌钱或伍钱（府吏叁两，书手一两，同房吏书各叁钱）。酒席银贰两，众吏农分（府县里酒席银壹两贰钱，仍整酒一席，用银柒捌钱）。起送吏农拨缺兵刑工银伍两，户叁两，礼壹两或伍钱，承发叁两，铺长贰两，架阁伍钱三人分（府吏如数每人管二县）。新里长不报农民（银贰钱）”。

户房常例为“里长应役时每里银三钱。造黄册每里银伍钱（草册府吏伍两，管册厅吏贰两）。粮长应役时每名银肆钱。夏绢每里银叁钱，三八共贰拾肆两（三人分）。解绢时拾贰两，承行吏独取（府该房捌拾两，书手拾两，投批伍两，家属伍两，粮厅吏书拾伍两）。农桑绢贰两（三人分。府该房肆两）。秋盐粮每壹石银叁厘（府每石伍厘）。经过盐每壹佰引银贰分。住卖盐每壹佰引银叁钱。折色玖佰玖拾玖石，每石银叁厘。凡征钱粮壹佰两，银壹两（三人分）。均徭每银拾两，银壹钱（三人分）”[29]。

礼房为“收茶芽每里银伍分。童生入学每人叁钱。初考每人叁分。里长应役不报老人者银伍分。均徭每银拾两，银壹钱”。兵房陋规为“均徭每拾两，银壹钱。民壮每壹名银壹钱。共贰拾伍两（三人分）。清军每里银伍钱。直日里长每日银伍分。皂隶三十六名，每名银伍钱”[30]。

刑房为“佥总甲每里银叁钱。年终总甲每里平安银叁钱”。工房为“直日里长每日银伍分。审里役丁田每里银伍钱。清匠每里银伍钱。塘埚长每里银叁钱共贰拾余两。买漆每银壹两取伍分。均徭每拾两取壹钱。凡征钱粮每壹佰两，银壹两”[31]。

承发房为“里长应役时每里银壹钱。审均徭丁田里甲银壹钱。词讼每状一纸或壹分贰分”。

…………

这些常例陋规公然记载，且有定数，这是因为地方吏员几乎没有工资，这些常例就相当于地方政府在摊派提留中为吏员们安排的半合法收入。除此之外，吏员在地方事务中拥有诸多广泛的权力，他们营私的机会还有很多。

州县内部人事变动是吏房吏员收取贿赂礼金的好时机。《警世通言·金令史美婢酬秀童》中描写，户房吏员金满为了得到看库的美缺，不得不贿赂吏房吏刘云。

户房经理国家钱粮，营私肥己的机会尤多。朱国祯说："各县户房窟穴不可问，或增派，或侵匿，或那（挪）移，国课民膏暗损，靡有纪极。"[32]

礼房表面上是清水衙门，但是吏员们也是敛财有术。他们在采办考试、祭祀、旌表和乡饮大典相关的物资时，往往会以次充好，赚取差价。比如在科举考试时"买滥恶纸笔花红，希图冒破"，祭祀时会"减送胙肉"，旌表时则"将不堪旗匾，克减行价"，乡饮大典时会"扣克价值，以滥恶之物塞责"。县考之时，礼房吏员还会帮助考生作弊，"得人财物，改换卷面"。在办理"下程酒席"时，对里甲勒索也是礼房吏员的重要财源，本来地方政府办理下程酒席是专款，但是吏员们仍然会摊派到里甲头上："下程酒席亦既额有官银矣，即当责之礼房吏书买办可也。今乃仍用里甲，赔费不赀，荡产从事，而该吏人等亦且因之为利，不得，则以苟简禀官罚治。以致官用其一，而吏反用其二。"[33]

县级政府兵房的主要职能之一是征兵，用明代术语叫"勾补军士"，由于明代军人待遇恶劣，百姓视兵役为苦役，想方设法逃避，所以兵房吏员有很多机会可以从征兵中牟利，比如他们会"勾补逃军力士，卖放正身，拿解同姓名者"。

刑房吏员协理刑名，处理案件，其营私手法百姓更为熟悉。他们为了让人"出罪入罪，不得不使些机巧，弄些刀笔"。打官司的时候，当事人必须贿赂刑房吏员，才有获胜可能，比如《警世通言·玉堂春落难逢夫》中描述皮氏与赵昂为了胜诉，"与刑房吏一百两，书手八十两"。刑房吏员兼理牢狱，所以敲诈罪犯也属常事，比如狱囚丁启本来无赃证应予释放，刑房吏赵良仍向他索银五十两。

工房吏员负责主持地方上各种工程建设，这也是他们科派勒索民户的大好时机。“修衙修舡，既有征银在官矣，即当责之工房吏书管理可也。今乃仍点大户，官银不足，倾家赔偿，而该吏人等犹且从之索贿，不得，则以冒破禀官究责，以致浮费之数反倍于赔补之数。”[34]

总而言之，明代吏员枉法营私非常普遍。事实上，大明王朝后期的腐败已经到了沦肌浃骨的地步，侵蚀到了社会肌体的每一个细胞。办一件事需要多少贿赂，明码标价，“权门之利害如响，富室之贿赂通神。钝口夺于佞词，人命轻于酷吏”。小小的衙门胥吏通过把持官府可以家资上万。

注释

1.《明太祖实录》卷三八。

2.赵翼：《廿二史劄记校证》（下册），中华书局，1984年，第759页。

3.《清代档案史料丛编》第四辑，中华书局，1979年，第151页。

4.顾炎武、张京华：《日知录校释》上，岳麓书社，2011年，第511页。

5.薛允升：《唐明律合编》，李鸣、怀效锋点校本，法律出版社，1999年，第36页。

6.《全明文》卷二十九，《御制大诰初编》第四十三：《谕官无作非为》。

7.张廷玉等：《明史》三，中华书局，2000年，第2629页。

8.张廷玉等：《明史》三，中华书局，2000年，第2630页。

9.张廷玉等：《明史》三，中华书局，2000年，第2630页。

10.项笃寿：《今献备遗》卷二十四《秦纮传》。

11.《明太宗实录》卷十二，洪武三十五年九月戊子条。
12.《明英宗实录》卷五十三，正统四年三月己酉。
13.王世贞：《弇山堂别集》全四册，中华书局，1985年，第9页。
14.《明史》卷八十二，《食货志六》，“俸饷”。
15.顾炎武、张京华：《日知录校释》上，岳麓书社，2011年，第512页。
16.张廷玉等：《明史》（十四至十六），中华书局，2000年，第2762—2763页。
17.郑晓：《今言》卷一，中华书局，1984年，第44页。
18.张廷玉等：《明史》四，中华书局，2000年，第2950页。
19.张廷玉等：《明史》四，中华书局，2000年，第2954页。
20.顾炎武、张京华：《日知录校释》下，岳麓书社，2011年，第1155页。
21.《戈中丞奏疏》卷一《恤民疏》。
22.顾炎武、张京华：《日知录校释》上，岳麓书社，2011年，第513页。
23.张廷玉等：《明史》五，中华书局，2000年，第4450页。
24.顾炎武：《日知录》卷十二《俸禄》。
25.《明仁宗实录》卷二，永乐二十二年九月乙亥条。
26.焦竑：《玉堂丛语》卷二《铨选》。
27.黄宗羲：《明夷待访录·胥吏》。
28.《明经世文编》卷一百三十七，许讚：《正国典明选法以便遵守疏》。
29.海瑞著，李锦全、陈宪猷点校：《海瑞集》上册，海南出版社，2003年，第284页。
30.海瑞著，李锦全、陈宪猷点校：《海瑞集》上册，海南出版社，2003年，第285页。
31.海瑞著，李锦全、陈宪猷点校：《海瑞集》上册，海南出版社，2003年，第285页。

32.朱国祯：《涌幢小品》卷一一《禁入试》。

33.《明经世文编》卷四三八，张栋：《张给谏集》。

34.《明经世文编》卷四三八，张栋：《国计民生交绌敬伸末议以仰裨万一疏》。

第七章
清代俸禄制度

清代吏员的待遇和社会地位与明代相似，其腐败情况也与明代相似，所以清人感叹当时之大患在“吏”。御史汤斌说整个国家尽在书吏之手，冯桂芬说清代皇帝“与胥吏共天下”。由此可见，清代书吏权势之大。

清代顺治、康熙等前期帝王认为，明太祖开创的一系列政治制度超越汉唐，极为完美，康熙甚至称明太祖“治隆唐宋”。所以有清一代，在国家制度上大部分沿袭明制。比如清代俸禄制度基本是照搬明代俸禄。

顺治元年（1644年），朝廷议定京官俸禄，明确宣布“仍照故明例”，即照万历《明会典》所载的明代官员俸禄中的“本色俸”折银部分和“折色俸”折银部分合二为一。所以，有学者说明代俸禄比清初俸禄高几倍，是不了解明代俸禄行折色之制的缘故。

顺治十年（1653年），对俸禄稍做调整，成为有清一代定制。标准如下：

清代文官俸禄定例表

品级	俸银（两）	俸米（斛）	品级	俸银（两）	俸米（斛）
正从一品	180	180	正从六品	60	60
正从二品	155	155	正从七品	45	45
正从三品	130	130	正从八品	40	40
正从四品	105	105	正九品	33.1	33.1
正从五品	80	80	从九品	31.5	31.5

到了乾隆年间，为了与外官的养廉银做一点平衡，所以提高了京员工资标准，一二品官员双俸双米，其他京官食双俸单米。这样，工资标准表如下：

清代道光年间京官俸禄表

品级	正俸（两）	恩俸（两）	禄米（斛）	禄米折银（两）	合计（两）
正从一品	180	180	180×2	234	594
正从二品	155	155	155×2	201.5	511.5
正从三品	130	130	130	84.5	344.5
正从四品	105	105	105	68.25	278.25
正从五品	80	80	80	52	212
正从六品	60	60	60	39	159
正从七品	45	45	45	29.25	119.25
正从八品	40	40	40	26	106
正九品	33.114	33.114	33.114	21.52	87.748
从九品	31.5	31.5	31.5	20.48	83.48

注：本表以《中国俸禄制度史》中的《清代文官俸禄定例表》为基础，禄米按每石值银一两三钱（每斛 0.65 两）折算。

因此，清代仍然是薄俸。在养廉银改革之前，一个县令，“支俸三两零，一家一日，粗食安饱，兼喂马匹，亦得费银五六钱。一月俸不足五六日之费，尚有二十余日将忍饥不食乎？”[1]

清代吏员的待遇和社会地位与明代相似，其腐败情况也与明代相似，所以清人感叹当时之大患在“吏”。御史汤斌说整个国家尽在书吏之手，冯桂芬说清代皇帝“与胥吏共天下”。由此可见，清代书吏权势之大。

关于清代薄俸制下官员们的生活情况，可参考本书第三部分的详细论述。

注释

1.蒋良骐：《东华录》卷九，中华书局，1980年，151页。

第二编

最坏的结局，最好的样本：

清王朝的腐败与反腐败

清朝的皇帝们，希望通过根除腐败来消除满汉种族矛盾造成的合法性危机。遗憾的是，最有能力和声望的康熙在腐败面前望而却步，甚至纵容了制度性腐败。雍正的养廉银改革，因后继者改革精神的缺失而夭折。赫德在中国海关参照西方的制度反腐取得成功，但在大厦已倾的晚清，也只是一时一域的个例。

第八章
从“最贪”到“最不贪”：大清海关的改革

制定制度和执行制度是两回事。和大清帝国的许多制度一样，这些看上去科学合理的规定大部分没有从纸上走下来，或者走下来不久就变了样子。所以当皇帝一高兴想要反腐时，那些最有油水的部门官员就成了一个高危职业。

税收犹如国家经济的血液，清政府在濒死的边缘，因赫德的改革，获得了海关税收大量增加所带来的新鲜血液，让它又苟延了几十年的寿命。

一

晚清中国官场极度腐败，几乎无官不贪，无衙不腐。不过，有一个例外，那就是海关。

本来，海关是清代最腐败的衙门，在大清帝国谁都知道，当上几年海关监督，捞的钱几辈子都花不完。

但是，到了晚清，中国海关却一跃成了一个著名的廉洁机构，从1861年到1908年，海关近乎杜绝了腐败，成为当时中国政府的唯一一块净土，甚至被认为是“世界上行政管理方面的奇迹之一”[1]。

那么，这个“奇迹”是怎么创造的呢？我们还是要先从清代海关建立之初谈起。

二

康熙二十四年（1685年），大清王朝在平定台湾后重开海禁。几年之后，英国东印度公司的一艘商船来到广州，他们早就盼望着与大清帝国正式展开贸易的那一天。但是一到海关，英国人就在关税问题上遇到了麻烦。

据当时中国官方公布的文件，外国船只到了港口，要根据船只大小交纳“船钞”，大船交纳1200两，中船960两，小船340两。

英国人把中国海关官员请上了船。按照规定，判断一条船的大小等级，应该测量前桅到后桅之间的距离。但是不知道为什么，这位海关官员却执意要量从船首到船尾的长度，要是这么量，即便是一艘小船，也会被量成大船。英国商人不知道怎么办好，只好去请教其他国家的商人。有经验的人告诉他，你得来点“小费”。

英国人给海关官员塞了一些银圆，这人才按规定去量桅距。量完了，又出现了新问题：英国船只被确认为一条大船，按理须交纳1200两。但是中国海关官员要价2484两。英国人认为这明显不合理，据理力争，经过多次讨价还价，中方官员遂宣布减为1500两，其中1200两是国家规定的船钞，另外300两是“活动经费”[2]。

1687年，两艘英国商船“伦敦号”和“武斯特号”在厦门港遇到的情况同样离谱。他们同样经历了不合理的丈量方式，同样送上了小费，然后海关官员开口要价，一条大船要价2065两，一条中等船要价1475

两。经过一个月讨价还价，中方宣布，船钞减为1111两和593两。1111两中，900两是船钞和附加费，211两是“活动经费”。而这593两中，480两是船钞和附加费，113两是活动经费。[3]

这就是清代海关腐败的第一个表现：关税不透明，需要讨价还价。和中国海关第一次打交道，就把英国人弄得头昏脑涨。英国人后来说，清代海关官员从来不对外商公布关税的实际税率。“海关税收远远高于法定的税率，并且直到鸦片战争时，外国人一直不知道中国的税则规定。他们多次索看，均被挡回。”[4]

其实大清帝国海关关税是有明确税率的，而且与当时很多国家相比，税率很低。因为中国皇帝们都很大方，考虑问题总是习惯登高望远，从大局出发。所谓“天朝嘉惠海隅，并不以区区商税为重”[5]（《粤海关志》）。他们认为不妨给外国人多点好处，以“怀柔远人”，有利于政治稳定。所以秉着“轻徭薄赋”“庶百物流通，民生饶裕”的宗旨，中国官方宣布的平均关税率大约在4%左右，这比当时号称实行自由税率的法国还要低。

但问题是，天朝的事，往往纸上的规定与现实一点关系都没有。现实中，国家正式关税之外，还有说不清道不明的种种陋规。

根据尤拔世《粤海关改正归公规例册》记载，雍正年间到广州经商的洋船，每条船送给粤海关衙门的陋规多达六十八种名目，总计1950两白银。

乾隆二十四年（1759年）九月初四日，奉旨查办广州海关的新柱在奏折中向皇帝列举了粤海关对外商收的种种陋规。外商船舶到达中国后，要想上岸，要给各级官员交纳以下礼金：

丈量洋船收火足雇船银三十二两；

官礼银六百两（法兰西加一百两，苏剌减一百两）；

通事礼银一百两；

管事家人丈量开舱礼银四十八两，小包四两；

库房规礼银一百二十两，贴写十两，小包四两；

稿房规礼银一百一十二两，掌案贴写四两，小包二两八钱（内八钱掌案小包）；

单房规礼银二十四两，贴写二两，小包一两；

船房丈量规礼银二十四两，小包一两。

总巡馆丈量楼梯银六钱，又规银一两；

东炮台口收银二两八钱八分，小包七钱二分；

西炮台口收银二两八钱八分，小包七钱二分；

黄埔口收银五两，小包七钱二分；

虎门口收银五两，小包一两三钱二分；

押船家人银八两；

四班头役银八两三钱二分；

库房照钞银每两收银一钱；

算房照钞银每两收银二分。

在中国采购货物，想要离港，要交纳：

管事家人收验舱放关礼银四十八两，小包四两；

库房收礼银一百二十两，贴写二十四两，小包四两；

稿房收礼银一百一十二两，贴写二十四小两，小包二两；

稿房收领牌银一两，小包二钱；

承发房收礼银四十两，小包一两四钱四分；

单房收礼银二十四两，贴写十二两，小包一两；

船房收礼银二十四两，贴写八两，小包一两；

票房收礼银二十四两，贴写六两，小包一两；

算房收礼银一两，小包五钱；

柬房收礼银十六两，贴写一两五钱，小包七钱二分；

签押官收礼银四两，小包二钱；

押船家人收银八两；

总巡馆水手收银一两；

虎门口收银五两，小包一两三钱二分；

东炮台口收银二两八钱八分，小包七钱二分；

西炮台口收银二两八钱八分，小包七钱二分；

黄埔口收银五两，小包七钱二分。[6]

这些还只是可以让皇帝基本掌握并默许的“半公开化”陋规，除此之外，还有很多见不得光的名目和克扣勒索。

加上这些陋规，也就是外国人口中所说的“贿赂”，中国的关税水平就从字面上的4%，一下子变成了20%。具体到每一项进出口货物，实际征收的关税比国家规定的要高很多。我们以中国最大宗的出口货物茶叶为例，国家规定税率为每担0.15两，但是算来算去，中国海关实际征收的是2.5两，是国家规定的近十七倍。此外，大宗商品出口的蚕丝每担规定税率为1两，实际上征收至少为15两，是国家规定的十五倍。[7]

三

清朝一开始设有四个海关，也就是说，实行四口通商。后来，乾隆皇帝感觉多口通商不易管理，从乾隆二十二年（1757年）起实行广州一口通商，也就是说，把所有海外贸易都集中到广州这一个港口。粤海关，也就是广东海关因此就成了实际上的总海关。

大清帝国在中国古代王朝中算是一个讲究“精细化管理”的王朝，所以对于各个税关，包括海关管理，有着严格而明确的制度规定。这些制度仅从文字来看，其实是挺科学合理的。

首先，征税规则透明化。清政府规定，各关税率不但要公布，而且要刻到木榜上，立到路边，让每个过往商人都能看到。除此之外，还要印刷成小册子，并且定价极低，每本只卖二分银子，目的是让每个商人都可以买到。“各关征税科则，责令该管官详刻木榜，竖立关口、街市。并责令地方官将税则刊刷小本，每本作价二分，听行户颁发遵照。倘该管官将应刊木榜不行设立，或书写小字悬于僻处，掩以他纸，希图高下其手者，该督、抚查参治罪。地方官将应刊税则不行详校，致有舛漏或更扶同徇隐者，并予严参。”[8]你看，规则的制定者还是很用心的，考虑到了两种需要防范的情况：如果木榜故意立到隐蔽之处不让别人看到，或者小本子印刷错误故意误导上税者，都要严厉惩处。

第二，大清关税征收实行“商人亲输”的方法，上税时要现场出具收据，以防关员贪污中饱。清政府规定，各税关在收税时应该让商人们亲自填写文件，现场交税，不许他人，特别是海关关员代为填写，以防海关关员在其中做手脚：“各关应征货税，均令当堂设柜，听本商亲自填簿输银投柜，验明放行。其有不令商亲填者，将该管官严加议处。”[9]收据要一式两份，一份给户部（主管财政的部门，可以大致理解为财政部）做凭证，一份给商人做回执，这两份要对得上：“各关商民输税，填写收税红单二纸，一给商人，一送部察核。其有不给红单，或纳银数多，给票数少，及私将红单撤回，多征勒索者，许商民首告究拟。”[10]这样可防止关员收到税款之后中饱私囊。

第三，实行多重监核制度。清政府规定，户部和广东总督巡抚对广东海关实行双重领导，都有监督检查的权力。首先是账册要按时送交户部审查：“各关商填循环稽考三簿，令各关照依部颁册式，事由刊刷装订于面页上，钤盖关印，佥差送部。由部钤盖堂印，给发粤海关，限关期未满九月以前，赴部请领。如有请领违限，及关期已满，册档未到，擅用本关印簿登填者，照例严参，分别议处。”[11]同时规定广东督抚负责查明关税征收情况，把掌握的数字与户部核对，“按月造册，密行咨部，俟期满核对，以防弊窦，以严钩稽”。[12]朝廷希望通过多重监核，使有关部门能互相制约，以杜绝腐败。

第四是规定了对关员腐败的惩处制度。清政府规定：“各关于额设口岸之外，有滥差多役，于近关水岸各口四出扰民者，该督、抚察实题参。其管关人役有巧立名色，需索饭钱，重戥苛收者，严拿究治，计赃论罪。监督纵容袒护，督、抚即行严参。督、抚徇隐，一并议处。……各省商税银两，均令按照额征数目，照例征收，造册报部。其有监收官员横征勒索，及隐匿侵蚀者，即行参处。”[13]惩处规定还是相当严厉的。

既然有如此明确而严厉的规章制度，海关关员为什么还会明目张胆地索贿呢?

因为制定制度和执行制度是两回事。和大清帝国的许多制度一样，这些看上去科学合理的规定大部分没有从纸上走下来，或者走下来不久就变了样子。

比如第一条，刊行税则，张榜公布，从康熙后期起，就流为具文，大部分税关都没有认真执行。所以雍正六年（1728年），皇帝特意下了道上谕：

> 高斌将浒墅关现行征收则例据实陈奏，请刊立木榜，令众商共晓。遵依所奏，甚属可嘉。部议：令直省各关将各处现行征收则例彻底清查，据实奏闻，刊榜晓示。著各省兼理关务之该督抚并各关监督实力奉行，毋得阳奉阴违，虚应故事，倘经接任之员察出，定行交部从重议处。[14]

从这则材料中我们能判断出，显然，到了雍正六年，很多税关就已经不再设立木榜公布税率了。

第二条，商人亲自如实填写税单也很难做到。雍正年间上谕说："各关开放船只之处，向例部颁号簿，以便稽查。近闻各关别设私簿征收，惟于报部之时，始将号簿挨日填造。其意以水路商船往来多寡不齐，若据实填簿，则不能逐日有征收数目，恐干部驳。是以设法匀派填造，如此则簿内全非实在数目，与商船过税串票毫不相符，殊非政体。"[15]也就是说，海关上报的账簿全是假的，都是关员填写的。又比如乾隆中期的杀虎口税关，"不令商人填注，所上税银概由吏胥登记，名为流水簿。流水簿记定，始誊入亲填簿。辗转兑那（挪），商无由知"[16]。就是说，所有税单都是由工作人员填写，到底填写多少，商人根本不知道。

到了光绪三十二年（1906年），两广总督岑春煊在奏折当中说，"查粤海各关常税每年奏销，向有红单细册季册分送部科，计一百二十四本，篇页繁多，单内货色系就报征银数，按照税则填载，册内则添船户姓名完税银数，不列货色，此皆平（凭）空捏造，无关考核。”[17]可见到了晚清，广州海关的账簿已经全部都是造假，没有一本是真的了。

第三条，户部和广东督抚对海关的监管很多时候也流为具文。户部长官通常都是三甲进士，没有任何专业知识，历来搞不懂具体业务流程，只能听任“书吏”，也就是吏员们的审查。这些吏员审查账簿，其规则不是审查其真伪，而是审查随之交来的“部费”，也就是活动经费的多少。活动经费交足了，账簿质量就无人细看了。至于总督和巡抚，他们都知道能当上海关监督的，都是皇帝的亲信，和皇帝关系不一般，所以不愿深管，一般在收到海关送来的巨额“报效”后，也都会睁一只眼闭一只眼。所以，第四条惩处基本上也就不起什么作用了。

因此，广州海关成了众所周知的肥缺，海关人员的贪污腐败，在全国几乎是公开的秘密。

四

有人可能奇怪，如此明目张胆的克扣，中国官场习以为常，但那些欧洲商人能容忍吗？他们不会向上反映情况吗？

欧洲商人们当然不会容忍。问题是，他们没有反映的渠道。

来到中国的外商如今通常被奉如上宾。每到一地，往往地方长官亲自宴请，然后还要游山玩水享受全方位的“服务”。

不过二百多年前，外商在中国绝不会如此舒服。二百多年前，那些万里迢迢奔赴中国的外商，虽然也腰缠万贯，可到了中国之后的处境，是你想象不到的可怜：

他们不能住到广州城内，只准住在“十三行街”内，而且没事不允许外出。

他们不许携妻子一起来华，也不许找中国女人，只能干熬着。他们不许与普通中国人交往。中国人一旦和他们聊天，就会被视为“汉奸”。

特别是，中国政府从来不屑与他们直接打交道。中华帝国从来没有外交部，也没有管理外贸的政府机关。大清王朝的所有外贸事务，都由“十三行”这个民间机构经手。

所谓“十三行”，最初是指中国政府指定的十三家中国商人，专门负责与外国人做生意，后来就成了“公行”的代称。外国商人到中国后，所有货物只能卖给十三行，不管他们给的价格比别人低多少。采购所有东西，也都必须经过他们，不管他们如何提高价格，降低质量。

他们在中国的所有行动，都要受十三行的监视约束，不得乱走一步，不得乱说一句话。如果他们在中国遇到什么困难，对中国外贸政策有什么不满，不得直接与中国地方政府联系，只能通过“十三行”向中国地方政府提出请求，而中国政府对这些转达来的请求大多数时候都不闻不问，不予理会。

所以，传统时代来到中国的商人，不但不是贵宾，反而犹如囚徒。一百多年来，他们几乎没有机会见到中国官员。

其原因，一个是中国自古以来的轻商传统，在士农工商的传统社会结构中，商人是“四民”之末，官员与之直接打交道，相当于降低身份。另一个原因是中国自古以来的“防范”意识。中国历来讲究“严华夷之防”，“里通外国”自古以来就是中国政治家加给对手的惯用罪名，所以官府不愿意与外商多打交道。

这样一来，在海关官员眼里，腰里装满银子又无法与正常中国社会发生联系的外商，就成了一个个待宰的肥羊，无论怎么样痛宰，他们都无法发出声音。连公间机构“十三行”也可以对外商颐指气使，他们在贸易中一手遮天，任意定价。他们在中国官员面前奴颜婢膝，唯唯诺诺，但对洋人却耀武扬威、风光无限。不明白缘由的洋人尊称他们为“官”。海关官员每年都会向“十三行”索要大批贿赂，他们基本都如数转嫁到外商头上。

外国人快被这种体制逼疯了。作为最大的对华贸易国，从康熙二十四年（1685年）起，英国一直在找机会和中国政府直接对话，想劝说中国改革外贸制度，革除这些陋规。

五

乾隆二十四年（1759年）夏天，天津大沽口外的海面上，出现了一艘西洋三桅船。一个中文名叫“洪任辉”的英国商人，自称“英吉利四品官”，说有要事要进京告御状。

“英吉利四品官”的到来惊动了天津知府。充满好奇心的知府灵毓来到洪任辉船上，“拜会”这个金发碧眼的洋人。洪任辉操着流利的中文对他说，他们本来在广州与中国进行贸易，但是在贸易过程中受了许多欺负，因此想找中国皇帝评评理。

这是中国有史以来的奇事。按理说，灵毓不应该允许这个不守规矩的夷人进入天津。但是头脑灵活的灵毓早就听说外国商人都很有钱，因此认为这是一个极好的发财机会。于是他对洪任辉表示，听了洪氏的讲述，他十分同情，他会向上级汇报这件事，但是由于替一个外国人越级上访，他将冒被革职的风险。

所以，灵毓悄悄伸出五根手指。如果没有五千两白银的好处，他不敢做这样的事。

其实洋人洪任辉只是一个普普通通的英国翻译，根本不是什么英吉利四品官。他本名叫詹姆士·弗林特，从乾隆十二年（1747年）起成为英国东印度公司的翻译。之所以自称四品官，是因为他很清楚，一个普通的英国商人或者翻译根本不可能见到中国的官员大人。虽然对中国官员的腐败十分熟悉，洪氏还是觉得五千两实在太多了。他与灵毓讨价还价，最后谈定的价格是2500块西班牙银圆。先交2000块，事成之后再交500块。

收受了沉甸甸的银圆后，洪任辉的状纸被层层上交，从天津送到了紫禁城，直达乾隆皇帝的御案。

洪任辉在状纸中向皇帝叙述了他们几十年来在对华贸易时遇到的许多困难。除了请求废除粤海关种种勒索，如进出口规礼和胥吏验货费用等，他还提出了以下具体要求：

> 我们要求我们所雇用的所有通事和买办，不必向海关官员交付规礼或经其认许。
>
> 我们控告我们商馆附近的海关屋子一位官吏的粗暴行为。约在两个月前，他借口我们没有向他鞠躬行礼，竟禁止我们在自己的艇上乘凉。我们要求命令他到我们的住所道歉，或将其解职。
>
> 我们控告设在我们商馆与货船之间的三个关卡的人员，他们曾向即将启航的商船诸多勒索，尤其是最后一个关卡的官吏，去年竟将“霍顿号”引水的执照扣留。[18]
>
> …………

英国人认为，中国皇帝是通情达理的，只不过，多年来一直被广州海关所欺骗。如果他们找到渠道，把真实情况反映到皇帝那里，皇帝派人一调查，一切都会真相大白，因为广州海关的贪腐几乎是公开的秘密。英明的中国皇帝也许会因此而彻底改革这种无论从哪个角度来看都十分不合理的外贸体制。

英国人的目的似乎达到了。读了这道状纸，乾隆大为光火。在与外国人的交往中，天朝上国的体面是第一位的。如今海关关员贪污腐败到逼得外国人沿海直抵京畿，闹嚷嚷来告御状，这是中国历史上从没有过的事情。

皇帝批示，涉外事件必须高度重视。“事涉外夷，关系国体，务须彻底根究，以彰天朝宪典。”

皇帝命两广总督李侍尧审理此案。

李侍尧向以“能员”“干练”闻名。他的最大特点是能洞察皇帝旨意每一个字背后的意义。

此案事实清楚，并不需要太复杂的调查取证过程。李侍尧很快就做出了判决：

一是惩处腐败。以“失察”为名，将粤海关监督李永标革职查办；参与贪污勒索的粤海关役吏“杖流科罚”。

二是将陋规合法化。外商所举出的陋规，过于不合理的几项要停止收取，但绝大部分还是要保留，不过要改个名字，“将此前项规礼等名目，一概删除合并，核算改刊”[19]，改名之后还是照收。合并后，每只船固定收费1950两，不得再多。

三是英国商人提出多口自由通商、明确关税税率等从根本上改革中国外贸制度的要求被斩钉截铁地驳回，告以中华体制，不可变更。

四是处理“汉奸”。外国人直接闯到天津大沽口来告御状，显然是有中国人在背后给出主意，必须查清楚。经过细致调查，替英国人执笔写请愿书的是四川人刘亚匾，出主意的是与洪任辉有密切交易关系的安徽商人汪圣仪父子。于是，清朝政府将刘亚匾砍头，汪圣仪依照“交结外夷罪”，被处以杖六十、徒一年的刑罚，以为其他敢于交通外国人的华人戒。

五是将敢于北上告御状的英国人洪任辉抓起来，以“勾结内地奸民，代为列款，希图违例别通海口”[20]的罪名，在澳门圈禁三年，期满后驱逐出境。

洪任辉做梦也没想到，他的上访落得了这样的下场。这就是英国和中国第一次交往的结果。

六

乾隆皇帝为什么不同意革除全部陋规，而要将部分陋规合法化呢？这涉及清代的低薪制。

大清王朝实行低薪制，一品大员年收入也不过一百八十两。因此，从表面上看，粤海关从海关官员到工作人员的工资并不高。粤海关监督是二品大员，他的正式工资一年仅有一百五十五两，约合今天的三万到六万块钱（清代早中晚期白银购买力变化很大，雍正初年，每一两白银大约值四百元到六百元人民币，到嘉庆之后，一两白银大约值二百元人民币）。此外，每年还有一点办公经费，也叫“公费”，不过不多，几十两而已。所以，一开始海关最高官员的全部收入一年不过二百两左右。直到雍正年间养廉银改革，海关监督每年享有皇帝特批的三千两养廉银（《粤海关志》）。不过这些收入加起来，对一个享有巨大权力的二品大员来说，仍然是非常低微的。

海关其他官员却没有养廉银，而且工资同样很低。大关委员，也就是广州本地海关首长为一百八十两；澳门委员，也就是澳门海关首长为一百四十两；广盈库大使每年的俸银为九十六两；守库千把总为九十六两。

至于具体工作人员，也就是中低级关员（当时叫作“书吏”“巡役”“家人”等），工资就更低了。比如大关清书，也就是普通文案工作人员，每月工资才三两。巡役，也就是稽查人员，每月也不过3.09两。至于后勤人员，比如“堂役”等，每人每年收入才七两二钱银子，平均每月六钱银子，如果以一两白银换算人民币400元的话，大约是240元。而且，所有这些官员和工作人员，除了这些收入外，并没有其他的福利和补贴。

所以从表面上看，广州海关是一个很给国家省钱的部门，全年只花费国家17886两的管理费用。1864年，洋人赫德来到中国海关，大幅提高海关人员工资，一下子把管理费用提高到748200两，提高了四十倍。相比之下，大清海关官员实是太公忠体国了。

所以，对于广州海关这些陋规，皇帝也不好意思全都取缔，因为皇帝很清楚，陋规的诞生，根本原因是朝廷舍不得给官员和吏员开足够的工资。换句话说，低薪制的政治设计就已经默许官员和工作人员“自谋生路”，靠灰色收入为生。当然，灰色收入也应该有个界限，所以乾隆将陋规定为每条外国船收1950两。

问题是陋规的产生和变化有一个规律：一旦陋规公开化、固定化后，肯定又会在此之外诞生新的陋规。“当旧的陋规报出归公后，新的陋规又随之而至。这常常会导致中外通商中的摩擦。”[21]所以到了道光十年（1830年），也就是鸦片战争爆发前十年，据德国传教士郭实腊

（又译为“郭士立”）统计，一艘一等外国商船进港，各种名目的收费加起来要交纳3350余两，二等商船也要交纳2260余两。

这还不是主要问题。主要问题是，除了几乎是公开化的陋规，海关关员私下里还会找各种机会克扣勒索，让人感觉交易过程充满了不确定性。外国人抱怨道：“从一艘外国船到达时起，它的业务就受到海关低级官吏们为了勒索非法征课而起的借故留难。进口货运的税课概由下流无品的人员以专断的方式征收，居然公开索贿。”[22]如1704年，英船“斯特雷特姆”号到广州贸易，贸易完后便要离开广州，“当船准备开航时，它的出口执照被阻留了20天以上。据大班猜想，是海关书吏作怪，所以他们送给他礼银100两，翌日他们便获得出口执照”。[23]

以英国为代表的外国人对中国海关的腐败极为不适应、不习惯。他们之所以不习惯，也许重点不在于关税过高。事实上，前面讲过清政府规定的关税极低，即便加上各种克扣，实际关税水平与其他国家比也不算特别高，外商们咬咬牙是能承受得起的。外国人真正厌恶的是海关官员们贪得无厌的丑恶嘴脸，是不透明的、需要费脑子不停讨价还价的过程，是肮脏的交钱方式让人感觉深受屈辱。外商很清楚，他们交的大部分钱，都没有上交到帝国财政。据郭实腊估计，广东地方官员以及十三行那些官商，再加上相关工作人员，每年从对外贸易中“非法所得可达300万两”。他还判断，每年外商缴付的各类税费只有三分之一左右进入了清朝的国库，而另外的三分之二则流入各色人等的口袋。

而马士统计的数字更为惊人。他说，海关收到的钱，只有十分之一上交国家了。“1837年，仅英国和美国的船只所载进出口货物应缴纳的关税就超过650万两；加上其他国家合法贸易所缴关税约50万两；

鸦片所付的关税适中地估计为100万两；那么，海关监督单从在外国旗帜下进行的贸易所征得的税款就达800万两。再加上梧州、潮州（汕头）、江门、电白、琼州（海口）和廉州（北海）等地进行的贸易所征得的税款约200万两，这样结出来的总数约为1000万两。此外还有巨额的向外商征收的港口税、向行商索取的捐款和礼物，以及送给职位较低的官吏们的无数的小费。因此可以断定，在粤海关的税收官方陈报额与实征数额之间存在十倍左右的差额。”[24]

所以长期以来，外商都处于非常愤怒的状态。马士的话很有代表性：“事实上，税并不特别重，而且都被巧妙地掩蔽起来，因此也不显著；但是人们对政府官吏的勒索总是斤斤较量的，不知数额的勒索总觉得特别重，所以那些经久不变的露骨的勒索，就成了激起愤懑的许多芒刺。”[25]

经过洪任辉事件的挫折，英国政府决定派出使团，直接与中国政府建立联系，否则中英间的贸易问题永远无法解决，所以接下来又发生了马戛尔尼访华事件。

七

乾隆五十七年（1792年）秋，皇帝接到了两广总督的一封紧急奏折。奏折说，有一个名叫“英吉利”的陌生国家打算来朝贡天朝。

使团的团长是国王的亲戚、著名外交家马戛尔尼勋爵。英国最迫切的目标是促使中国政府改革外贸体制，允许英国商人自由贸易，以减轻中国海关官员对外商的剥削和刁难。英国政府赋予马戛尔尼的使命之一就是“摆脱广州官吏强加于该口岸贸易的限制和勒索”，明确要求“英国商人除钦定税则外，不再缴付关税或其他规费。应将钦定税则给予他们，并载明船只大小所应征的税额，规定他们买或卖的每种商品的税率。船只只负担缴付钦定船钞一项，其附加规礼银1950两应行取消”[26]。很明显，英国人并不是要求降低法定关税，只是要求关税确定化、透明化。他们愿意把钱交到大清国库，而不愿意交给贪官污吏。当然，除此之外，他们还有更大的胃口，他们还打算劝说中国开辟新的、更方便的港口来进行贸易，比如宁波和天津，甚至他们还打算讨要一个小岛来“堆放货物”。

为了达到这个目的，英国人不惮长途跋涉，又给乾隆带去了大量珍贵礼物，以讨他的欢心。但是乾隆皇帝收下礼品后，却发下长谕逐条驳回了英国人的请求。

关于改革一口通商方式，开放珠山、宁波、天津，皇帝说：“向来西洋各国，前赴天朝地方贸易，俱在澳门设有洋行，收发各货，由来已久，尔国亦一律遵行多年，并无异语，其浙江、宁波、直隶、天津等海口，均未设有洋行，尔国船只到彼，亦无从销卖货物，况该处并无通事，不能谙晓尔国语言，兹多未便，除广东、澳门地方，仍准照旧交易外，所有尔使臣恳请向浙江宁波、珠山及直隶、天津地方泊船贸易之处，皆不可行。”[27]

对在北京设一洋行，皇帝说：“京城为万方拱宸之区，体制森严，法令整肃，从无外藩人等在京城开设货行之事。……天朝疆界严明，从不许外藩人等稍有越境搀杂。是尔国欲在京城立行之事，必不可行。”[28]

对于让生活在广州的英国人获得更大的自由度这个小小的要求，皇帝同样断然拒绝。英国人希望能住到省城之内，并且恳求说，他们在广州期间，应该有骑马、从事他们喜爱的体育运动和为健康而进行锻炼的自由。英国人还保证说，他们将注意在得到准许后不打扰中国人的生活。但皇帝认为，这个问题过去早有过定制，不容更改。他说："向来西洋各国夷商居住澳门贸易，画定住址地界，不得逾越尺寸。其赴洋行发货夷商，亦不得擅入省城，原以杜民夷之争论，立中外之大防。今欲于附近省城地方另拨一处给尔国夷商居住，已非西洋夷商历来在澳门定例。况西洋各国在广东贸易多年，获利丰厚，来者日众，岂能一一给拨地方分住耶。至于夷商等出入往来，悉由地方官督率洋行商人随时稽查，若竟毫无限制，恐内地民人与尔国夷人间有争论，转非体恤之意。核其事理，自应仍照定例，在澳门居住方为妥善。"[29]

关于改革广州贸易体制并公开关税，皇帝则说："粤海关征收船科，向有定例。……毋庸另行晓谕。"[30]

总之，马戛尔尼的所有要求，一字不落，全部被否定。

八

皇帝之所以不想改革广州外贸体制，一是因为堂堂大清帝国的体制岂可受到万里之外的蛮夷左右？天朝上国的一切规章制度，与海外蛮夷比起来，岂不是一个天上，一个地下？

另一个原因是历代清朝皇帝对广州海关都有一份特殊的感情。

清代皇帝的私人花销主要出自内务府，而不是户部。清代海关的收入，一部分上交户部，还有一部分直接交到内务府，实际上就是进入皇帝的私囊，不受户部的审计监控。除此之外，皇帝很多不好安排的花销，也都找粤海关解决。清代皇帝结婚、过生日，广州海关管理下的行商都要捐钱。仅从乾隆三十八年（1773年）到道光十二年（1832年）这五十九年中，广州海关组织的捐款就达400万两。另外，海关每年还会私下里给皇帝进呈大量珍奇的舶来“贡品”。

《剑桥中国晚清史》说：“按照清朝政策的公开表示，商业利益服从国家的政治利益。但在私下里，甚至清朝历代皇帝都把广州贸易视为个人利益的重要来源。海关监督被外国人误认为是户部的代表，实际上，他由内务府授权，负责把广州每年海关税收多达85.5万两的现银输入统治者的私囊。海关监督功绩之大小，视其满足皇帝私人定额的能力而定。”[31]

正是在这个意义上，粤海关被称为“天子南库”（北京崇文门税关则被称为“北库”）。所以，海关监督（关长）一般都是由皇帝直接任命自己的亲信担任。按理说，海关监督是一个高度专业化、技术性的岗位，往往需要学习多年专业知识，有丰富的实际经验者才能胜任。但是在大清，技术背景丝毫构不成障碍。这个职务都是由与皇帝或者后妃关系最近的内务府包衣来承担，这些包衣有的甚至不识汉字。皇帝喜欢谁，就会派谁到那里当上两年，让他赚个盆满钵满。道光年间，担任浒墅关监督的延隆落下了20.9万两的亏空，担任淮安关监督的中祥落下25.1万两的亏空，道光皇帝心疼他们，于是前后改授他们为粤海关监督，以便他们“翻本”。所以从一定意义上说，大清海关是皇帝及其亲信的分赃之所。

本来是国家正常的收税行为，在中国特色思维方式下，成了施恩与报效的行为：皇帝让谁当海关监督，就是给了谁一个天大的恩惠，这个人有责任以更大的热诚回报其恩主。“在他满足了他北京的恩主们（和恩主妇们）的欲望之后还有余裕时，他也可中饱，自行积聚一份家私。他初一到任就必须有所报效；在这从来长不到三年的任期之内，仍旧要经常不断地报效；并且在他可以满载而归之前，也还要再作报效。他从头到底一直报效。……别的权威人士曾经讥讽地说：

（在支付了为维持大批僚属生活的征收费用之后）他任内第一年的净利是用来得官，第二年的用来保官，第三年的用来辞官和充实自己的宦囊。”[32]

是的，一般来讲，做一任海关监督，都会落下少则数十万两，多则上百万两的收入。但是，给自己捞钱这个任务必须排在后面，因为他之所以能在这个职务上，是因为他的一系列恩主施恩的结果，这些恩主除了皇帝，还包括在皇帝面前说得上话的妃子和太监，他得把一部分钱财“直接送给宫廷中的人们，上自至尊，下至嫔妃太监”。此外，还有广东的地方大吏，特别是两广总督和广东巡抚也很重要，因为国家毕竟规定了他们对海关有监管权，如果不喂饱他们，他也别想干得顺利。所以他得搞到大笔银子来供养这些恩主，而这些银子必须来自灰色渠道，因为正规渠道，也就是国家规定内的关税，是要一文不少地交到户部的。

这种分赃制决定了“粤海关监督职务和一个固定的关税税则是不相容的，因为他的能否尽职，全赖税收的官方陈报额和取自商民的实收额之间的差额的大小”[33]。换句话说，他的主要任务不是收额内的固定关税，而是在国家规定之外多搞到钱。

海关监督是皇帝的亲信和家奴。他到任之后，会复制这个体制，任用自己的亲信和家奴来管事。

在清代，外任官吏通常都会携带大量亲信、家人赴任，比如粤海关监督上任时，按国家规定，就可带家人六十名。到任之后，他们会把这些人安插到各个关键岗位，因为在人治社会，只有这些亲信才靠得住。这样一来，粤海关就成了海关监督的“家天下”。这些人自然也就依仗权势，为所欲为，他们虽然没有任何专业知识，甚至看不懂账簿，但是都天才地通晓贪污贿赂、勒索钱财的技巧。比如乾隆二十四年（1759

年）被革职的粤海关监督李永标，他曾利用家人七十三口经管关口一切事务，纵容家人“多征少报，苦累客商”。乾隆五十一年（1786年）被革职的粤海关监督富勒浑，刚上任，他的家人李世荣即索取众商缴付1000银圆。另一个家人殷士俊则强行摊派各商，每人要购买一斤人参，从中得利银4700两。此后，他又“点派口岸，令书巡等缴银一万九千六百余两”。

海关里唯一的专业人士就是本地书役。只有他们懂得海关复杂的规定，看得懂那些天书一样的账簿。但问题是，他们身份低贱，永远没有上升空间，不管多么努力也永远不可能当上官员。所以，他们工作的唯一动机就是利用自己的专业知识多为自己捞些钱。

因此，整个粤海关就成了一个恶性盘削集团，成了一只寄生吸血的巨大蚂蟥，外商与行商就成了它的“宿主”。每个海关监督在三年任期内所能做的一切就是尽量饱其私囊。“一个‘广州利益集团’形成了，它逐渐把从贸易吮吸来的款项变成了与外商或公行有关连的所有大小官吏的资财。”[34]大量的商业利润被转化为喂养各级官吏的膏脂。外国商人甚至惧怕勒索而不敢到广州来进行贸易。乾隆二十四年（1759年），法国商人给两广总督的禀文中曾说：“如英吉利之必欲往宁波开港贸易者，诚恐因粤海关种种苛政，欺勒难堪。”[35]

鸦片战争的爆发，其根本原因当然是英国侵略者的“狼子野心”。但是，广州海关的贪腐却是英国人不断强调的借口。比如英国谈判代表璞鼎查在《南京条约》签订后的照会中强调：“以粤海关与随带之衙役，左右勒索，额外苛求，以至正饷加倍三四。系英人不服，致启衅之大端。”[36]

有趣的是，参与谈判的中方官员居然也持有几乎相同的看法。比如耆英在1843年的一份关于关税的奏折中有一段话：

> 从前粤海关于正税之外，皆有羡余。是以监督洋商一切公事，得以从容措置。无如日久弊生，洋商（指十三行）辄借办公为名，把持垄断，巧立名目，多取渔利。该洋商获利既厚，各项人等无不视为利薮，小则望其佽助，大则从而勒索，日增月加，无所底止。综而计之，几将入不敷出。身家殷实者，尚可勉力支持，成本较薄者，无不立形倒乏。其乏商所亏官项，不得不摊之于众商，以期有著。年复一年，竟致无商不累。于是各洋商上则短少羡余，外则诛求无厌，为挹彼注兹之计。因之监督办公竭蹶，外夷积忿生事。上年（1842年）在江南议抚时，夷酋璞鼎查首以裁革洋商、删除浮费为请，实由于此。

外国人一百多年来跪求中国公开并固定关税税率，一直没有得到天朝首肯。但是，通过鸦片战争，他们的要求得到了充分满足。鸦片战争以后，大清帝国开始实行多口通商，并且进出口税率被定为5%，这比原来20%的实际税率明显降低。但奇怪的是，进入大清国库的关税不但没有下降，反而明显上升了。鸦片战争前约二十年，粤海关税额一直在150万两左右。但是，1843年中英贸易恢复后，在实征税率大幅降低的情况下，税额在当年就冲上了200万两的大关。鸦片战争之后，清政府从五口通商中收取的关税一直处于上升状态，被迫固定税率的中央政府居然尝到了关税透明化的甜头。这真是个意味深长的讽刺。

九

说到这里，我们终于要回到开头，说说为什么晚清的海关会成为一个不腐败的部门。

1853年，上海爆发了小刀会起义，在混乱期间，上海海关运转失灵，海关官员逃到了租界。但是外商船只还在港口等待，贸易还是得继续进行，英、法、美三国的领事商量了一下，决定三国各派一人，成立税务司，“代替中国政府”管理上海海关。这显然是对中国主权的一种严重侵犯。不过，令中方官员意外的是，外国人居然能诚实认真地收税，收到税款后也如数交给了中方。而且，在外国人的管理下，上海海关贪污腐败明显减少，征收额明显上升。“税收大增，政府善之。”第二次鸦片战争后，清政府脑洞大开，很高兴地同意由英国人代管中国海关，并写入与英美等国签订的《通商章程善后条约：海关税则》第十款：“任凭总理大臣邀请英人帮办税务，并严查漏税、判定口界、派人指泊船只及分设浮桩、号船、塔表、望楼等事。”[37]从此开始由外国人代管海关行政，最高长官称“总税务司”，意即“总司海关税务之事”，实际上全权负责管理海关事务。

外国人管理中国政府事务，这当然是西方侵犯中国主权的一个铁证。但是中国政府在这件事情上并非完全出于被动。在英国外交官威妥玛与中国总理衙门大臣文祥谈论海关改革事宜之时，威妥玛曾表示，如果能按“外国制度越来越划一推行”中国海关的改革，并不一定由英国人来管理，“中国尽可以雇用中国人、英国人、法国人等”。没想到文祥马上回答，“用中国人不行，因为显然他们都不按照实征数目呈报”，并且以原来管理上海海关的薛焕为例，说他近三年来根本没有报过一次账。[38]后来，当英国人赫德来到北京，与恭亲王奕䜣具体谈到海关改革时，“恭亲王与赫德谈了一些中国官场上极为敏感的话题。恭亲王说，中国官员几乎无人可信。对比之下，外国人的报告较为可靠”[39]。有历史学家认为，英国之所以从中国手中得到了海关管理权，进行了有效的海关制度改革，“除条约和列强这一保护伞外，中国政府的支持和认可是海关制度得以存在和发展的根本。制度创新能够存在的原因与改革的利益取向有关，由于海关改制的结果有利于中央财政，尤其是在偿还战争赔款方面更是得到清王朝的信任，所以‘总税务司卒能排除众难，渐将集权制度推行于各关也’[40]”。

赫德是当时英国北爱尔兰人，开始他在宁波领事馆做翻译，后来到广东海关管理税务。通过一个多月的接触，恭亲王奕䜣对他的诚实、能干和专业素养非常信任。他甚至说，“如果我们有100个赫德，我们的事情就好办了”[41]。因此，1863年，赫德接任总税务司，开始了长达近半个世纪的对中国海关的管理。

十

赫德首先面对的问题就是海关的腐败。晚清海关的腐败已经达到了无以复加的程度。鸦片战争之前，因为非法鸦片贸易的猖獗，海关官员最主要的来钱方式变成了庇护鸦片走私。各级海关关员都“广泛地参与了走私活动，并从中获得了巨额经济利益。所有人，从最高级的海关监督到最低级的杂役，都参与了这种腐败。他们定期向商人索取高额费用，然后默许鸦片走私的进行。正是在这种放纵下，走私变得极为平常，有时竟然是在光天化日之下进行的”。

海关的腐败不仅让外国商人头痛，其实也是中国历代皇帝头疼的问题。皇帝虽然对自己的亲信很关照，但是他们也不希望自己治下的任何一个部门腐败成风。

历代皇帝都试图对海关的腐败加以约束和整顿。比如雍正帝即位之初，就指出关税征收过程中存在种种黑幕："国家之税额，听猾吏之侵渔；以小民之脂膏，饱奸胥之溪壑。"从乾隆到嘉庆年间，对关榷之弊要"严办示惩，不稍宽贷"之类的警告也屡屡见诸谕旨，但均收效甚微。到了道光年间，税关腐败已经登峰造极，道光三年（1823年）的一道上谕指出："各关正额盈余，例有常数。近年征收亏短，缘积弊未能悉除。凡关津市镇地方，往往有恶棍把持，蠹役盘踞，及牙行、铺户人等，相缘为奸，包揽商贾，串嘱在关家人、书吏，以重报轻，以多报少，通同掩饰，渔利分肥。甚至纳贿私放，偷漏隐匿，皆所不免。"[42]历代皇帝都对税关下达过整改命令，但是这些命令几乎没有任何效果。既然制度上不能有为，那只能抓贪官来泄愤。所以，当皇帝一高兴想要反腐时，海关监督就成了一个高危职业。比如乾隆年间，粤海关监督就曾前"腐"后继：乾隆二年（1737年），粤海关监督祖秉圭被革职、抄家，判处斩监候；乾隆九年（1744年），粤海关监督郑任赛同样被判革职、抄家、斩监候；乾隆二十四年（1759年），粤海关监督李永标被革职、抄家。乾隆三十九年（1774年）的李文昭、四十三年（1778年）的德魁、五十一年（1786年）的富勒浑，也都是在任职末期或卸任不久后被弹劾清查，抄家、判刑、罚令退赃，甚至被判流放、全家为奴……

赫德却不想仅仅以同样的反贪风暴来改变海关面貌。他要做的，是从制度上彻底更新，对腐败来个釜底抽薪。

赫德首先做的是建立新的会计制度。

清代海关原来的会计账簿是落后的四柱式。在旧式会计账目中，不但所有陋规和灰色收入不能体现，甚至收到的“正税”也存在被化公为私的现象。

马儒翰曾提供了若干年份行商代外商交纳的进口税费的具体数字。如果把这个数额与粤海关奏报上交国库的数字做一下对照，我们就可以看到海关关员是如何损公肥私的（参见下表）。

1829—1832年粤海关进出口税费额与大奏报数字

年　份	进出口税费（两）	粤海关奏报数字（两）
1828—1829	1560076.4	1499580.74
1829—1830	1799070.8	1663634.98
1830—1831	1994141.6	1461806.16
1831—1832	2240290.6	1532933.25

资料来源：进出口税费据《郭士立备忘录》第 43 页数字计算；粤海关奏报数字据《粤海关志》卷 10，第 15 页。图片来源：《鸦片战争前粤海关税费问题与战后海关税则谈判》（吴义雄）

通过这张表，我们可以看到，粤海关每年向朝廷奏报的征收数字均小于实际征取的税费，其中1831年、1832年，奏报数竟比实际征收少三分之一。

此外，这些税款总是被截留几个月，海关监督和钱庄都可以靠高利短期贷款来获得大量收入。这些在旧式账册中均无法体现。

1865年，赫德对中国海关最早的记账形式进行了改革，他淘汰了中国传统的旧式清册，建立了一套“严格的、详细的和绝对可靠的”会计制度。在这个过程中，他得到了英国财政部公共会计委员的指点和帮助，因此，中国海关会计制度体系的基础是英国公共财产特别委员会制定，并于1866年实行的所谓的英国新财政制度。这套新制度对海关税收的上缴和留用可以进行详尽的、便于查询的记录。明晰的财会记录使得做假账更加困难，从而有效地遏止了海关腐败行为的滋生，提高了海关行政的效率。

配合新的会计制度，赫德还建立了有效的审计制度。他专门设立了稽查账目税务司，作为一个独立的机构，对各关财务会计制度进行监督。其中正稽核专门负责巡视各口海关，每年至少去每个港口检查账簿和账目一次。稽查方式是抽查，“他会出其不意地下去并做到：1.账目一直记到最近的；2.金库金额和账簿试算表相符合；3.因为人们不知道他什么地方不检查，所以他的巡查就将使一切都更加仔细”[43]。

稽查税务司的权力很大，每到一处，正稽核就马上接管保存结余或相关的单证，支票和存折的保险柜钥匙及全部账册，不受任何干扰。一旦发现有未经授权的支出、滥用公款或其他不正当行为，他就有权停止任何税务司或负责关员的职务。

赫德做的第三件事是人事制度改革，对海关进行换血，把海关重要岗位基本上换为外国人。赫德坚持，总理衙门必须赋予他人事的全权，“总税务司是唯一有权将人员予以录用或革职，升级或降级，或从一地调往他地者”[44]。

这一制度的要点是“进人必考”。其他任何人和机构，包括他自己都不能安插自己的人。在这方面，赫德主要借鉴的也是英国经验，因为当时的英国已经拥有一套高效廉洁的文官制度。赫德在选择海关雇员时实行全球招考、公开选拔，先后在上海、九龙、广州、青岛和伦敦等地设置考点，不管是谁介绍来的人，必须参加考试。

赫德在广州有位牧师朋友，希望赫德能够为其儿子乔治・俾士在中国海关里安排一个职位。赫德碍于朋友的面子不好推辞，“但他要求乔治·俾士到伦敦的办事处报名参加考试。结果，这位伦敦大学的毕业生因条件不符而被淘汰”[45]。

赫德留下的文件还提供了另外一个典型例子，他的一个朋友和一个同学的孩子和亲戚也没有通过考试：

“对艾特肯没有通过考试，我很遗憾。但我并不感到奇怪，你不录取他是做得对的。1851—1852年我上大学时曾寄宿在他祖父的房子里，他的父亲和我一直是好友。埃文斯是我小学同学尤斯塔·范宁的侄子，1847—1850年我们一起在都柏林的美以美会学校；他落选了我也很遗憾！”[46]

在处理违规行为上，赫德非常果断，坚持有法必依，执法必严，从不搞“下不为例”。“贪污、侵吞、挪用、受贿等不廉行为者，一经税务司上报总税务司，将予立即开革。”这一点他说到做到，甚至自己也会主动负连带责任。1873年4月，一个副税务司的失职造成了海关23 000两银子的损失，赫德认为自己有失察之责，用自己的钱填补了这个亏空。

关于道德约束和制度约束，赫德与中国官员进行过一次有趣的讨论。1864年7月29日，赫德同中国官员董恂和文祥一起漫谈“道德”这个话题。赫德回忆，“我说中国人和我们不同之处可以追溯到根本的出发点：中国人说人性善，我们说人性恶。中国人因而求助于行为准则和由教亦即教育养成的规矩；我们则通过‘惩’，对违法进行治理和处罚，树立法律和规章”[47]。

十一

配合以上制度改革，赫德还进行了工资制度改革。我们讲过，清代旧式海关各级工作人员名义上工资都极低，表面上看差不多是给大清帝国免费打工，但是，实际上他们却个个都是超级富翁。赫德说："中国的祸根在于官员薪俸低微不足。"

赫德说，为了使海关改革卓有成效，必须用支付高薪的方式使关员们保持廉洁。"一切费用，不可减少。若少，则所用之人，必为奸商所买。"

赫德制定了《中国海关管理章程》，实行高薪养廉，但前提是公开透明，把海关关员的收入晒在阳光下。

按照赫德制定的章程，海关内外班华洋人员的基本薪酬如下：

内班（相当于当今海关的职能管理部门人员，也就是行政人员）：

税务司9000两

副税务司3600两

头等帮办3000两

二等帮办2100两

三等帮办1200两

外班（相当于执行查验、稽查、调查等外勤工作人员）：

超等验估2400两

头等验估1800两

二等验估1200两

超等验货1200两

头等验货1080两

二等验货960两

超等钤子手（稽查员）844两

头等钤子手720两

二等钤子手600两[48]

主要以华人为主的职务，工资虽然低于洋员，但是与中国社会的普通标准比起来也是非常高的，几乎是其他国家相应的行政机关的两倍。比如“通事”根据等级不同，年薪为900两—2400两。“帮办通事”根据等级，年薪为360两—900两。最低的“额外通事”年薪为240两—360两。

除基本年薪外，关员还享有年度奖金和福利津贴。员工在海关工作一定年限后能获得一笔额外的工资，如表现突出还会得到额外奖金和加薪。在海关干得越久，获得的待遇就越高，保障也越丰厚，这在无形之中提高了海关人员参与腐败的成本。

高薪养廉制度使关员无后顾之忧，也不必去冒贪污中饱的巨大风险，也保证了关员们的工作热情，促使他们长期为海关效力。“新关之所以能如此高效运作与其高昂的工作报酬是直接相关的。”

综合来看，赫德的几项管理制度是相互关联的：高薪激励机制，让关员们“不想贪”；先进的会计制度和审计监督制度，让关员们“不能贪”；严明惩戒制度，让关员们“不敢贪”。这三者互为补充，不可分离。

赫德不仅自己在海关实行高薪养廉，还把这个做法作为一项重要建议，贡献给清朝政府。在1865年10月17日向清政府递呈的《局外旁观论》中，他建议说：

> 文之要，惟各官俸禄。各等官员应予以足敷用度定数，不致在外设法得钱。升官加俸。……其民不服，并非被勒之多，因无定时、无定数而系私取。若因国家用度，新定民间应纳各项银两，必无不服。所交之银，并无格外为难，反或较少。[49]

当然，清政府并没有采纳这一建议。

十二

高薪养廉当然要付出代价，那就是海关经费的大幅增长。我们说过，在清代旧海关时代，粤海关经费很低，每年不过花掉一万多两，但是赫德接任总税务司后，经费升至近75万海关两。在赫德任职期间，这项经费随着通商口岸的增加逐步提高：1876年为109.82万海关两，1888年为173.82万海关两，1893年为186.82万海关两，1896年为196.8万海关两，到1898年，因金镑涨价，赫德以各关洋员薪水按银发给，以银换金，“亏累太大”为名，又请增税务司经费。他的理由是“如果不给他足够的资金，就无法期望他们保持廉洁”[50]。海关经费由此每年达到316.8万海关两。

但是清政府却很痛快地批准了如此高的经费，这是因为朝廷认为这些经费花得值得：在赫德的管理下，关税收入迅速提高。1861年，海关税收是490余万两，到了1871年，仅仅十年，就达到1100余万两，翻了一番。到1908年赫德离职时，已经达到3020.65万两，翻了六倍多。[51]

与此同时，1861年海关税收约占清政府总财政收入的9%，到了1864年，这一比例增加到了12%，到1885年增加到了18.8%，而到了1887年，由于税厘并征的实行，海关税收占清政府财政的比重迅速提高到了24.35%。

赫德主掌的海关极大地缓解了清政府的财政窘境。税收犹如国家经济的血液，清政府在濒死的边缘，因赫德的改革，获得了海关税收大量增加所带来的新鲜血液，让它又苟延了几十年的寿命。

在赫德的管理下，海关的服务水平也大幅上升。赫德要求海关明确自己的“服务机关”的定位，简化海关的办事程序，顺畅商人和海关之间的沟通，为商人做好服务工作。他提出：“应与人为善，若海关与商人双方相互善待则更佳。凡不计别人议论及个人得失，能抑制不遂心意以完成不愉快之职责者，此等公仆堪予褒奖。”[52]，这些要求改善了海关的管理形象和执法环境。

海关改革看起来是一件皆大欢喜的事：外国商人因实征税率降低而获益，清政府关税收入也大增，海关关员更是获得了丰厚的薪水，过上了优裕的生活，三方都成了受益者。那么谁是受害者呢？显然是那些原来靠贪污吃饭的旧官员和吏役、兵丁、家人，以及依靠海关分肥的以各级官吏为主体的利益集团。

十三

反思赫德海关改革的成功，除了制度建设的成功，还有以下因素：

第一是赫德本人的素质，以及他所承受的监管上的高压。赫德是一个虔诚的宗教徒，又是一个极为敬业的人，可以称得上是一个工作狂，每天工作十多个小时，数十年如一日。此外，“总税务司”这个职务处于多重焦点之下：清政府虽然把海关委托给他管理，但是从制度上来说，可以随时换掉他。与此同时，德、法、俄、日等国家，都对总税务司一职垂涎三尺，如果他的行为稍有不检点，就很可能会下台，这让他不得不殚精竭虑，抓好管理。

第二，他把握好了自己与中国政府的定位。赫德多次重申：“总税务司署，乃系中国机关，总税务司系受中国政府之任命，办理海关事务，故总税务司在执行关政上，对于中国政府，系协助性质，非代替性质。自不应蔑视中国之主权，而谓政由我出。”[53]

赫德非常清楚这样做的理由：“我们做的是中国的工作，人家付钱让我们做的是中国的工作，如果我们要生存下去的话，如果让我们生存下去的话，我们必须遵从中国的方式和观点。”[54]

赫德非常注意尊重中国政府的权威，而中国政府对新式海关的管理也感到满意，给了赫德极大的管理自由空间。晚清的中国海关也称“洋关”“新关”，管理国际贸易。与之相对的则是内地的“常关”“旧关”，由清政府官员主管。“洋关”高效廉洁，“常关”贪腐蔓延，形成鲜明对比。所以，晚清政府给了赫德极高的评价，“伏查总税务司赫德自咸丰四年来华，至同治二年补授今职，综理各关税务，布置周密，擘画精详，收数递增，确著成效”，“在中国总司榷务，宣力有年，卓著成效，国家深资倚重”[55]，中国海关岁收税项日见起色，“莫不盛推总税务司综核之功”。1908年，清政府赏赫德尚书衔，并在他死后追封太子太保，这是外国人在中国获得的最高荣誉。

第三，赫德的改革是理性的、渐进的。赫德有着英国式的现实主义精神，他主导的新海关与中国旧海关并非一刀两断，而是有所继承。比如新式海关在税款解缴、存放方面继续沿用了传统的关银号制度，一直到辛亥革命后才逐渐由新式银行取而代之。赫德曾经说过："中国对于欧洲的任何制度都不会原封不动地接受，因此必须改头换面，才能适合中国人的眼光。改头换面以后，内部的骨架子必须是坚固有力的，五官四肢仍然是完备的，全体的职能当然还是可以实现的，……我主张缓步稳进，开始时只做一些必须做而且可能做到的事，但是有眼光的人们大概会因小见大，看到将来发展的远景的。"[56]

因为海关管理的成功，清政府扩大了赫德的权力，让他接手了一部分沿海常关，也就是内地税关的管理工作，希望赫德能对它们进行近代化改造。在将洋关制度移植到常关管理领域时，赫德尽可能留用了常关原套人马，对原有"工作手续和人事将不作任何不必要的变动"，避免引起较大震动，接管五十里内常关的工作因此稳妥推进，取得成功。在帮助清政府创办现代邮政制度时，赫德也说，为各方面的利益计，"我们应该效法的是龟行，而不是兔走"[57]。

十四

当然，虽然非常尊重中国政府的权威，但赫德作为一个西方人，仍然坚持认为西方的政治文明发展高于中国，他曾试图把海关塑造成为"中国全面改革文职机构的典范"，以促进中国政府管理模式的升级。因此，他提醒其他海关关员不要忘记"自己乃先进文明之代表，该文明与中国之文明截然不同，因之亦不必抑制发扬先进文明与推行西方成功经验有益成果之自然愿望"。[58]

不管赫德的本心如何，他管理下的晚清中国海关，其廉洁程度在两千余年帝制的中国历史上确实可以说是绝无仅有。魏尔特在《赫德与中国海关》中说，赫德任期内海关人员的违法行为没有超过五起。具体地说，据1854—1870年这十六年的统计，海关关员中，总共只有四名因行为不轨，一名因经商，一名因受贿而被除名。这一事实说明，贪腐在中国并不是不能治好的绝症。

很多人因此对赫德的评价很高。英国思想家罗素说：“如果外国管理者对中国政府负责，而不是对外国负责，那么他的管理就能够起到教育作用，而且有助于把中国建设为一个高效的国家。中国要解决的问题是从白人那里获得切实而理智的知识，而又不成为其奴隶。效法西方而设立的海关制度在初期是值得大力推广的。”[59]

史学家唐德刚在论及晚清海关的管理制度时写道：“清末民初的‘海关’和其后由海关办的‘邮政’，读者知之否？却是洋人替我们代管的，是最有效率、有最好人事制度、员工薪给福利最好而贪污绝少的两个现代化大机关。”（唐德刚，《晚清七十年》）

中国海关史研究专家陈诗启教授认为，赫德于1869年制定的《中国海关管理章程》是“中国人事管理最早的比较完备、比较科学、比较系统的制度”，“这种制度从管理学的角度看，是科学的，从当时的中国来说，也是先进的”[60]。

当然，我们要看到，赫德管理的中国海关也有很多问题。其中最主要的是对华人的歧视：海关主要管理岗位都是西方人，在赫德任内，直到1907年才有一名叫张福廷的华员做到代理亚东关税务司。

本文的任务不是对赫德进行全面介绍，因此不评价他海关改革以外的活动，但是毋庸回避的是，赫德的所作所为在很多时候代表的是英国利益。而且一个外国人那么长时间把持中国的海关，这本身就是对中国尊严的极大损害。所以可以说，“中国海关主权是由赫德一手彻底破坏的”[61]，他把中国海关变成了一个半殖民地性质的海关。1949年之后，新中国从外国人手中收回了海关管理权。扬眉吐气的中国人完全摈弃了旧海关的制度和方法，参照传统和苏联制度，采取了自己的管理方式。比如赫德时代海关实现了垂直领导，但是新中国海关实际上是中央与地方双重领导，并且以地方领导为主。这就在一定程度上回归了传统。

改革开放之后，中国经济蓬勃发展，对外贸易也迅猛增长。中国海关在经济建设中发挥了重要作用，但是很不幸，这也再一次成为腐败高发地带。据报道，新中国海关“正面临着反腐倡廉的严峻形势和艰巨任务，多个沿海地区的海关系统曝出窝案”。比如1998年9月，湛江特大走私案爆发，湛江海关关长被判死刑；1999年4月，厦门远华特大走私案爆发，厦门海关关长被判死刑；1999年9月，杭州海关关长受贿案发，被判处死缓；2000年2月，深圳海关关长受贿案发，被移送司法；2001年3月，海关总署副署长被移送司法……自1998年至2000年，全国海关共查出内部人员违法违纪案件386起，涉案763人，其中厅局级干部28人，处级干部122人，移送司法机关168人，开除公职173人。厅局级干部涉案人数占全国海关同级别干部（227人）的12%。全国42个直属海关的一把手（关长）中，已有4人被移送司法机关或已判刑，占全部直属海关一把手的近10%。如同清朝海关一样，一个单位成建制地垮掉的现象又一次出现。比如在湛江特大走私案件中，有200多名海关关员涉案。在厦门特大走私案中，仅厦门海关涉案人员就达300多人。[62]

管理制度是人类共有的财富，是无国界的。赫德时代的海关管理经验也许可以给今天的中国海关建设，乃至整个反腐制度建设提供一点有益的启发。

注释

1.王宏斌：《赫德爵士传》，文化艺术出版社，2012年，前言第2页。

2.马士：《中华帝国对外关系史》第1卷，生活·读书·新知三联书店，1957年，第58页。

3.马士：《东印度公司对华贸易编年史（1635—1834年）》第一、二卷，中山大学出版社，1991年，第63页。

4.顾卫民：《广州通商制度与鸦片战争》，《历史研究》，1989年，第1期。

5.国学文库编：《粤海关志》第8册，《夷商、杂识》，文殿阁书庄，第48页。

6.中国第一历史档案馆藏，《军机处清单》，乾隆二十四年八月十九日，《钦差大臣新柱恭呈粤海关征收洋船进口出口规礼银清单》。转引自张晓堂：《清朝对外贸易法制研究：十七世纪中叶至十九世纪中叶》，对外经济贸易大学出版社，2011年，第110页。

7.吴义雄：《鸦片战争前粤海关税费问题与战后海关税则谈判》，《历史研究》，2005年，第1期。

8.中国史学会主编：《中国近代史资料丛刊》鸦片战争1，神州国光社，1954年，第197页。

9.梁廷枏总纂：《粤海关志校注本》，广东人民出版社，2002年，第337页。

10.梁廷枏总纂：《粤海关志校注本》，广东人民出版社，2002年，第339页。

11.梁廷枏总纂：《粤海关志校注本》，广东人民出版社，2002年，第

337页。

12.梁廷枏总纂：《粤海关志校注本》，广东人民出版社，2002年，第115页。

13.梁廷枏总纂：《粤海关志校注本》，广东人民出版社，2002年，第338—339页。

14.《皇朝政典类纂》卷八十五“征榷三·关税”，第60页。转引自祁美琴：《清代榷关制度研究》，内蒙古大学出版社，2004年，第113页。

15.梁廷枏总纂：《粤海关志校注本》，广东人民出版社，2002年，第4页。

16.《宫中档乾隆朝奏折》，转引自祁美琴：《清代榷关制度研究》，内蒙古大学出版社，2004年，第117页。

17.《光绪朝朱批奏折》，转引自祁美琴：《清代榷关制度研究》，内蒙古大学出版社，2004年，第119页。

18.马士：《东印度公司对华贸易编年史（1635—1834年）》，第五卷，中山大学出版社，1991年，第423页。

19.梁廷枏总纂：《粤海关志校注本》，广东人民出版社，2002年，第160页。

20.《清高宗圣训》。转引自王日根：《明清海疆政策与中国社会发展》，福建人民出版社，2006年，第377页。

21.叶显恩主编：《清代区域社会经济研究》（下册），中华书局，1992年，第1120页。

22.莱特：《中国关税沿革史》，商务印书馆，1963年，第4页。

23.马士：《东印度公司对华贸易编年史（1635—1834年）》第一、二卷，中山大学出版社，1991年，第134页。

24.李虎：《清代海关管理制度比较研究》，河北师范大学硕士生学位论文，2003年。

25.马士：《中华帝国对外关系史》第一卷，商务印书馆，1963年，第98页。

26.吴义雄：《条约口岸体制的酝酿：19世纪30年代中英关系研究》，中华书局，2009年，第147页。

27.熊志勇等：《中国近现代外交史资料选辑》，世界知识出版社，2012年，第12页。

28.秦国经，高换婷：《乾隆皇帝与马戛尔尼——英国首次遣使访华实录》，紫禁城出版社，1998年，第148—149页。

29.熊志勇等：《中国近现代外交史资料选辑》，世界知识出版社，2012年，第13页。

30.秦国经，高换婷：《乾隆皇帝与马戛尔尼——英国首次遣使访华实录》，紫禁城出版社，1998年，第150页。

31.费正清编：《剑桥中国晚清史（1800—1911年）》，中国社会科学出版社，1985年，第173页。

32.马士：《中华帝国对外关系史》，第1卷，上海书店出版社，2006年，第35—36页。

33.马士：《中华帝国对外关系史》第1卷，上海书店出版社，2006年，第35页。

34.《剑桥中国晚清史（1800—1911年）》，中国社会科学出版社，1985年，第175页。

35.梁嘉彬：《广东十三行考》，广东人民出版社，2009年，第125页。

36.吴义雄：《条约口岸体制的酝酿：19世纪30年代中英关系研究》，中华书局，2009年，第144页。

37.王宏斌：《赫德爵士传——大清海关洋总管》，文化艺术出版社，2000年，第123页。

38.英国外交部档17/350，1861年1月11日威妥玛致卜鲁斯函。

39.王宏斌：《赫德爵士传——大清海关洋总管》，文化艺术出版社，2000年，第43页。

40.詹庆华：《全球化视野：中国海关洋员与中西文化传播（1854—1950年）》，中国海关出版社，2008年，第293页。

41.王宏斌：《赫德爵士传——大清海关洋总管》，文化艺术出版社，2000年，第44页。

42.吴义雄：《条约口岸体制的酝酿：19世纪30年代中英关系研究》，中华书局，2009年，第203页。

43.王宏斌：《赫德爵士传——大清海关洋总管》，文化艺术出版社，2000年，第119页。

44.马士：《中华帝国对外关系史》第3卷，上海书店出版社，2006年，第497页。

45.皇甫中主编：《把权力关进制度的笼子里：与领导干部谈权力监督与制约》，红旗出版社，2013年，第137页。

46.黄丰学：《赫德与中国近代海关的廉政建设》，上海师范大学中国近现代史专业硕士论文，2006年。

47.黄丰学：《赫德与中国近代海关的廉政建设》，上海师范大学中国近现代史专业硕士论文，2006年。

48.中国社会科学院近代史研究所编：《青年学术论坛》2006年卷，社会科学文献出版社，2007年，第278页。

49.李天纲编校：《万国公报文选》，中西书局，2012年，第167页。
50.李虎：《清代海关管理制度比较研究》，河北师范大学硕士生学位论文，2003年。
51.参考曹传清：《赫德对晚清中国社会的影响》（湖南师范大学中国近现代史2010年博士论文）及黄丰学：《赫德与中国近代海关的廉政建设》（上海师范大学2006年中国近现代史专业硕士论文）等数据。
52.海关总署《旧中国海关总税务司署通令选编》编译委员会编：《旧中国海关总税务司署通令选编》第1卷（1861—1910年），中国海关出版社，2003年，第31页。
53.海关总署《旧中国海关总税务司署通令选编》编译委员会编：《旧中国海关总税务司署通令选编》第1卷（1861—1910年），中国海关出版社，2003年，第271页。
54.魏尔特：《赫德与中国海关》下册，厦门大学出版社，1997年，第536页。
55.海关总署《旧中国海关总税务司署通令选编》编译委员会编：《旧中国海关总税务司署通令选编》第1卷（1861—1910年），中国海关出版社，2003年，第604—605页。
56.卢汉超：《赫德传》，上海人民出版社，1986年，第211页。
57.卢汉超：《赫德传》，上海人民出版社，1986年，第214页。
58.海关总署《旧中国海关总税务司署通令选编》编译委员会编：《旧中国海关总税务司署通令选编》第1卷（1861—1910年），中国海关出版社，2003年，第29页。
59.罗素著，秦悦译：《中国问题》，学林出版社，1996年，第44页。
60.陈诗启：《中国近代海关史》晚清部分，人民出版社，1992年，第

190—191页。

61.黄启臣：《赫德是中国海关主权的彻底破坏者》，《中山大学学报》，1989年，第3期。

62.参考谷秀川：《中国海关执法腐败问题分析》，对外经济贸易大学工商管理专业2001年硕士论文等。

第九章
“陋规”：一种制度性腐败

中国传统官僚办公效率不高，但在贪污肥私时所表现出的主动性、创造性和高效率，却令人吃惊。

陋规其实已经成为一种变形的财政制度。任何一位官员也无法跳离“陋规”游戏。

一

雍正元年（1723年），刚登基不久的雍正皇帝向全国发下一道谕旨，内容很特殊：要求各省总督和巡抚向他汇报每个人的陋规情况。他想了解一下，大清帝国的这些“省长”，每人一年到头能获得多少“灰色收入”。

面对这道谕旨，很多地方大吏都陷入惊疑当中。他们不知道皇帝想干什么。不过反复衡量之下，大多数督抚还是决定，老实交代为好。因为通过新皇帝上任后对自己亲兄弟的举动，他们已经判断出，这是一位不好惹的主子。

各地汇报源源不断地到达北京。

不报不知道，一报吓一跳，灰色收入的数量还真不少。

署理广东巡抚年希尧（年羹尧的哥哥）做了这样的汇报：

今奴才到任一月，查明巡抚衙门规例，司道府州县每节送巡抚节礼一万二千余两，一年四节约计银五万两。……布政司每年有平规银八千两，广（州）潮（州）肇（庆）高（州）四大府监收桥税四季帮费银七千两……[1]

诸项相加，广东巡抚一年灰色收入约六万五千两。

其实这在全国总督巡抚中还属于较低水平。山东巡抚黄炳向皇帝奏报，当地巡抚衙门每年接受的规礼达十一万余两。河南巡抚则奏报："一年所有各项陋例，不下二十万两。"[2]两江总督查弼纳汇报说，两江总督衙门每年陋规收入也达到近二十万两。

二

虽然已经知道这些地方大吏收入颇丰，但是实际数字一报上来，雍正还是吃惊不小。

如此巨额的收入是个什么概念呢？

清代雍正年间的货币，换成今天的币值，每一两白银约合人民币六百元。大清的省部级官员，陋规收入在六万两到二十万两之间，如果以一两值六百元计，相当于今天的三千六百万元到一亿二千万元之间。

那么，清代"省长"每年工资收入多少呢？

说来令人难以置信。清代的巡抚年工资一百五十五两，合成年收入九万多元人民币。

公开收入如此之低，灰色收入又如此之高。虽然按照中国人的传统想法，当官的肯定会搞一些灰色收入，但是灰色收入数量居然达到了公开收入的数百至一千二百倍之多，还是有些太惊人了。

三

收到这些汇报之后，雍正皇帝是什么态度呢？

与我们想象的“勃然大怒”“拍案而起”相反，雍正并没有生气。他提笔做出了温和的批示，对官员们的诚实态度表示鼓励。比如在年希尧的奏折上面，他批了这样一段话：“览尔所奏，朕心甚悦。全是真语，一无粉饰……”[3]

同样，在两江总督查弼纳的奏折上，雍正批示：“朕信得过你，再不是负朕之大臣。保管从来督抚不曾奏你如此一个折子，实令朕不忍观也。好！真好！”[4]

大清律法明文规定，官员不得私取任何陋规。因此，各地官员在向皇帝汇报以前陋规的同时，还胆战心惊地向皇帝表示，以后他们要把这些陋规大刀阔斧地裁掉。对此，雍正不但没有鼓励，还表示了不同意见。雍正在给年希尧的批复中说，以前曾经有些总督和巡抚，沽名钓誉，把陋规裁去了，但是效果并不好，所以，你要慎重行事，也不必一下子全都裁掉：

> 至于巡抚进路，必于指定某项无有是处，朕也不知那（哪）是该取，何是不应取？此等碎小之事，朕亦不问不管，只问你总责成一个好字。从来督抚将此事上沽名钓誉，裁去不取，转弯另设他法，所得更甚。此等私套，皆不中用。有治人无治法。朕如今要定规矩绳限你们？万无此理，只要你们取出

良心来将利害二字排在眼前，长长远远的（地）想去，设法做好官就是了。[5]

意思就是说，这些灰色收入，哪些当收，哪些不当收，你自己做主，我不管。

四

读到这里，读者们可能非常奇怪，为什么以性格刻薄著称的雍正皇帝居然容许他的臣下继续收受陋规呢？

这是因为雍正很清楚这些陋规是为什么产生的。

如前所述，大清王朝沿袭明制，给各级官员所定俸禄水平极低。巡抚级别，年工资不过一百五十五两。

而他们每年的实际支出，大约在八千两到两万多两之间。这些钱并非用于奢侈的生活或者特殊的享受，而是一个省级官员生活中必需的、合情合理的支出。

读者们可能更奇怪了，他们为什么要花这么多钱呢？

为了说清楚这个问题，我们不妨来给一位总督或者巡抚大致算笔账，看看他一年要花哪些钱。

第一当然是他个人和家庭的开支。

总督和巡抚身为省部级官员（甚至远大于今天的省部级，比如许多总督都是兼管两省甚至三省，而且既管民政，又管军务，其权力相当于今天两三个省的省长、省委书记、大军区首长捆在一起），起居出行，当然要讲一定的排场。

清代的财政制度与今天有很大差异。今天的公务员通常享有优厚的福利待遇。特别是高级公务员，虽然工资水平可能不是很高，但会享有公房、公车、公费医疗等各项好处。但是在清代，各级官员做梦也想不到会有如此好的待遇。

清代官员，没有公房，没有公车，没有差旅费、餐费，也没有公费医疗，连官服都要自己花钱买。

清代官员穿衣服要花很大一笔钱。学者张仲礼在《中国绅士的收入》一书中说到晚清地方官的官服支出，“一些来自日本的目击者在20世纪初期真实的叙述，可以作为官员高消费的实例。他们提到一个知县的一套官服价值300两至400两”[6]。知县如此，督抚可想而知，讲究点的总督和巡抚，置办齐一套官服，要花掉几千两。

养活一家人更要花钱。在传统社会，总是一人当官，鸡犬升天，自己的父母兄弟要靠他养活不说，就连八竿子打不着的远房亲戚也可能会大老远地跑来投奔，一个人的收入通常要照顾少则几十多则上百的消费者。雍正元年（1723年），翰林院侍读学士沈异机就曾经这样奏报：“每见知府家口多至三四百人，州县家口多至一二百人。”[7]（当然，这个“家口”包括家眷，也包括仆从。）跑来打秋风的老乡、同学之类，比比皆是。

第二项是社交支出。传统社会是一个人情社会，需要应酬的地方比今天还要多。一个官员每年在社交上要花掉一大笔钱，比如他们每年都会给京中的同乡官员送上一点钱，这就是所谓的“冰敬”“炭敬”。在传统时代，这也是一笔为数甚巨的负担。

第三是给身边的工作人员开支。他身边的一套人马都需要自己花钱雇用。

今天的读者可能很难理解这一点。

作为一方诸侯，总督和巡抚身边当然会有一大批工作人员。以今天的省级官员而论，身边必有秘书长、办公厅、后勤处、保卫处等一大套常设机构。我们来看一下《陕西省人民政府办公厅（省政府参事室、省金融工作办公室）主要职责内设机构和人员编制规定》[8]，陕西省政府办公厅设17个内设机构：有综合一处到八处、会议处、信息处、机要处、省应急管理办公室（省政府总值班室）、省政府政务公开和媒体联络办公室、省政府督查室、办公室（人事处）、外联处、行政处（财务处）。省政府办公厅机关行政编制163名，其中省政府秘书长1名、副秘书长8名，省应急管理办公室主任1名（副厅级），省政府政务公开和媒体联络办公室主任1名（副厅级），省政府督查专员2名（副厅级）。处级领导职数52名（含机关党委专职副书记1名）。这些人，都是直接给省级领导服务的。仅一个办公厅的人事编制就这么多，何况协助省委书记、省长工作的其他部室。

按常理推测，清代督抚也应该有一支类似的办公服务队伍。事实上，清代督抚衙门中，也确实存在一个二三百人的庞大班子，他们由幕友、书吏、仆役、家丁这几类人组成，负责省级官员的办公、顾问、保卫、勤杂等事务。

不过，在今天的政府之中，上自秘书长，下至普通科员都是国家公务员，由国家开支。但是在清代，这些人的工资却要由督抚自掏腰包。

为什么呢？因为在清代督抚衙门中，只有总督和巡抚是国家承认的在编官员，其他人都没有编制。也就是说，国家不给总督和巡抚配备下属办公人员。

这种奇怪的设计当然事出有因。第一个原因是总督和巡抚的设置起源于明代，最初，他们是临时性的监察官员，负责巡察各地，事毕还朝，所以没给他们配备固定的署员。第二个原因是清王朝吸取历代地方割据的经验教训，在政治设计上力图保证中央对地方的有效控制。没有属员，轻车简从，自然更方便朝廷对他们的调动，也可以防止总督巡抚们坐大势力。

另一个考虑则是为了省钱。因为这样的设计使中央政府几乎不用考虑省级衙门的经费支出，只给督抚一人开支就行了。从表面上看，这给国家节省了大量财政经费，但实际上，这种设计只是体现出皇帝们的小气和偷懒，并不能减少官僚机构运行中的各种费用。因为督抚位高权重，事务众多，不可能不建立庞大的办公队伍。

在总督衙门中，必不可少的是以下三类工作人员：幕友、书办、仆役。

幕友的地位大约相当于今天政府机构中的秘书长、副秘书长、办公厅主任、副主任之类，起着参谋助手甚至代理决策的作用，所以薪水待遇一般都很优厚。一般一个总督或者巡抚，要请八个以上的幕友，每人年工资至少一千两白银。这样算来，督抚每年需要负担的幕友工资支出就达八千两以上。

书吏也就是普通工作人员，大致相当于今天的科员。他们办理具体的事务性工作，每个衙门有上百人，他们的工资每人每年几十两，加起来也不少。

除此之外，衙门中还有大量的后勤保卫等人员，比如门子、轿夫、厨子、马夫、更夫等，负责收发接待、采买后勤、安全保卫、交通出行等众多事务。这些人的薪水，自然更要督抚来解决。

由督抚来负担身边工作人员的开支，这在今天看来已经十分不合理了，清代的财政制度中居然还有比这更匪夷所思的规定，那就是总督还要负担一部分地方事务支出。

比如，按国家规定，总督作为当地军队的最高统帅，每年都要阅兵。阅兵就要花钱，还要对表现优秀的士兵进行奖励。这些支出并无国家经费，要督抚自筹。

在督抚的诸多不合理的负担中，有一项最有代表性，那就是皇帝与督抚的通信费用。封疆大吏经常要派人往返京城，递送奏折，与皇帝沟通信息。奏折事关国家机密，需要多名得力干员专程护送，这笔路费每年平均不下千两，边远省份花费更多。这些支出，皇帝同样不管。

那么，一位总督一年到底支出多少呢？在雍正年间，物价尚低之时，刘世明在福建巡抚任职时具折奏道："巡抚衙门一切需用……酌量于不丰不啬之间，每年不过一万四千五百金。"[9]"浙江巡抚李卫到任时，吃食口粮俱系原籍装运外，其他的一切日用盘费及衙门幕宾束金，每年还要八千余两。山西巡抚衙门一年内共用银九千七十二两。直隶总督一年则需要二万四千九百两。比较贫穷的贵州巡抚衙门每年也需银八千五百两。……从以上一些督、抚衙门的用度情况看，总督、巡抚要维持正常公务和养赡家口涉及的私人开支，每年所费在八千至二万多两不等。"[10]

五

所以，陋规的产生也有其"不得已"之处。收入一百五十五两，支出八千至二万多两，解决这中间的巨大差额是一个非常现实的问题。

所谓靠山吃山，靠水吃水。在没有独立财政来源的情况下，督抚们只能靠他们的权力，通过"勒索下属"来搞一点经济收入。这种"勒索"时间长了，就形成了陋规。

其实早在康熙晚年，陋规问题就已经发展到了非常严重的地步，所以康熙皇帝也曾对陋规情况进行过调查，想看看陋规具体都有些什么内容。康熙五十六年（1717年），江西巡抚白潢按要求在奏折中向皇帝详细汇报当地的陋规收入。

白潢具体列举了江西省陋规的五项内容：一是节礼，下属官员在节日所送，每年大约五万两。二是漕规，粮道衙门所送，每年四千两。三是关规，辖区内两家税关衙门所送，每年两千四百两。四是盐规，盐商所送，每年一万两。五是钱粮平头银，每年八千两，布政使衙门所送。总数达到七万四千四百两。[11]

从这份清单可以清楚地看出，白潢收到的"规礼"由"规"和"礼"两部分组成。所谓"规"，是由下属部门送的，上述的"漕规""盐规""关规"以及"钱粮平头银"即是。而所谓"礼"，则是官员们以个人身份送的。白潢所说的"节礼"就是这个。

要想彻底了解陋规的产生过程，我们不妨花点时间一项项分析一下。

先来看看"规"。

总督巡抚衙门的"规费"一般来自他直接管的下一级部门，比如布政使衙门、粮道衙门、盐务衙门以及各税关等有钱有权的部门。

规费的第一项是"钱粮平头银"，来自布政使衙门。当然，布政使衙门并没有直接税收权，这笔钱是由各基层政府，也就是各州各县送给布政使衙门的，布政使衙门再分一部分给总督。"州县和其他下属机构缴送的收入到达布政使、督粮道等官员手中，但是它们并未成为后者独享的财产。这些钱粮的接收衙门是经费流向更高衙门的渠道。在山东，运费和饭银等形式的经费大多合并为'分规'，这是因为它们是在布政使、巡抚和总督之间进行分配的。同样，广东藩库的搭平银则在总督、巡抚、布政使、按察使之间进行分配。江宁布政使觉罗石麟奏报，他已从江苏州县收到随平银12900两，其中每年平规银1500两呈送总督，2700两呈送巡抚。"[12]

第二项是关规，来自各税关。各税关都是肥差，他们收到的税，除了上缴国库，往往还会有大量的盈余。这些盈余，一般会在税关官员和上级领导之间进行分配。比如福建省的盈余是分成四等份：两等份，也是百分之五十，送给巡抚衙门。一等份，也就是百分之二十五，税关官员自己留下，还有一等份，分给税关办公人员。

“漕规”来自管理漕运的粮道衙门。这些钱是各州县官员送给粮道官员的，粮道官员再拿出一部分送给各省总督。

最后还有一个大头叫“盐规”。清代实际盐业专卖，盐商凭着政府发给的“盐引”（就是食盐专卖执照和配额）享有巨额垄断利益，很容易成为巨富。吃水不忘挖井人，富了之后，当然要给大领导送礼。“一群河东盐商的例子具有典型性。雍正三年（1725年），在山西颁发10000道新的盐引。该地区的盐商借此获取了巨额利润，雍正六年（1728年），他们自愿每年捐献5000两作为该省的公费。用盐商自己的话说，他们如此做，不仅因为他们从增加的盐引中获利，而且因为王朝为国家带来了繁荣，人口不断增长，对盐的需求也持续上升。”[13]

通过以上叙述，我们很容易理解，总督和巡抚衙门的“规”费实际上涵盖了地方上所有有油水的部门。不管这些油水来自哪里，都要给上级进贡一部分。因为不这样做，上级就没有让这些油水存在的必要。所以除了这几项主要的陋规，有些省还有特殊的项目，比如“香规”，是向到山东泰山和湖北太和山（武当山）进香的香客征收的，康熙、雍正年间的山东巡抚每年可以分到“香规”银两千五百两。鸦片战争之前，广东有“土规”，来源是鸦片（土烟）走私贩子送给海关官吏和水师官兵的贿赂银。福建汀漳道的道台甚至还有“娼赌费”收入，曾任此职的晚清官员张集馨在《道咸宦海见闻录》中说，郡城娼楼赌馆，“每月送娼赌费三百元”至道台衙门，“此乃道中陋规”。

六

规费主要出自有权有钱的部门，至于“礼”，则是所有官员，不管肥缺瘦缺，官大官小，都要送，因为这是代表官员个人的心意。之所以说陋规是有中国特色的一种财政分配方式，就是因为这种分配是在“礼”的面纱下进行的。它不光要解决地方财政资金不足以及官员薪水过低的问题，还要承担在官员之间建立情感联系的功能。

“所有官吏，从最底层的县丞到总督，都定期向上司呈递已成惯例、数目确定的白银作为礼物。这些礼节包括上司的生辰规礼、新官到任的贺礼、拜见官员的表礼、每年主要节日的四节节礼。这些礼物数目可观，尤其是省里大员比如巡抚和布政使所收受的礼物。雍正二年（1724年），两广总督承认收受属下节礼47110两。每年呈送广西巡抚的节礼总数是12400两。除此之外，他到任时所收的礼物与一季节礼相当，并且来自桂林、平乐、浔州、梧州四府的落地税盈余每年有7000两。山东巡抚塞楞额上奏，该省前任布政使从州县接受的礼物9784两，前任学政从同一来源获益3204两。”[14]

清代官场的基层官员需要向上级致送的礼金异常繁重复杂，以至于他要建立一个专门的账簿来进行统计。顺治、康熙时代的吏科给事中林起龙曾经这样概括一个州县官员需要送的礼金：

> 参谒上司，则备见面礼；凡遇时节，则备节礼；生辰喜庆，则备贺礼；题授保荐，则备谢礼；升转去任，则备别礼。[15]

下面我们就来分析一下林起龙所说的这五种礼。

一是“见面礼”。上司刚刚到任，下属前往参拜，要送“见面礼”或者“新参礼”，也叫“贽礼”或“贽见礼”，或是称“上任礼”或“到任规礼”。

“见面礼”的标准如何呢？

康熙五十六年（1717年），出任两江总督的长鼐报告：

> 奴才于六月十九日抵达江宁，接任之后，二十二日，安徽布政使年希尧、按察使朱作鼎、江宁按察使祖业宏……松江府知府李文元，伊等亲携五百两至一百二十两等，作为新接任之礼，送与奴才，共银三千八百两。估算现送来之银数及尚未送来之江南、江西司道府官员之银，约万两余……[16]

也就是说，他到两江地区后，安徽布政使、按察使，江苏按察使、江安粮道、驿盐道、常镇（常州、镇江）道，徽州、江宁（南京）、扬州、镇江、松江（上海）等府知府前来参见，每人送银一百二十两到五百两不等，总共有三千八百两。按已送的标准估算，加上尚未见面的下属将要送来的数目，此项礼银大概有一万多两。而刘愚《醒予山房文存》卷十中说道，晚清四川总督的到任礼大约有二万两银子。四川总督权势并不能和两江相比，此例也许可以说明，晚清官场礼金标准照康熙时大为上涨。

二是“节礼”，也就是逢年过节送的礼。三个重要的传统节日，即端午节、中秋节、春节时，下属是一定要向上司送礼的。据广西巡抚高其倬说，广西省内各衙门每年向巡抚送节礼一万两千四百两。广西是老少边穷地区，送礼标准也相对较低。而山东巡抚的节礼收入，据交代，高达六万两银子。其他各省的巡抚，河南是四万两，贵州最少，是七千两。

三是“贺礼”，就是上司家红白喜事及生日时送的礼金，官员的妻子、父母做寿，官员生儿子、生孙子，都要送礼。雍正元年（1723年），博尔多代理山东布政使，“济南府的官员做备围屏、杯、缎、银如意、调羹送来上寿”，具体价值不详。第二年，他出任安徽布政使，又“收受各属寿礼，金银、绸缎、玉器等项共计银七千余两”[17]。

四是“谢礼”，是为了感谢上司提拔而送的礼。

五是与“上任礼”相对应的“离任礼”，即林起龙所说的“别礼”，它在上司升迁、调动离任时送。

除了上述五种主要的“礼金”，还有其他许多名堂的礼。比如上级到下级单位巡视和检查工作也会收到礼金。其中一项叫“盘库礼”，就是上司到下级衙门盘查银库、粮库时下级送上的礼金，其目的当然包括让上级少挑毛病的意思。道光二十九年（1849年），张集馨回答道光皇帝的询问时，说四川总督每年春秋两次到布政司衙门盘库，每次可得银子一千两。

七

所以清代官场的基本生态是大鱼吃小鱼。总督巡抚吃他直接主管的下级，布政使、各税关、粮道衙门和盐政衙门。布政使、粮道衙门则吃他们的下级，各州各县。

那么，各州各县吃什么呢？“小鱼吃虾米”，他们只能吃老百姓。

州县等基层政府同样面临经费不足的问题。州县一级政府需要花钱的地方也很多，比如县官要给师爷、书吏和衙役开工资。再比如兴修地方公共工程，修城墙、修河道、修街道等，都需要筹措资金，赈灾和救济底层民众也需要巨额资金。中央政府虽然在收税的时候给地方政府留下了一点钱，但是留下的数目太少，“与州县的行政需求几乎没有什么关系”。因为经费严重不足，所以地方官员普遍开始在老百姓的税收问题上做文章。

对基层官员来说，解决收支间的巨大差额不算困难，因为他们拥有直接收税权。“被任命管理一州一县的官员处于独一无二的位置，可以操纵合法的赋税制度，创造超越法律、保证庞大中国官僚机构运作的收入。”他们在向百姓征收国家正赋时，通常要比国家规定的多一些。

以什么为借口多收呢？“耗羡”或者叫“火耗”。什么叫“火耗”呢？“耗”的本义是损耗。地方政府向朝廷运送税粮的路上，会有一些损耗，比如可能会被老鼠或者鸟吃掉一部分，因此要向老百姓多收点粮作为弥补，叫作“鼠鸟耗”。从老百姓手中收来的散碎银子，要熔铸成整锭大银送交国库，熔铸过程中也会有损耗，就叫“火耗”。听起来，地方官向老百姓征收“鼠鸟耗”和“火耗”，有其客观合理性，但是其合理比例大约应该是百分之一二左右。也就是说，收一百斤粮食，多收一两斤，以备补充自然损耗。然而，康熙年间，官员收的“火耗”，可不是区区这个数字。清代开国之后，“火耗”等名目就有不断加重的趋势，康熙说，“州县火耗，每两有加二三钱者”。也就是说，有的地方，火耗率竟然达到百分之二三十。征了一百斤粮食，竟然有二三十斤被鸟和老鼠吃掉了，或者说，收了一百两银子，有二三十两在熔铸时消失了，这未免也太不合理。实际原因是官员们大量开支无处寻找来源，只好以“火耗”“鼠鸟耗”等为借口，不断加收。

所以“火耗”实际上就是附加税。因此，张仲礼在《中国绅士的收入》中将州县官员的附加税直接列入其私人收入，这无疑是不适当的。

他说：“御史胡家玉在1873年指出，朝廷在南昌县的土地税额为每年四万八千多两银子，而知县按惯例在每征收一两正税时可收取零点二四两附加税，因而该知县每年可获得一万二千两银子的额外收入。”其实，这一万二千两中，有相当一部分要用于公共事务。剩余部分要分润上司和其他部门。一方面，上级衙门并无直接税收权，它们更需要解决行政经费不足的问题；另一方面，上级怎么可以允许自己不如下级富裕呢？所以自然而然，“附加税”就成了各级陋规的基础。

八

陋规的“陋”字反映了世人对它的道德判断。因此，今天的读者有一种常见的认识，认为陋规是贪腐的产物，并且主要都归入了官员的私囊。这确实是一个很大的误解。综上所述，陋规产生的最初原因，是地方官员收支的巨大不平衡。它本来的主要用途也是地方公务。因此，它不能直接列入官员的个人收入。

事实上，到了后来，特别是十八世纪晚期，这些陋规已经演变成了一种“复杂的非正式经费体系，与正式的财政管理相辅相成。……获取它们的大多数方式是非法的，但是在全国规模看来，非正式的经费体系并不是简单的、已经制度化的腐败。尽管参与这一体系的许多人无疑会从中牟取私利，但它的存在，基本上是对中国帝制晚期的财政无法向官员提供履行职责手段的一个回应。至少一个世纪以来，非正式经费体系很好地填补了这一缺口”[18]。

所以，我们很容易理解著名清官林则徐也公开收受陋规。道光二十六年（1846年），陕西发生重大灾荒，地方税收大幅减少，导致国家的军粮都停征了，然而，陋规的致送却不能停止，陕西粮道张集馨在《道咸宦海见闻录》中说这一年“督抚将军陋规如常支送”[19]，其中的“抚”就是陕西巡抚林则徐。那么林这一年所得陋规多少呢，张集馨说，计“每季白银一千三百两”，另有“三节两寿”的“表礼、水礼、门包”和杂费，“年逾万”。

不管多大的天灾人祸，林则徐的陋规都会旱涝保收。我们很难想象林则徐为一己之私不顾百姓死活。这一事例只能解释成，离开了这笔陋规，林则徐个人生活以及巡抚衙门的日常运转就无法继续。这个例子可以说明，陋规其实已经成为一种变形的财政制度。任何一位官员也无法跳离“陋规”游戏。由此，我们也就能理解为什么本来是官员们之间表达私人感情的“礼金”，却都有着明确严格的时间和数目规定。因为这名义上是人情来往，事实上则是上级官员赖以活命的固定收入，和国家正式税收没什么两样。“上司各项陋规等于正供，不能短少”，已经成了比国家的正式财政制度还要硬性的制度。因此，许多官员宁可挪用国家正式税收，造成国库亏空，也不敢耽误给上级送礼。

这一局面有许多官员的自述为证。同治二年（1863年），河南学政景其浚在给皇帝的奏折中这样自陈心路：在当官以前，他对陋规一事“未尝不笑之”，认为自己当了官也绝不会收取。但是一当了官，发现不收不行：“及其登仕版也，苦无办公之资，兼不能自存活，而同事诸人，无不收受陋规，不得已试从而效之，而君子遂变为小人，上下官员，联为一气。”谢金銮也说，陋规实际上主要没有进入私囊，“凡有陋规之处，必多应酬，取之于民，用之于官，谚所谓以公济公，非实宦橐也”[20]。一生经历雍乾嘉三朝的汪辉祖在总结为官经验时说道，对于陋规，只能采取现实的态度，不能一概裁尽，“陋规不宜遽裁”，“可就各地方情形，斟酌调剂，去其太甚而已，不宜轻言革除”。他甚至抨击那些要裁减陋规的官员心术不正：“至署篆之员，详革陋规，是谓慷他人之慨，心不可问，君子耻之！”[21]

九

如果这样说来，我们应该给陋规正名，不是陋规，而是“常规”。

问题是，随着时间的推移，陋规确实越来越“丑陋”了。也就是说，刚开始的时候，收取陋规是地方官不得已而为之。但是后来官员们发现，这份收入，官不举民不究，皇帝也不好深管，所以是肥己营私的最佳空间。于是，本来收一万两就可以满足公用，他会收到二万两、三万两，甚至十万两。多余的部分装入私囊，或者送给上级。

康熙晚年，曾经就陋规问题进行过密集的调研。除了白潢，康熙还要求其他总督和巡抚也汇报一下陋规收入情况。

收到白潢的汇报七天之后，康熙皇帝又收到了白潢所处两江地区的新任总督长鼐的汇报。他说：“江苏布政使之秤银四千两，……司、道、府等大员一年礼物银共四万两，两淮盐政拨银二万两，安徽布政使秤银四千两，江西布政使秤银四千两。再者，捐纳之事，……一年二三千两不等。”[22]合计一年，他这个总督和巡抚的收入是一样的，七万两左右。

长鼐汇报的内容看上去很详细，很坦率，他还信誓旦旦地说，他认为一年七万两的灰色收入太多了，所以他每年只收二万两，用于公务。这个表态获得了康熙皇帝的表扬。

但后来的事实证明，他欺骗了皇帝。长鼎五年后在任上去世，雍正元年（1723年），接替长鼐出任两江总督的查弼纳汇报说，两江总督衙门每年陋规收入可达到近二十万两。江苏、安徽两省“布政司秤兑多余之银，粮道、驿盐道、两淮运使等多余之银，两淮盐商所赠礼银，皆送臣衙门，加之各关监督及属下官员馈送之四时礼物，核计岁得共近二十万两”[23]。可见长鼐在任时，实际收受的数量是他向康熙皇帝汇报的十倍。

陋规给贪腐带来了极大的方便。而腐败如同洪水猛兽，只要一开口子，必然愈演愈烈。我们在史料中看到雍正初年各地向皇帝汇报的陋规数目，一般都十分惊人。比如前面我们提到的雍正初年，山东巡抚衙门每年接受的规礼达十一万余两。河南巡抚衙门一年所有各项陋例不下二十万两。

相对于上面估计的雍正年间督抚的实际年支出是八千到二万两，我们可以看到，在国家的默许下，官员们会超越“合理”限度多远。

十

陋规如此肆无忌惮，就出现了几个问题。

第一个是百姓负担过重。

陋规越来越高，各州县的私征额也就越来越高。中国传统官僚办公效率不高，但在贪污肥私时所表现出的主动性、创造性和高效率，却令人吃惊。发现了收“费”的诀窍之后，各地在“火耗”之外，又创造出许多收费的名目，如胡林翼所称：“州县书役样米、淋尖、踢斛、抛散、溷淆，以及由单、串票、号钱、差费等名目，……计每县陋规多至数十款、百余款”[24]。陋规之名因此多如牛毛，总名之下，还有子名，子名之外又有别称，同一名目又因官、因地、因时，各有不同的内容。这样一来，“州县火耗，每两有加二三钱者，有加四五钱者”。“大州上县，每正赋一两，收耗银一钱及一钱五分、二钱不等。其或偏州僻邑，赋额少至一二百两者，税轻耗重，数倍于正赋者有之。”[25]本来应该在正税之外多收百分之十，最后可能变成百分之二十、百分之五十，个别情况下，甚至是百分之百至百分之二百。有的偏僻的州县，天高皇帝远，地方官敢收到百分之百至百分之二百。也就是说，附加税比国家正税还要高，从字面看上去，收了一百斤，被鸟和老鼠吃掉二百斤，或者说，收了一百两银子，熔铸时流失了二百两，这未免滑天下之大稽了。“火耗”加征，因此就成了清代的一个著名恶政。

第二是官员集体腐败。

陋规的滋生和恶性发展使得地方政府形成了从督抚到司道到知府再到州县的分肥体制。雍正皇帝分析陋规的危害性时说过这样一段话，他说：

> 惟督抚有欲……司道早窥之而传于郡守，郡守转传于州县，不肖州县官欲恣取饱囊，辄先迎合意旨，出私积以进之，私积既涸，旋那正项，或拜门生，或为干男，常例馈送之外，复有加增，始为之尚不自觉也，久而空矣，又久而益空矣。犹且百计竭蹶，以工其献媚，藩臬道府从而效之，接踵而需索，其后遂以一州之赢余，快各上司之追求，库帑安得不空？督抚尚安得辞其责哉？[26]

督抚依赖藩司（布政使）提供经费，藩司依赖府道，府道依赖州县，上级官员在经费上有求于下级变通帮忙，所以不得不交好他们，当老好人。“或以柔和交友，互相侵挪，或先钩藩司短长，继以威制勒索，分肥入己。”所以下级“有所藉口而肆其贪婪，上司有所瞻徇而曲为容隐”，在你赠我馈中，整个官场编织成一张张关系网，官官相护，盘根错节，结成利益集团，牢不可破。中央政策很难在地方贯彻执行，这在无形中削弱了中央对地方的控制权力。

那么，大清王朝的陋规在何时形成了“非正式经费体系”？面对陋规，皇帝们又采取了什么样的办法呢？

注释

1.《雍正朝汉文朱批奏折汇编》第一册，雍正元年正月初二日至九月二十日，江苏古籍出版社，1991年，第194—195页。

2.《宫中档雍正朝奏折》第二辑，台湾“国立故宫博物院”，1979年影印本，第743页。

3.《雍正朝汉文朱批奏折汇编》第一册，雍正元年正月初二日至九月二十日，江苏古籍出版社，1991年，第195页。

4.中国第一历史档案馆编：《雍正朝满文朱批奏折全译》（上），黄山书社，1998年，第106页。

5.《雍正朝汉文朱批奏折汇编》第一册，雍正元年正月初二日至九月二十日，江苏古籍出版社，1991年，第195页。

6.张仲礼：《中国绅士的收入》，费成康、王寅通译，上海社会科学院出版社，2001年，第13页。

7.《雍正朝汉文朱批奏折汇编》，第一册，江苏古籍出版社，1991年，第801页。

8.见陕西省人民政府办公厅发〔2009〕143号文，发布时间2009年10月19日。

9.张玉柱：《雍正朝汉文朱批奏折汇编》第十四册，江苏古籍出版社，1991年，第462页。
10.李春梅：《清朝前期督、抚陋规收入的用途》，《内蒙古社会科学（汉文版）》2007年，第2期，第40页。
11.中国第一历史档案馆编：《康熙朝汉文朱批奏折汇编》第八册，康熙五十六年十一月十三日，江西巡抚白潢奏为据实胪列巡抚衙门各项旧规折，档案出版社，1985年，第8页。
12.曾小萍：《州县官的银两》，中国人民大学出版社，2005年，第64页。
13.曾小萍：《州县官的银两》，中国人民大学出版社，2005年，第191—192页。
14.曾小萍：《州县官的银两》，中国人民大学出版社，2005年，第51—52页。
15.《皇清奏议》卷七，《林起龙严贪吏以肃官方疏》，转引自丁守和主编：《中国历代奏议大典》（清代、太平天国卷），哈尔滨出版社，1994年，第43页。
16.中国第一历史档案馆编译：《康熙朝满文朱批奏折全译》，中国社会科学出版社，1996年，第1208页。两江总督长鼐奏报未收受下属官员礼银折，康熙五十六年六月二十五日。
17.《世宗宪皇帝朱批谕旨》，卷二百一十七，《朱批石麟奏折》。文渊阁本四库全书，上海古籍出版社，1987年。
18.曾小萍：《州县官的银两》，中国人民大学出版社，2005年，第44页。
19.张集馨：《道咸宦海见闻录》，中华书局，1981年，第84页。
20.谢金銮：《居官致用》，徐栋辑：《牧令书》卷三，持家。转引自《清代地方吏役制度研究》，上海书店出版社，2009年，第518—519页。
21.汪辉祖：《学治续说·陋规不宜遽裁》，中华书局，1985年，第53页。

22.中国第一历史档案馆编译：《康熙朝满文朱批奏折全译》，中国社会科学出版社，1996年，第1267页。两江总督长鼐奏闻所得份数银两并将余银用于公务折，五十六年十一月二十一日。

23.中国第一历史档案馆译编：《雍正朝满文朱批奏折全译》（上），黄山书社，1998年，第106页。

24.胡林翼：《胡林翼集》第1册，岳麓书社，2008年，第332页。

25.丁守和主编：《中国历代奏议大典》（清代、太平天国卷），哈尔滨出版社，1994年，第245页。

26.张玉柱：《雍正朝汉文朱批奏折汇编》第二册，江苏古籍出版社，1991年，第22—23页。

第十章

康熙："最宽仁"皇帝制造"最畸形"财政制度

专制集权制度的特点是自私且短视。经过多年的财政集权，中央官员享受到了财政集中的好处，不愿意再把已经到手的财权拱手送交地方。

康熙皇帝最大的错误是在他漫长的统治期内，将一项极不合理的财政安排固化，形成了制度。如果我们承认清代的腐败是一种制度性腐败的话，那么导致腐败的制度安排，主要是在"千古明君"康熙任内完成的。

一

清代的陋规体系是在康熙一朝发展成熟的。

康熙是中国历史上最有个人魅力的君主之一。晚清名臣曾国藩和郭嵩焘的日记中，都有梦到圣祖的记载[1]。这一方面说明在晚清国势陵夷之际，朝臣潜意识中盼望再出现一位雄才大略的君主；另一方面也可见康熙皇帝在汉族士大夫心目中有着不同于其他清代帝王的独特地位。

为什么康熙皇帝如此受后世臣民的景仰呢?

因为他除了治国雄才，还有突出的人格魅力。

康熙也许是中国古代情商最高的一位皇帝，至少可以和李世民并列。他天性善良，善于设身处地为他人着想。所以康熙朝的君臣关系处理得非常有人情味儿。

康熙二十年（1681年），皇帝按惯例宴请大臣。“大宴群臣”，这个场面从字面上看起来很欢乐，实际上，气氛往往是一片肃杀，因为大臣们在皇帝面前当然都战战兢兢，生怕失仪，饭吃得没滋没味。康熙考虑到这一点，开席前决定自己不参加此次宴会，并传旨大臣们不必拘束，每个人都要多喝一点：“今日宴集诸臣，本当在朕前赐宴，因人众，恐恩泽未能周遍，故不亲莅。诸臣可畅饮极欢，毋拘谈笑，以副朕意。”结果，当天大臣们果然都喝醉了，“酒酣无不沾醉”[2]。

也许是因为高高在上感觉太孤独，康熙非常愿意主动打破尊卑界限，拉近君臣距离。康熙二十一年（1682年），他曾邀请大臣们到中南海垂钓，而且宣布，大家可以把钓到的鱼带回家，让孩子老婆尝尝鲜：“今于桥畔悬设罾网，以待卿等游钓。可于奏事之暇，各就水次举网得鱼，随其大小多寡携归邸舍，以见朕一体燕适之意。”[3]康熙四十七年（1708年），他在外巡行的时候，专门请随行的大臣到他的行宫里参观游览，嘱咐他们“随意遍观，勿拘形迹”[4]，有时还亲自做导游：“遇名胜处，辄亲赐指示，诸臣得一一见所未见。”[5]

后人提起康熙，最先想到的两个字也许是“宽仁”。是的，康熙胸怀仁厚，他常说：“天下当以仁感，不可徒以威服。”[6]他非常期望能与臣下建立起一种类似朋友家人的亲密感情，“君臣上下如家人父子”。能得到臣子发自内心的感激与拥戴，使天下臣民“遐迩上下，倾心归慕”，对他来讲，是一种不可代替的精神享受。

康熙的宽仁与他的孙子乾隆不同。乾隆初政之时，虽然也标榜“为政宽仁”，但是他的“宽仁”很多时候是模仿、强矫出来的。在骨子里，乾隆是一个高己卑人、挑剔刻薄的人。而康熙的“宽仁”，除了策略考虑，更基于他的天性。康熙是一个非常容易动感情的人，晚年，他见到大臣请求退休的疏章，经常非常不舍，“未尝不为流涕”。我们今天读康熙史料，也经常能从字里行间感受到他内心深处散发的浓浓善意。大臣李光第生病，康熙批示他去泡温泉疗养，还再三叮嘱他要注意的种种细节，“坐汤之后饮食自然加些，还得肉食培养，羊牛鸡鹅鱼虾之外无可忌，饮食愈多愈好，断不可减吃食”[7]。在其后的朱批中又不断告诫他各种忌讳：“尔汉人最喜吃人参，人参害人处，就死难觉。”“饮食中留心，生冷之物不可食。”其言之谆谆，诚如“家人父子”。康熙的仁慈，不仅限于对待大臣，也表现在他对待民众的态度上。比如有一年，北京天气炎热，康熙特意发布指示，要求改善狱中犯人的待遇：“有罪之人拘系囹圄，身被枷锁，当兹盛暑，恐致疾疫，轸念及此，不胜恻然，应将在京监禁罪囚，少加宽恤，狱中多置冰水，以解郁暑，其九门锁禁人犯，亦著减其锁条，至枷号人犯，限期未满者，暂行释放，候过暑时，照限补满。”[8]这些材料读来，很让人感动。

然而，很少有人注意到，雄才大略、心地善良的康熙，在反腐上却留下了诸多败笔。正是他奠定了有清一代制度性腐败的基础。

二

康熙一朝在反腐惩贪方面的第一个错误是力度不够。

和所有明君一样，康熙皇帝当然痛恨贪污腐败，也进行过多次吏治整顿。但是康熙整顿吏治有两个局限，一是只搞集中的运动式反腐，未能持之以恒。另一个是惩治贪腐的力度太弱。

康熙统治六十一年间，曾经进行过两次规模较大的反腐运动。第一次是从康熙十八年（1679年）到康熙二十六年（1687年）。

清代的腐败并非起自中期以后。事实上，腐败是传统王朝终生携带无法治愈的病毒，往往在王朝初生之时，就已经有非常明显的症状。早在顺治年间，很多地方官员就已经“贪污成习”，以致“百姓失所”。所以当时有大臣上疏说，“今百姓大害，莫甚于贪官蠹吏”。康熙登基后，地方腐败较顺治时又有所加重，有的地方官员盘剥百姓过甚，导致民众大批逃亡，地方大吏“朘削卑官，卑官虐害军民，滥行科派。脂膏竭尽，甚至逃亡”。[9]亲政之后不久，康熙皇帝曾经批评当时的吏治情形说：“贪官污吏，刻剥小民，百端科派，多加火耗，贿赂公行。道府庇而不举，督抚知而不奏。吏治益坏，盗贼益多，民生益促，皆由督抚纳贿徇情所致。”[10]

但是亲政之后的十多年里，康熙忙于处理平定三藩等紧急事务，没能腾出手来整顿吏治。

康熙十八年七月，北京发生了一场破坏力极强的大地震，“城垣坍毁无数，自宫殿以及官廨、民居，十倒七八”[11]。紫禁城中的养心殿、乾清宫等核心建筑都有不同程度的损坏。传统时代，地震一般被视为上天震怒的表示，康熙皇帝也非常惶恐，他认真反省自己即位以来的为政得失，认为现在最大的缺失是吏治不清。他立刻下了一道罪己诏：

> 地忽大震，变出非常。皆因朕躬不德，政治未协，大小臣工弗能恪共职业，以致阴阳不和，灾异示警。[12]

到了这一年，康熙已经亲政十二年了，虽然一直没能腾出手来惩贪，但是他对吏治已经关注很久，各地林林总总的腐败现象早已令他触目惊心。到了这一年，平定三藩已经取得了决定性胜利，战争不再是头号政治任务，所以他借着这次“上天示警”，搞了任内第一次大规模的“惩贪倡廉”运动。

他首先出重手惩处贪官。山西官场官风不正，巡抚穆尔赛“名声不佳”，康熙早有耳闻，派人前往调查，访得此人贪污入己的实据，处以斩监候（类似于后世的死缓）。湖广巡抚张汧“莅任未久，黩货多端”，想尽办法捞钱，“甚至汉口市肆招牌，亦按数派钱”，被康熙处以绞监候[13]。广东巡抚金俊侵吞尚之信罚没入官的家产，此外，他还侵吞兵饷，被康熙直接处以极刑。

在厉行惩贪的同时，康熙皇帝还大力“奖廉”。康熙皇帝说，在整顿吏治这件事上，奖励和惩罚一样重要，“治天下以惩贪奖廉为要，廉洁者奖一以劝众，贪婪者惩一以儆百”[14]。所以他提拔于成龙为直隶巡抚、两江总督，表扬其为“清官第一”，其后又擢用“居官清廉”的小于成龙为直隶巡抚，重用汤斌为江苏巡抚，希望通过“树立典型”的方式来带动官场风气的好转。

这个阶段是康熙一生整顿吏治力度最大的时期。不过和后来的雍正、乾隆比起来，康熙一生所杀的贪官寥寥无几，震慑力度远远不够。而且他还没有把这种反腐的高压态势一直保持下去，到了康熙二十六年（1687年），康熙感觉官场贪风已经得到了一定程度的压制，就不动声色地停止了这项运动。

为什么康熙皇帝反腐没有进行到底呢？这与他的政治哲学有关。

康熙皇帝一生的政治哲学，可以概括为“中正和平”四个字。对这四个字，康熙曾经做过这样的阐释：“凡人于事，贵能中正和平。能合乎中，即是合理。……惟中为难得，得中，则诸德悉备矣。”[15]

所谓“中正和平”，换句话说，就是凡事都讲个度。这体现在对官员上，就是惩罚整顿适可而止，“不为已甚”。

康熙讲求“中正和平”之道，既是他研习理学的心得，也是他研究中国历史得出的结论。战乱初息，他效仿汉初，奉行“中正和平”，“与民休息以爱养百姓”，培养国家元气，自然是正确的，大清王朝因此也出现了“天下粗安，四海承平”的局面。但是，他在吏治问题上也采取“和平”之道，这显然是错误的。康熙熟读中国历史，他相信腐败是这片土地上一种不可能彻底治愈的病症，任何朝代都只能“带病生存”。所以他对腐败没有采取“零容忍”的态度。换句话说，腐败在任何国家都无法“根治”，关键要控制到民众允许的程度的理念，导致了他反腐的不彻底。

同时，康熙反腐提前收手，也与他的性格特点有关。康熙是一个非常“好名”的皇帝，他一心要做像唐太宗那样的千古明君，在历史上留下一个完美的形象，所以他讲究“君使臣当以礼”，非常注意维护官员的体面。他曾经说：“朕于大臣官员务留颜面，若不然，则诸臣其何能堪耶？”[16]康熙三十年（1691年），他曾专门下诏，阐述自己以宽仁治国的理念，表示要“与中外臣民共适于宽大和平之治”，说他对大小诸臣“咸思恩礼下逮，曲全始终，即或因事放归，或罹咎罢斥，仍令各安田里，乐业遂生”[17]。有这个原则做基调，他的反腐只能“适可而止”。

不彻底的吏治整顿注定收效短暂。康熙皇帝不知道，清代文臣的群体性格已经与唐太宗时代大为不同，皇帝的尊重不一定能换来百官的尽心。在这次惩贪运动结束仅十年之后，康熙皇帝亲征噶尔丹，一路经过山西、陕西、宁夏等地，发现这些地方百姓生活非常艰难，也听到了地方上关于官府横征暴敛、贪污受贿的大量传闻，这让他深为触动。他完全没想到，腐败现象在基层政府已经发展得这样普遍。康熙三十六年（1697年）五月十六日，即征讨噶尔丹凯旋的第二天，他就发下谕旨说："顷由大同历山西、陕西边境以至宁夏，观山陕民生甚是艰难，交纳钱粮，其火耗有每两加至二三钱不等者。……至于山西，特一小省，闻科派竟至百万，民何以堪？"[18]他说，究其原因，一是"大小官吏不能子爱小民，更恣横索遂"；二是各地官员以办理军需为名，"借端私征，重收火耗"；三是督、抚、布政使等官"不仰体朝廷恤民至意，纠察贪污，禁革加派，反多瞻徇曲庇，又或该督抚庸懦懈弛，因而笔帖式及衙门人役无所忌惮，擅作奸弊"[19]。

看来，贪腐确实已经到了不治不行的程度了。康熙下定决心，要以打噶尔丹战役的勇气来彻底整顿一次吏治。他说："今噶尔丹已平，天下无事，惟以察吏安民为要务。……朕恨贪污之吏更过于噶尔丹，此后澄清吏治，如图平噶尔丹则善矣！"[20]

说到做到，康熙确实立刻开始了一场治吏"战争"。当月他就下令逮捕"服官污浊，朘削小民"以致激起蒲州民变的山西巡抚温保及布政使甘度，并下谕宣称"此等贪官不加诛戮，众不知警！"康熙三十七年（1698年），康熙又派刑部尚书傅腊塔、左都御史张鹏翮亲往陕西，审理因当地官员"侵蚀贫民"导致的财政亏空案。

但是，康熙掀起的第二次反腐风暴，雷声大雨点小，这两个大案的最终处理结果，都远较民众的期望为轻。虽然当初宣称要对贪官加以诛戮，但是，最后康熙还是宣布山西官员"温保、甘度已经革职，谕命免死罪"[21]。陕西的侵蚀亏空案，最后涉案总督吴赫、巡抚党爱等大员也仅被处以革职、降级处分。

运动之所以进行得虎头蛇尾，是因为掀起这次反腐运动的时候，康熙皇帝已经年过四十，已经过了创业期，进入守成期。人到中年，性格和观念往往更趋保守和宽容。康熙的统治思路由早年的积极进取，变成了“不生事”“不更革”，所以这次运动到康熙四十二年（1703年）就基本停止了。在此之后，他再也没有大张旗鼓地整顿过吏治。

在康雍乾三帝当中，康熙皇帝的惩贪力度是最弱的。康熙晚年官场风气大坏与此直接相关。

三

惩贪力度不够，还不是康熙反腐最大的败笔。

康熙皇帝最大的错误是在他漫长的统治期内，将一项极不合理的财政安排固化，形成了制度。如果我们承认清代的腐败是一种制度性腐败的话，那么导致腐败的制度安排，主要是在“千古明君”康熙任内完成的。

康熙朝财政安排的不合理之处，首先体现在中央财政与地方财政的分配比例上。我们上一章提到的陋规的形成就与此密切相关。

现代财政一般分为中央财政、地方财政两部分。中央政府有中央政府的支出，比如养活全国的军队，以及给官员们发俸禄。地方政府也有地方建设的需要，比如兴修道路和水利工程，以及给衙役们开工资。在这二者间如何把握一个合理的分配比例是国家治理的重要课题之一。

随着历代中央集权的不断强化，中国传统王朝的中央财政占比呈现不断提高的趋势。唐代实行两税法后，上缴中央的租税为三分之一，留给地方的是三分之二，这个比例比较符合实际需要，因而也是比较合理的。但是到了明代，中央政府与地方政府的收入比例已经达到了七比三，地方收入严重缩水。明清两代把地方政府所征收的地丁银（大致相当于今天的农业税）分成两部分：一部分叫起运，运交给中央；一部分称作存留，作为必要的地方开支费用，存留在地方衙门。“有学者通过对弘治十五年的起运存留进行研究，得出该年二者的比例为：起运数额超过总数额的68%，存留地方的仅占32%，即起运存留比值大致为7：3。”[22]

明代的这个分配比例是非常不平衡的，明代地方官员缺乏财政资源，导致“地方政府在地方公益事业中处于十分尴尬的状态，财政收支有限，不能承担应有的职责”[23]。清朝开国之初，基本沿袭明制，所以起运与存留的比例一开始与明代相仿。但是从顺治年间到康熙初年，清代地方政府的财政占比却迅速下降。

之所以如此，主要是因为战争。顺治之后，统一战争还在进行，与南明和各地起义军、反抗力量的战争一天紧似一天，军饷供应成了天大的事，一切都要为这个让路。中央政府没有别的财政来源，只有不断压缩地方开支，削减地方存留数量，“变存留为起运”。

比如顺治九年（1652年），因为经费紧张，朝廷裁掉了各地州县政府的多个支出项目，包括州县政府建筑装修费用、购置办公用品的费用、政府基层办公人员的工资补助等：“州县修理察院、铺陈、家伙等银两”“各州县修宅家伙银两”“州县备上司朔望行香纸烛银两”“在外各衙门书吏人役工食银两”等项，把省下来的钱送交中央，“以应军需”。

到了顺治十一年（1654年），又因财政紧张，“裁扣工食等银二十九万九千八百余两”，也就是说，扣减天下基层吏员工资近三十万两，“将所裁钱粮于紧要处养赡满洲兵丁”。

顺治十三年（1656年），在中央财政极度困难的情况下，朝廷再一次大规模地“裁直省每年存留银两”，各省政府的经费遭到大幅度削减，裁减的项目包括省级官员组织阅兵的经费、官员出差补助、省政府购买办公用品的经费、低收入群体的救济经费、地方教育经费、省级与中央的通信费用等，其具体名目如下：

抚道按臣巡历操赏花红银：6292两；
预备过往各官供给下程柴炭银：171 064两；
督抚按巡历造册纸张、扛箱银：28 916两；
衙门桃符门银价值银：1421两；
孤贫口粮、柴薪、布匹银：87 767两；
朝觐、造册送册路费银：11 748两；
生员廪膳银：126 818两；
考校科举修造棚厂工食花红银：88 087.5两；
乡饮酒礼银：4515两；
修渡船银：20 707.5两；
修理察院公馆银：6052.5两；
进表路费银：3626.5两；
渡船水手工食银：10 888.5两；
巡检司弓兵工食银：23 289.5两；
督抚府州县书役工食银：162 341.6两；
合计：753 534.6两。

这次裁减的地方各项经费达75万余两之多，全部移作军费。[24]这些都是省级政府支出运转必不可少的项目，这就导致了我们上一章提到的总督和巡抚不得不自己承担许多公务开支，比如阅兵时要自己花钱犒赏兵丁，自己花钱派送奏折。

到了康熙年间，战争仍然连绵。各地投降的汉人将领反叛不断，特别是三藩战争花费的军费更是巨大。朝廷在财政上想到的最主要的办法仍然是压缩地方财政开支。

根据陈锋的研究结果，康熙七年（1668年），全国起运比例为86.9%，存留地方的比例仅为13.1%，这一占比相比明朝时已经大幅降低。[25]在此之后，朝廷又陆续裁掉了各地的存留银两1 744 369两，地方政府存留仅占整个财政收入的6.4%。及至三藩叛乱起，“各处用兵，禁旅征剿，供应浩繁”，地方财政存留额又一次大幅裁撤。[26]裁撤之彻底，以至当时有所谓“存留钱粮，尽裁充兵饷”之说。[27]

这样无止境地、变本加厉地压缩，使得地方官员手中不但没钱进行地方建设，甚至没钱给衙役们开工资。各地官员开始巧立名目，千方百计地盘剥百姓，以补充经费之不足。这就是导致康熙皇帝所指责的“大小官吏不能子爱小民”“借端私征，重收火耗”等现象的制度原因。

四

如果说在战争紧急之际，采取一些非常措施可以理解的话，那么统一战争结束之后，统治者应该合理制定中央与地方财政的分配比例，最起码要让财政运行回到明代的常轨，才能最低限度地满足地方政府的财政需要。

但是康熙皇帝在这个时候犯了重大的错误。

收权容易放权难，历来是传统政治的一大特点。专制集权制度的特点是自私且短视。经过多年的财政集权，中央官员享受到了财政集中的好处，不愿意再把已经到手的财权拱手送交地方。另外，随着经济恢复、社会发展，中央政府需要做的事很多，要花钱的地方不少。因此，中央政府缺乏归还财政权的动力。

另一方面，中国传统政治的特点是惰性严重，凡事一旦形成“常态”，形成“先例”，就难以从根本上加以改变。从顺治到康熙，财政集权进行了三十多年，时间不可谓不久。所以，康熙二十四年（1685年）天下大定之后，康熙皇帝虽然也开始陆续恢复一些地方存留项目，但恢复的数字却远远不如当初收上来的多。比如各地政府“生员廪膳银”（对各县秀才们的学费补助）一项，原额为190 277两，到康熙二年（1663年）全部裁掉。康熙二十四年（1685年），朝廷为了“培养士气”，宣布恢复此项地方经费，但是恢复的数字，仅是原额的三分之一。[28]这还是恢复得比较好的项目，其他更多的项目，再也没能恢复。到了康熙中期，全国中央和地方的财政分配比例基本固定为82：18。这个比例后来作为“祖制”被历代继承下来。因此与明代的7：3相比，清代地方的财政占比进一步降低。

地方财政权被如此严重侵夺，是清代专制集权力度大于明代的一个表征，由此也造成了一系列严重的后果。

五

第一个后果是严重的亏空。

上文中我们提到，州县一级政府需要花钱的地方很多，中央政府把原有的经费基本都拿走了，地方财政亏空就不可避免。早在康熙八年（1669年），就有很多亏空案发生，比如甘肃平凉、临洮、巩昌三府各属州县，积欠亏空之银高达七八万两，粮十六万三千多石。

从康熙中期开始，各地政府亏空案件开始进入高曝光期。比如康熙三十七年（1698年），陕西长安、永寿、华阴等三县被查出仓米亏空，而且“此仓米事情甚属年久”，已经积累多年。康熙三十八年（1699年），山西又发生太原府知府孙毓璘亏空库银、大同府知府郑润中亏空库银仓米两案。山西巡抚噶礼上奏称这种情况很普遍：“近数年不完或亏欠数十万，下属视为平常，且上司毫不为奇。”[29]其后各地亏空案频发，由州县政府发展到省级政府，数额也越来越大。康熙皇帝也叹道：“近见天下钱粮，各省皆有亏空。”[30]

各地的财政亏空案中，自然有一部分是由于地方官贪污滥用国家经费造成的，但这并非主要原因。绝大部分还是因公支出造成的，特别在上级有紧急或者特殊任务派下来的时候，地方官员除了透支挪用本应该上交的财政资金，别无他法。比如康熙三十九年（1700年），陕西巡抚布喀擅用库银案，经查结果就是“系紧要公务，非私自挪用”。川陕总督吴赫参吴秉谦亏空库银，经查也“俱系军需紧急，因公挪用，并非侵蚀”。康熙六十年（1721年），广东巡抚杨文乾“确访闽省吏治亏空各实情”，是“征台官兵需用米粮，满保将州县仓谷动支碾米”。

各地亏空案中，比较有代表性的是康熙六次南巡所造成的亏空。康熙南巡虽然是彪炳史册的盛举，但是也给很多地方官员留下了巨大财政亏空。比如雍正初年（1723年），满保就曾具折奏称，“梁鼒任内亏空银六万两，系圣祖仁皇帝南巡时所用，臣不便露此事情”[31]。

康熙四十九年（1710年），江南发生巨额亏空案，有人举报江苏布政使宜思恭“任内共亏空四十六万一千两有零”。康熙皇帝看完案卷，自己坦承，这里头有南巡的花费：“朕若不言，内外诸臣谁敢言者。三次南巡为期相隔不远，且值蠲免灾荒，所征钱粮，为数又少，填补不及，遂致亏空如此之多，尔等皆知之而不敢言也。”[32]

有资料显示，自康熙十八年（1679年）至五十三年（1714年），各直省亏空银八百余万两，米谷一百五十万石；自五十四年（1715年）至六十一年（1722年）二月，各直省亏空银九百一十三万两，米谷二百四十二万余石。

实际上，地方财政亏空现象不仅是康熙朝才存在的，它困扰了整个有清一代，这正是地方经费严重不足的重要表现。

第二个后果是火耗加征的恶性发展。

亏空国家财政资金毕竟只是权宜之计，一旦查出，就是重罪。所以各地官员还是要绞尽脑汁想其他办法，这个办法就是上一章我们提到的加收火耗。一般来讲，火耗率五到十之间，就可以满足各级政府的需要，但是到康熙后期，湖南达二十到三十，山西是三十到四十，陕西是二十到五十，而山东和河南达到百分之八十。全国的平均水平，大约在百分之三十到四十之间。

康熙年间，没有任何一个官员不收火耗，就连著名清官陆陇其做嘉定县令时，每两地丁银也收“耗羡银四分”（正项4%）[33]。陆陇其以道学自任，律己极严。就连他也不得不收火耗，可见火耗已经是康熙朝国家机器运转必不可少之物。

康熙年间的另一位官员赵申乔在做地方官时曾经以公告的方式向老百姓解释过他为什么要收火耗。他说：“日用之米蔬供应，新任之器具案衣，衙署之兴修盖造，宴会之席面酒肴，上司之铺设供奉，使客之小饭下程，提事之打发差钱，戚友之抽丰供给，节序之贺庆礼仪，衙役之帮贴工食，簿书之纸札心红，水陆之人夫答应，官马之喂养，走差舆夫、保甲牌籍、刊刷由单、报查灾荒、编审丈量等项，皆有使费陋规，难以更尽枚举。”[34]可见陋规的用途主要就是三项：一是用于州县官日用办公，二是用于地方公共事务，三是用于官场应酬开销。

对于加征火耗这件事，康熙本来是坚决不允许的。早在顺治时期，朝廷就曾规定："官吏征收钱粮私加火耗者，以赃论。"[35]康熙十七年（1678年），康熙皇帝也曾经专门规定："州县官克取火耗，加派私征及司道府徇情不报者，皆革职提问。"

但是随着时间的推移，康熙皇帝不得不默许了这种做法。因为他很清楚地方政府是因为财政紧张才不得不出此下策。《康熙起居注》记载，康熙二十八年（1689年），他曾就这个问题和地方官当面进行过一次对话。康熙问即将赴任闽浙总督兴永朝："湖南所收火耗何如？"兴永朝回答："若断绝外官火耗，则外任实不能度日。"康熙听后，只回答了一个字："然。"

所以，后来康熙皇帝说："凡事不可深究者极多，即如州县一分火耗，亦法所不应取。"就是说，火耗即便只收百分之十，也是国法所不许的。但是，因为国家财政没有给地方支出留下余地，所以实际上也无法对这种约定俗成进行认真惩处："若尽以此法一概绳人，则人皆获罪，无所措手足矣。"

当然，康熙默许地方官征收火耗（耗羡银两）的初衷，只是为了让他们解决地方衙门办公费用与地方公共事业支出的不足，并不希望他们把这些钱纳入私囊。但问题是，火耗是国家明令禁止而私下默许的项目，所以多收少收，国家自然不能制定明确标准，征收过程既不透明，又没有任何监督措施，所以征收多少，实际上只能是地方官的"良心账"。既然如此，大多数地方官员自然就"不讲良心"，尽可能将征收额扩大，以充分满足行政经费的需要，并且以所余部分肥己。所以火耗就发展得越来越穷形尽相，不着边际，在有的地方达到了百分之二百，甚至更高。

六

第三个后果是陋规体系的正式形成。

陋规的出现，说到底，是畸形的财政制度造成的。

在清代开国之时，地方官的正式收入并不像后来那样菲薄。清袭明制，俸禄本薄，不过朝廷因为考虑到地方官员的实际支出需要，给他们安排了“薪银”“心红纸张银”等补贴：“在外文职，照在京文职各按品级支给俸银外，总督岁支薪银一百二十两，蔬菜烛炭银一百八十两，心红纸张银二百八十八两，案衣什物银六十两……左布政使（后称布政史），岁支薪银一百四十四两，蔬菜烛炭银八十两，心红纸张银一百二十两，修宅什物银四十八两，案衣银五十二两……知府，岁支薪银七十二两，心红纸张、修宅什物银各五十两，案衣银二十两……知县，岁支薪银三十六两，心红纸张银均三十两，修宅什物银均二十两，迎送上司伞扇银均十两。”[36]

所谓“薪银”“蔬菜烛炭银”“心红纸张银”“案衣什物银”“修宅什物银”等名目，显然是按他们实际生活需要提供的补贴。清初物价本低，很多地方事务支出又有专门的经费，不需要地方官自己搭钱，因此，有些清廉之员谨守朝廷所发的工资和津贴，勒勒裤腰带，也能基本满足生活所需。

但是这些补助实行不久之后，因为战争压力越来越大，不仅地方财政经费不断压缩，官员的补贴也被不断削减。顺治十八年（1661年），朝廷首先裁掉了柴薪银：“其心红纸张等项，系衙门公费，不应算入俸银数内，著另给。柴薪等项，在内各官，已经裁革，外官亦应裁革，其在外无世职武官，应照在内武官，一体支俸。”康熙八年（1669年），又进一步将剩余的心红纸张等项银两全部裁掉。

这样一来，官员的正式收入就根本不足生活之用了。当时的御使赵璟曾经上疏指出，朝廷发放的工资，仅够基本生活费用的六分之一：“查顺治四年所定官员经费银内，各官薪俸心红等项，比今俸银数倍之多，犹为不足。一旦裁减，至总督每年支俸一百五十五两，巡抚一百三十两，知州八十两，知县四十五两。（若以知县论之，）计每月支俸三两零，一家一日，粗食安饱，兼喂马匹，亦得费银五六钱，一月俸不足五六日之费，尚有二十余日将忍饥不食乎？”[37]

所以，地方官收取火耗的动力，小部分是急地方之所急，为了办理地方公务，大部分只是为了自己的生活起见。所收火耗，除了部分用于地方开支，还有余钱可以满足自己的生活支出，甚至可以让自己过上相当奢侈的生活。当然，对于这笔巨大的好处，他们不能独吞，有一部分还要分润上级，需要层层送礼，这就形成了陋规。

雍正皇帝对陋规的背后机理表达得很清楚。他说，“凡为州县地方官，实有万不得已公私两项之用度”，因为用度不足，不得不多收火耗。那么，州县官过上了舒服的日子，上级官员却过着穷日子，这实在既不合天理，也不近人情。所以州县官员的收入必须分润上司，自然而然，火耗要进行“再分配”。“再分配”的主要方式就是陋规：“州县既有耗羡，而上司官员无以养廉，势不得不收州县之馈送，是上司冒贪赃之罪，以为日用之资。”

这种分肥不只在地方官系统进行，有时也要惠及京官，这就是大家熟知的“冰敬”“炭敬”和“别敬”。康熙年间，被康熙帝称为“好官”的江苏巡抚吴存礼为官期间，曾给京内外二百多名官员送礼，其中绝大部分为朝廷重臣，礼银总额达四十四万余两。

陋规严重败坏了官场风气，因为陋规见不得光，所以送多少收多少，完全凭双方的取予心态，没有任何限制。“贪取滥用者，又因无所限制，借规礼之名，恣意横索，弊端种种。”这就导致我们前面所说，本来收一万两陋规可以满足公私支出的需要，但是在贪婪的驱动下，往往会收到十万两。而且陋规半制度化后，每个官员的生活都离不开陋规，这其实是将天下所有官员都推入“有罪”的境地之中，如果以此为借口究查，则所有人都可以被认定为贪官。然而法不责众，“贪官污吏遍天下，虽有参劾，不过十分之一”，实际上也就导致了反贪无法真正进行。随着时间的推移，陋规支出成了地方财政支出的一大项，标准越来越高，数目越来越惊人，因此，陋规反过来又加速了亏空。“国家之重务在钱粮，州县之通病在亏空。亏空之事州县笃之，亏空之根起自督抚。”

七

读到这里，可能有读者会问，既然地方财政不足，那么康熙皇帝为什么不正式提高税率，满足地方政府经费以及官员生活支出的合理需要呢？这样，国家可以掌握并控制税收幅度。要不然，采取“表面禁止，实际默许”的态度，让地方政府“非法地”、偷偷摸摸地收取火耗，只能让火耗的发展毫无限制，反而不利于中央政府的监管。

但是康熙皇帝却不能这样做，因为他任内有一个著名的政绩，叫作“永不加赋”，这是他一生最引以为自豪的“德政”。

清代皇帝的一个重要历史认识，即“明亡于加赋”，特别是亡于“三饷加派”。早在顺治元年（1644年），摄政王多尔衮就下谕：“前朝弊政厉民最甚者，莫如加派辽饷，以致民穷盗起，而复加剿饷，再为各边抽练，而复加练饷。”[38]这话说得当然有道理。事实上，不仅清代，几乎中国所有王朝最后都是因民众负担过重而崩溃。

康熙皇帝在清代历史上地位非常重要，一个重要原因是他是一个建章立制的帝王。基于“大清亿万斯年”的考虑，他决心在他任内，将“轻徭薄赋”这一原则制度化，让后世子孙永远不能提高老百姓的税率。这样既可以避免大清重蹈前明的覆辙，另一方面，他也可以以一个“千古明君”的形象载入历史。

康熙五十二年（1713年），康熙皇帝下达了一道震动天下的旨意：

> 今海宇承平已久，户口日繁，若按见（现）在人丁加征钱粮，实有不可。人丁虽增，地亩并未加广，应令直省督抚，将见（现）今钱粮册内有名丁数，勿增勿减，永为定额，其自后所生人丁，不必征收钱粮。……岂特有益于民，亦一盛事也。[39]

康熙这道谕旨，把天下丁银，也就是人头税，永远固定在康熙五十年的数字上，“其自后所生人丁，不必征收钱粮”，后来被总结成“滋生人丁，永不加赋”。就是不管国家人口增长多少，永远不再增加税收。雍正年间，又秉承康熙的政策宗旨，实行摊丁入亩，就是把人头税摊到土地税中，而且规定新开垦的土地不再增税，这实际上就取消了在中国历史上实行了一千多年的人头税，并且将土地税固定化。

这是一项极为重大的制度改革，也是一件开天辟地的大事。因为从此之后，大清王朝税收的总数基本不再变化。在此后一二百年间，大清政府每年所征地丁银，也就是农业税稳定在两千八九百万两，再加上关税等其他税收，年财政收入基本在四千万两左右。这是按康熙定下的“祖制”和“红线”，不管情况如何变化，皆不得突破这一数字。后来，雍正说大清朝“赋有常经”，乾隆说“国家经费有常”，指的都是这个意思。清代历朝皇帝确实能谨守“永不加赋”的祖训，康雍乾嘉道几朝，朝廷每年大体恪守岁入银四千数百万两、岁出银三千数百万两这一财政格局，中央政府的税收与其他朝代比确实是非常之轻。[40]

康熙认为，这一制度可以从根本上限制后世皇帝剥削天下的程度，一劳永逸地减轻百姓负担。对皇室家族来说，这当然是一个非常具有自我牺牲精神的制度设计，康熙因此也确实成为被后世热烈颂扬的“千古明君”。清代后世皇帝一说起大清的成绩，第一项往往都是“滋生人丁，永不加赋”，“深仁厚泽，沦肌浃髓”。臣子们一提起这项仁政，当然更是称颂无已，称之为“天恩浩荡，亘古未有”，“此诚自古帝王所未闻之盛典，而我国家亿万世休养生息之政源也”。至晚清时，学者黄遵宪仍称“永不加征之谕，皇祖有训”，“上稽百世以上，旁考四海以外，未有如我大清之轻赋者”。

但是，康熙万万没有想到，这样的制度设计后来在实行中却出现了严重的不良后果。

第一个后果是通货膨胀之后，财政收支的严重不平衡。清代的通货膨胀非常厉害，康熙去世后，从雍正到嘉庆年间，因为经济发展及美洲白银大量涌入等原因，全国物价涨了三倍。然而税收却不能同步增长，这也就意味着到了嘉庆年间，政府的税收相当于缩减为原来的三分之一。一个国家的财政收入减少了三分之二，还能正常运行吗？

第二个后果，国家一旦有重大突发事件，固化的财政系统无法支持。所以我们后来可以看到，咸丰年间，太平天国起义，朝廷军费无出，咸丰皇帝恪于“永不加赋”的祖训，不敢增加税收，只好大开卖官之门，导致吏治极度败坏。

第三个后果是清代财政承担的社会功能极少。《康乾盛世历史报告》一书分析了乾隆三十年（1765年）的财政支出，发现军饷和俸禄占了百分之八十以上，其他比如教育经费，不过占百分之一多一点，以救济孤贫为代表的社会福利支出不足百分之一，支持社会生产方面的固定资产投入几乎没有。虽然清代财政社会功能极少，但是这方面的支出也不可能彻底取消，而且随着社会的不断发展，地方政府规模越来越大，供养的人越来越多，财政支出的需要也不断增加。“国帑岁下，虽循常则，而有司竭蹶，则必他有侵冒以为取偿”。既然皇帝限制了“永不加赋”，就是不能再加税，地方政府只好拼命在中央政府无法公开监管的“费”上想办法。火耗率因此发展得越来越高，老百姓承受的实际税费其实更高。

所以，有些学者从阴谋论角度出发，认为清代的“永不加赋”其实只是一个欺骗民众的幌子，目的是更凶狠地盘剥。比如章太炎在《讨满洲檄》中就直斥“永不加赋”政策乃“外窃仁声，内为饕餮”。

八

对于这些问题，康熙本人也并不是没有认识。而且一定程度上说，他的认识还是非常深刻的。比如对于亏空的起源，康熙就发表过这样的谈话：“朕听政日久，历事甚多，于各州县亏空根原（源），知之最悉。从前各省钱粮，除地丁正项外，杂项钱粮不解京者尚多。自三逆变乱以后，军需浩繁，遂将一切存留项款，尽数解部，其留地方者，惟俸工等项必不可省之经费，又经节次裁减，为数甚少，此外，则一丝一粒无不陆续解送京师，虽有尾欠，部中亦必令起解。州县有司无纤毫余剩可以动支，因而有那（挪）移正项之事，此乃亏空之大根原（源）也。”[41]

也就是说，我对各地方政府财政亏空的起源一清二楚。开国之初，各地存留资金很多，但是三藩战争一起，军费压力大，所以就把地方上几乎一切存留都裁掉了，一丝一粒都收归中央。州县政府没有一点余款可以动用，所以一有事情，不得不挪用本应上交的财政资金。这是亏空最主要的原因。

从这道上谕我们可以看出，康熙非常清楚，亏空起源于地方财政存留不足，要解决这个问题，必须从根本上调整中央与地方的财政比例，以此来改善地方财政状况。

康熙五十六年（1717年）五月，康熙皇帝曾经命人调查地方存留问题。他对大学士马齐等说："从前各省俱有存留钱粮，有此项钱粮，公事费用，于地方百姓大有裨益。不知何年入于应解钱粮项下解交矣。今每省地方存留钱粮数目若干，着查明具奏。"[42]这道谕旨似乎表明，他要着手解决这个关乎大清王朝发展的根本问题了。

但是这项改革难度极大，因为它涉及中央衙门和官员的切身利益，所以在中枢层面就遇到了很大阻力。马齐等人查了半天，最后上奏表示，因为数据头绪太多，所以他们一时没查明白。康熙令再查具奏，但是马齐等人继续采取拖延战术。时间一长，康熙就忘了此事，再未见到下文。

这说明，康熙晚年已经无力兴革。

康熙皇帝早年积极有为，但是晚年却失去了锐气。从康熙统治中期起，他在政治上的保守倾向就越来越明显，这从他对赴任官员的训诫中就可以看得出来。他对官员的要求，由早年的积极有为，变成了中年之后的"不生事，不更革"。

康熙二十七年（1688年）三月，甘肃巡抚依图陛辞，康熙皇帝对他说："尔到地方，当洁己率属，修守成例，若纷更一次，则民受一次之累。如有甚不便民之处，方可更改。"[43]

康熙二十九年（1690年）九月，江苏巡抚郑端陛辞，康熙交代说：“尔只须公尔忘私，亦不必吹毛求疵，在地方务以安静为善。”[44]

康熙四十五年（1706年）四月，云贵总督郭瑮陛辞，康熙说：“云南粮食丰足，地方太平，尔但当加意爱恤兵民，不得生事。”[45]

康熙四十八年（1709年）十月，四川巡抚年羹尧陛辞，康熙嘱咐道：“尔不可学从前汉军行事，总之以安静为要耳。”[46]

康熙五十年（1711年）三月，巡抚潘宗洛陛辞，康熙重复道：“今天下太平无事，以不生事为贵，兴一利即生一弊，古人云‘多事不如少事’，职此意也。驭下宜宽，宽则得众，为大吏者，若偏执己见，过于苛求，则下属何以克当。”[47]

…………

除了政治上更加倾向保守，康熙晚年没有进行必要的改革还有一个原因是，他晚年疾病缠身，因为太子的问题耗尽了精力。调整中央与地方的财政分配比例是一个巨大的系统工程，涉及税收体制的根本调整，波及社会的方方面面，晚年的康熙已经调动不起这样大的心力了。

除了地方留存问题，对于“永不加赋”政策的弊端，当时大臣也已经有了比较深刻的认识。比如康熙时期的治河名臣靳辅就曾经说，如果按照实际的需要，大清朝“每岁额赋亦应有粮二千四百三十万石、银八千七百四十八万两”[48]。而现在征收的税赋还不及此实际需要的三分之一。他说，赋税并不是一味地越轻越好，赋税过轻将造成“水利不修”“赋轻民惰”和“生者寡而食者众”三大弊端。

对于“永不加赋”的后果，后来人看得当然更为清楚。乾隆年间的名臣陈宏谋就曾指出，僵化的财政制度完全制约了中央及地方的财政开支，这只能造成经济停滞。他说，地方政府因为缺乏经费，不敢轻易举事，各省督抚也都视动用国帑兴办利民之事为畏途，“司计者多一事不如少一事，既可免目前驳诘，又可少日后干系”，他深为忧虑地说：“人人如此，事事如此，地方诸事，日就废弃，亦非长策也。”[49]

对于“永不加赋”的这些弊端，自诩英明的康熙皇帝当然不可能毫无察觉。但是康熙晚年恪于自己的“好名”，汲汲于沽名钓誉，说什么也不愿意损害自己“爱民如子”、减轻百姓负担的“美名”，绝不允许有人动摇这一政策。

九

事实上，从康熙后期起，大臣们就不停地上疏，建议把无法监管的火耗公开化，明定标准，大大方方地征收，明明白白地监督。有人“请定火耗数目。揭示州县，明白晓谕州县官，于定数之外多取者，即行参奏”。有人建议“于征粮之内，明收加一火耗，一切陋规概行禁止”。由地方官私自征收变成政府公开征收，收来的钱一是可以弥补各地亏空，二是可以“量留本官用度”，也就是说，用于官员的生活和地方建设。这其实就是后来雍正皇帝“火耗归公”和“养廉银”改革的基本思路。

但是康熙皇帝坚决不同意这一做法。他说，他刚刚宣布对天下百姓“永不加赋”，又公开同意地方官员在税外征收火耗这样的费用，这样一来，无异于破坏了他“永不加赋”的承诺，将会导致他蒙受“加征”“加派”的恶名。他决不会承担起这个罪名。所以，他多次坚决拒绝这个方向本来非常正确的建议。他看似聪明地说：“此事大有关系，断不可行。定例私派人罪甚重，火耗一项，特以州县官用度不敷，故于正项之外，量加些微，原是私事。朕曾谕陈瑸云，加一火耗，似尚可宽容。陈瑸奏云，此乃圣恩宽大，但不可明谕许其加添。朕思其言深为有理。今陕西参出亏空甚多，不得已而为此举，彼虽密奏，朕若批发，竟视为奏准之事，加派之名，朕岂受乎？”就是说，耗羡原来是地方官的“私事”，地方官增加火耗的征收，皇帝只能默许，绝不可以下明谕批准，不然老百姓就会骂皇帝。如果默许，这个骂名就由地方官来承担。他还说：“民间火耗只可议减，岂可加增？朕在位六十一年，从未加征民间火耗，今安可照伊等所奏加增乎？”[50]这充分显示了康熙的“好名”心态和“鸡贼”之处。

十

既然没有勇气调整中央地方财政分配比例，也不敢突破自己“永不加赋”的承诺，康熙皇帝就只能默许陋规的存在。因为他清楚地知道，如果没有陋规，官员根本无法生活。“为官之人，凡所用之物，若皆取诸其家，其何以济？”“身为大臣，寻常日用岂能一无所费？若必分毫取给于家中，势亦有所不能，但要操守廉洁，念念从爱百姓起见，便为良吏。”[51]

不改革不完全财政制度，提高官员工资，就只有一个选择：睁一只眼，闭一只眼，让官员们偷偷去搞灰色收入。所以，康熙皇帝私下里对大臣们“交底”，认为“规礼”是官员们的“应得之物”，他对官员“一意从宽不察察于细故也”。比如他在直隶总督赵弘燮关于陋规的密折里曾这样批道：“外边汉官有一定规礼，朕管不得。”[52]

康熙晚年，浙江巡抚朱轼在密折中说，工资根本满足不了生活需要，因此要求“浙省钱粮正项之外，余银八千余两，皇上如将此项赐臣以养家口，臣必尽职料理地方”。这实际上是自辟“养廉”。康熙皇帝不但一口同意，而且还加以鼓励。他批道：“似此等事，奏得最是。”[53]

上文提到，江西巡抚白潢曾在奏折中一一列明巡抚衙门的陋规收入，其中还表示，“每年盐商规礼银一万两”，他打算以后继续收。对此，康熙批道：“此项该收。”

康熙五十三年（1714年），川陕总督鄂海在密折里开列了一个下属官员馈送礼品的单子：“巩昌布政使送二百四十两，四川布政使送四百两，陕西提督、总兵官由伊等份额所得东西内，各送二百两，四川提督送二百两，总兵官各送一百二十两。因西安粮道、四川按察使兼理盐务，俱各送二百四十两，总计算之，一年可得一万六千余两，将此按前面所列事项粗略算之，需银七千余两，仍余八千两，奴才养家口私用敷用。”[54]

鄂海请主子指示，何者可收，何者不可收。对这样一个请示，康熙批示：“知道了。不可向武官索取。”只要不索取武官，其他的规礼银可以随便收。

康熙认为，这些直接向他讨要陋规的官员是诚实之员。相反，那些标榜一文不收的官员当然是虚伪之人，所以他说：“凡外吏居官虽清廉，然地方些微火耗，其势不能不取。即如大学士萧永藻之清廉，中外皆知，前任广东广西巡抚时，果一尘不染乎？假令萧永藻自谓清官，亦效人布衣蔬食，朕亦将薄其为人矣。”

所以，当一些地方官提出裁掉陋规时，康熙往往表示反对。江宁织造曹寅监管两淮巡盐御史时，向康熙密奏，这个差事每年有“三十万两之羡余”，他感觉不必收取，请皇上“一概裁革”。对此康熙回答：

> 生一事不如省一事，只管为目前之计，恐后尾大难收，遗累后人，亦非久远可行。

不久之后，曹寅又一次上密折，说两淮“浮费”太多，请革除一些，并且说，“省费系江苏督抚司道各衙门规礼共三万四千五百两有零”。康熙在下面用朱笔批道：“此一款去不得。必深得罪于督抚，银数无多，何苦积害？”[55]

一些收入丰厚的官员拿公款送礼，康熙知道后，也并不认为有什么不妥。他曾说：“如崇文门、织造等处，税银正项之外，又有余银，交接众官，俱有单开来，朕悉阅过。此等银非系贪赃钻刺、行贿作弊，亦俱听之，未尝禁止。”[56]也就是说，管理税关和织造处的官员，收入本来就很高，所以他们给别的官员送礼是正常现象，我从来都不禁止。皇帝这样说，做官怎敢不收礼？

当然，康熙这样说，并不是提倡官员贪污腐败。任何一个皇帝都不会提倡腐败。康熙认为，对于灰色收入，有一个界限问题。康熙四十八年（1709年）九月，皇帝在给河南巡抚鹿祐的上谕中对好官廉吏制定了这样一个标准：

> 所谓廉吏者，亦非一文不取之谓。若纤毫无所资给，则居常日用及家人胥役，何以为生？如州县官止取一分火耗，此外不取，便称好官。若一概纠摘，则属吏不胜参矣。[57]

康熙把好官的标准界定为只私下收取百分之十的火耗。

十一

康熙默许官员有灰色收入还有一个原因，就是他阅读中国历史所获的心得。中国历史上的一个重要规律，就是官员们私下征收的杂费，一旦经由朝廷拿到台面上来明确化，那么，另一些灰色杂费就又会偷偷滋生，因为“揩国家的油”是官员群体改不掉的本性，这就是所谓的“黄宗羲定律”。黄宗羲说：“斯民之苦暴税久矣，有积累莫返之害。”确实，中国历史上每次国家税费改革，农民负担在下降一段时间后，都会因为出现新的税费而涨到一个比改革前更高的水平。所以康熙说：“自古以来，惟禁止火耗而已，不可开。”“若将火耗明定额数，人无忌惮，愈至滥取。”[58]也就是说，如果明定火耗标准，官员不但收起火耗来会更肆无忌惮，而且在标准之外还要多收。

康熙认为，既然“揩油”是官员群体的本性，那么皇帝能做的，就只能是退而求其次，让他们少揩一点而已，但是完全不给他们“揩油”的空间是不可能的。其实仔细探讨起来，这种陋规思维并不只存在于官场，甚至遍及全社会。民国时，有人记载说，在北平仆人来买东西时，商店照规矩会自动把价格提高一成，以作为仆人的佣金，这在北平通俗叫作“底子钱”。小康之家给仆佣的工资很低，因为他们知道厨子买菜时要揩油，仆人购买家用杂物时也要捞上一笔。明清皇帝的政治思维，与市井细民的持家打算，真是完全同构，如出一辙。

所以，晚年面对官场贪风，康熙的应对策略是，一方面默许官员们在一定程度上需索火耗，另一方面是提倡理学。他希望官员们以“存理遏欲”为思想武器，保持廉洁，或者至少在“揩油”时保持一定的度。这种解决方式，实际上还是把问题轻轻地推到“良心”二字之上。应取与不应取，只有一线之隔，如果保持这一线之防，端在人心之“正”与“不正”了。

十二

如果说清朝开国之初沿袭明制，那是因为立国未稳，战争频仍，没有时间从头规划国家制度的话，那么康熙在位六十一年，他既有充分的时间，也有足够的权威，可以深入思考，从容布置，为大清王朝建立一套比明朝更为合理的财政制度。

可惜，康熙皇帝囿于传统政治思维，也囿于自己的“好名”心态，在已经目睹明显制度弊端的情况下，仍然坚持这一财政体系，这就导致了大清王朝税收失控，贪腐横行。所以说，康熙皇帝应该对清代的制度性腐败负总责。

康熙晚年，实际奉行的是“难得糊涂”政策。越到晚年，康熙对大臣们是越宽容。对于贪污腐败，康熙经常是睁一只眼，闭一只眼。比如康熙四十九年（1710年），户部发生内仓亏空草豆案，经查审，户部尚书希福纳等六十四名堂司官受贿银数达二十万两之多，可谓集体受贿大案，按律俱应革职拿问，但康熙最终决定只将希福纳一人革职，其余官员勒限赔补，免予议处。

但是一个人可以糊涂一时，一个朝代却不可以糊涂永久。到康熙末年，因为皇帝的有意放纵，吏治废弛，贪贿公行，整个王朝的行政秩序已经无法回到有序运行的轨道。地方治理严重混乱，遇到灾荒，朝廷所发的赈济，“皆地方官苟且侵渔”，老百姓根本得不到实惠。各地司法腐败极为普遍，各州县衙役都以案件为生，“恐吓索诈，致一事而破数家之产”[59]。康熙皇帝十分重视并投入大量资金的水利工程，到了晚年也基本废弛失效，因为水利资金及工程材料被官员层层截扣，所修水利工程完全是敷衍了事，致使“闸河之深宽丈尺，不能仍照旧制。而蓄水湖之围坝，俱成平地”。甚至有的官员故意毁坏河堤，制造水患，“绝不顾一方百姓之田墓庐舍尽付漂没而有冤莫告”[60]，目的仅仅是为了侵吞修补款项。

官场腐败的代价必然是民生的凋敝。康熙晚年，百姓生计日益困乏，破产流亡现象日益严重。每逢荒年，“老幼弱稚者半为尪瘠，少壮强勇者乞食他乡”[61]。连北京这个首善之都，遇到荒年也是“辇毂之下聚数十万游手游食之徒，昼则接踵摩肩，夜不知投归何所”。社会不安定因素开始增加，康熙后期接连爆发了福建的陈五显起义、河北的亢珽起义及台湾的朱一贵起义，都是社会矛盾不断激化的表现。

面对这样的乱局，年老的康熙帝除了发出“承平日久，人心懈怠”，“朕心深为失望”的叹息，别无所能。如果没有一个能力非常的继任者大力整顿，大清很可能在不久之后就走上覆亡之路。

幸运的是，大清王朝遇到了雍正这样的“另类皇帝”。

注释

1.曾国藩还说：“六祖一宗，集大成于康熙。”把《康熙教子庭训格言》列为弟弟和子侄的必读书目。

2.章开沅：《清通鉴》，顺治朝、康熙朝（1），岳麓书社，2000年，第801页。

3.蒋良骐：《东华录》卷十二，齐鲁书社，2005年，第183页。
4.张玉书：《赐游哈喇和屯后苑记》，转引自余来明，潘金英校点：《翰林掌故五种》，武汉大学出版社，2009年，第890页。
5.张文贞：《赐游畅春园至玉泉山记》，转引自周维权：《中国古典园林史》（第二版），清华大学出版社，1999年，第283页。
6.《清圣祖实录》卷一二八，转引自李治亭主编：《清史》上，上海人民出版社，2002年，第817页。
7.何君编著：《实事求是说帝王系列·清圣祖康熙》，吉林出版集团有限责任公司，2012年，第129页。
8.《清圣祖实录》卷二五九，康熙五十三年六月。
9.戴逸、李文海主编：《清通鉴》1—20册，卷二五，山西人民出版社，1999年，第1422页。
10.彭孙贻、杨士聪撰，于德源校注：《客舍偶闻·玉堂荟记》，北京燕山出版社，2013年，第41页。
11.叶梦珠：《阅世编》卷一，《灾祥》，上海古籍出版社，1981年版，第19页。
12.于善浦、张玉洁编著：《清东陵拾遗》，天津古籍出版社，2012年版，第252页。
13.范文澜、蔡美彪等：《中国通史》第9册，人民出版社，1994年，第357页。
14.《康熙起居注》二，中华书局，1984年，第1386页。
15.吴海京：《资治通鉴续纪（下）》，中国文史出版社，2013年，第179页。
16.《康熙起居注》，东方出版社，2014年，第162页。
17.戴逸、李文海主编：《清通鉴（5）》卷四八，山西人民出版社，1999

年，第1971页。

18.戴逸、李文海主编：《清通鉴（5）》卷五四，山西人民出版社，1999年，第2054—2055页。

19.张集馨：《道咸宦海见闻录》，中华书局，1981年，第84页。

20.戴逸、李文海主编：《清通鉴（5）》卷五四，山西人民出版社，1999年，第2056页。

21.戴逸、李文海主编：《清通鉴（5）》卷五五，山西人民出版社，1999年，第2069页。

22.吴琦、赵秀丽：《明代地方财政结构及其社会影响》，《商丘师范学院学报》，2004年第4期。

23.吴琦、赵秀丽：《明代地方财政结构及其社会影响》，《商丘师范学院学报》，2004年第4期。

24.以上主要参考陈锋：《清代中央财政与地方财政的调整》，《历史研究》，1997年第5期。

25.陈锋：《清代中央财政与地方财政的调整》，《历史研究》，1997年第5期。

26.康熙亲政不久后又开始削减地方存留，山东巡抚赵祥星"以暂裁通省存留支给等银二十余万两充饷，先后具奏，均奉旨嘉奖，寻授为兵部右侍郎"。康熙十四年（1675年）中央正式议准"暂移存留事案"，奉旨"裁减驿站官俸工食及存留各项钱粮"。

27.康熙《永州府志》载："顺治十六年，奉裁衙、县民壮工食马快草料，共银三百一十四两四钱，康熙元、二两年又裁道府厅县吏书工食并府县廪粮共银四百四十二两二钱，以上各款皆在明志存留一项，今国朝裁之以起运户部者也"；"……皂隶二名共工食银一十四两四钱，顺治九年裁扣银二两四钱，□□裁扣银二钱，存支银一十二两，康熙六年全裁。”

康熙《程乡县志》载：“武宁驿驿丞俸银一十九两五钱二分。薪银一十二两。书办一名，岁支工食银七两二钱。顺治九年，裁扣银一两二钱。裁扣银一钱，存支银六两。康熙元年，奉文全裁。”

28.陈锋以直隶东安县为例进行的研究证明，这个县原来每年收上来的税款当中，起运到中央的银两为6901.8两，存留在地方的银两为6259.3两，起运、存留比例大约相当。后来到三藩之乱时，地方经费裁减殆尽。三藩之乱以后，中央宣布地方经费陆续归复，但是一直归复到乾隆年间，存留银两也不过只达到2242.3两，存留银两占应征田赋钱粮的比例是17%。这个比例在全国有相当大的代表性。

29.中国第一历史档案馆编译，《康熙朝满文朱批奏折全译》，中国社会科学出版社，1996年，第196页。

30.《康熙朝东华录》卷24，康熙六十一年十月甲寅，转引自陈锋：《清代财政政策与货币政策研究》，武汉大学出版社，2008年，第263页。

31.南炳文，白新良主编：《清史纪事本末》（第四卷）：雍正朝，上海大学出版社，2006年，第1095页。

32.《清圣祖圣训》（卷四），《圣德三》。

33.《皇朝经世文编》卷二十七，钱陈群：《条陈耗羡疏》。

34.《皇朝经世文编》卷二十，赵申乔：《禁绝火耗私派以苏民困示》。

35.郑天挺主编：《明清史资料》（下册），天津人民出版社，1981年，第213页。

36.转引自黄惠贤、陈锋：《中国俸禄制度史》（修订版），武汉大学出版社，2005年，第563—564页。

37.蒋良骐：《东华录》卷九，中华书局，1980年，第151页。

38.《清世祖实录》卷六。

39.《清实录》，《清圣祖仁皇帝实录》卷二百四十九，康熙五十一年二月壬午条。

40.直到清末，因为太平天国战争催生的厘金制，以及海关关税的增长，这个祖制才不得不被突破，财政收入达到8000万至1亿两。

41.《清圣祖实录》卷二四〇，康熙四十八年十一月丙子条。

42.《康熙起居注》第三册，中华书局，1984年，第2400页。

43.《康熙起居注》第三册，中华书局，1984年，第1757页。

44.《清圣祖实录》卷一四九，康熙二十九年九月乙卯条。

45.《康熙起居注》第三册，中华书局，1984年，第1968页。

46.《清圣祖实录》卷二三九，康熙四十八年十月己酉条。

47.《清圣祖实录》卷二四五，康熙五十年三月乙卯条。

48.《清经世文编》卷二六，靳辅：《生财裕饷第一疏》。

49.《清经世文编》卷二六，陈宏谋：《与当世论经费书》。

50.《清圣祖实录》卷二九九，康熙六十一年九月戊子。

51.《康熙起居注》第三册，中华书局，1984年，第1719页。

52.《康熙朝汉文朱批奏折汇编》第七册，档案出版社，1984年，第739页。

53.《康熙起居注》第三册，中华书局，1984年，第2459页。

54.《川陕总督鄂海奏请布政使所送礼物应否照收折》，《康熙朝满文朱批奏折全译》，第970页。

55.《康熙朝汉文朱批奏折汇编》第一册，康熙四十三年十月十三日，江宁织造兼管巡盐御史曹寅折。

56.戴逸、李文海主编：《清通鉴（6）》，山西人民出版社，2000年，第2521页。

57.王庆云：《石渠余纪》卷三，《纪耗羡归公》。

58.中国第一历史档案馆编译：《康熙朝满文朱批奏折全译》，中国社会科学出版社，1996年，第1510页。

59.《清圣祖实录》卷八十二，康熙十八年七月壬戌。

60.《朱批谕旨》，李卫，雍正二年七月二十五日奏折。

61.《皇清奏议》卷二十四，李发甲：《请抚绥灾黎疏》。

第十一章
雍正皇帝的“高薪养廉”改革

一般来讲，新皇帝登基，为了争取臣下的支持，首先都会广施恩泽。特别是雍正在动荡中即位，面临着皇族的集体挑战，他上台后应该先给官僚阶层一笔大大的好处才对。然而，雍正却不屑于此。帝位认同的危机，丝毫没有影响雍正果断整顿吏治。

中国历史上很多著名的政治发明，其发明权其实都不属于最高统治者。最高统治者做的，往往只是明智地采纳，并且有效地推行。

一

康熙六十一年（1722年）十一月十三日，康熙皇帝突然驾崩于畅春园，皇四子胤禛出人意料地“夺”得了皇位。

满朝上下对这匹“皇位竞争赛”中的黑马都缺乏了解。各地官员都不知道这位新皇帝会烧什么样的“三把火”。

在动荡中即位的雍正，面临着重重危机。除了皇族的怀疑、兄弟们的不服、天下人的窃窃私语，他还面临着严重的财政危机和社会危机。

在老皇帝康熙晚年的宽纵之下，大清王朝已经乱象重重，再不治理整顿，早晚要出大事。

二

第一大危机是财政亏空。雍正皇帝即位之后，查了一下户部（财政部）的家底，看看他的口袋里还有多少钱。他惊讶地发现，大清帝国国库的存银不过才八百万两。这是一个非常危险的数字，因为如果突然发生一场中等规模以上的战争，就会耗光大清的全部家底（比如康熙晚年，准噶尔部入侵西藏，康熙皇帝派十四子大将军胤禵前往征讨，一次就花军费"数百万两"）。

按常理，康熙晚年大清王朝每年财政收入应该在三千多万两。户部的存银康熙四十八年（1709年）还有五千万两，为什么到了雍正即位之时，国库里只有区区八百万两呢？

最主要的原因是康熙年间严重的财政亏空。各地本来应该上交到中央的银两大部分被各级官员挪用了。雍正元年（1723年）四月，吏科给事中崔致远上疏说："（各地宣称）存贮数万者即亏空数万，存贮数十万者即亏空数十万。"[1]时任兵部右侍郎的李绂也在奏折中说："臣去岁任都察院，查亏空揭帖，自康熙十八年至五十三年直省止亏空银八百余万两，米谷一百九十余万石。自五十四年至六十一年二月，直省乃亏空银九百一十三余万两，米谷二百四十二万石。"[2]如果把这道奏折中自康熙十八年至六十一年的亏空加在一起，仅亏空银两一项就达一千七百万两以上，加上亏空仓谷，总数当在两千万两左右。

第二大危机是官场的贪污腐败。康熙晚年，买官卖官已成常态，甚至连皇子都纷纷身陷贪腐之中。比如皇九子允禟曾经收受觉罗满丕三十万两白银，为他谋得了湖广总督一职。觉罗满丕上任之后，大肆贪污，导致他的辖地“督、抚、布、按七人，贪庸一辙”，也就是说七位地方高官全部贪腐，湖广吏治一塌糊涂。朝中大臣也大肆结党营私，大学士明珠把持内阁，随心指挥，各地总督、巡抚、布政使、按察使如有缺额，无不辗转贩卖。“当时士夫趋者如市，四方货赂辐辏私邸，珍异之积拟于天府。”[3]另一权臣索额图也是广树党羽，大肆贪赃，其家之富，“通国莫及”。

雍正帝即位之初，对各省总督、巡抚、布政使、按察使一级“封疆大吏”的总体判断是：“懈弛者十之八九，其中一尘不染者仅一二人而已”[4]。在这些地方大员的带领下，地方官员结成利益同盟，共同对付中央的监督和检查，导致中央政策在各地都得不到执行，火耗加派恶性发展。“每岁民间正项钱粮一两，有派至三两、四两、五六两以至十两……而于朝廷正供之外，辄加至三倍、四倍、五六倍以至十倍不止。”[5]

三

雍正皇帝的个性与其父康熙截然相反。一提起雍正，人们马上想到的是“严苛”“险刻”“抄家皇帝”等词语。确实，康熙皇帝崇尚宽仁，对臣下不法经常睁一只眼，闭一只眼，雍正却是出了名的“精明严刻”，眼里容不得一粒沙子。他不能容忍他所看到的任何贪渎行为，必将犯官严惩而后快。雍正皇帝也并不回避自己的“苛刻”之名，甚至以此为荣。他曾经说：“其实心任事，整饬官民，不避嫌怨，因而遂不满众人之意，或谤其苛刻，或议其偏执。”[6]“精明严刻，此四字即自相矛盾。既云精明，则所惩治者必当其罪，安得又有严刻之诮？”[7]

康熙皇帝好名，喜欢在百官面前“买好”。雍正却不屑于此。他公开表示绝不会谨让退缩，“以取庸主之名”。他深刻认识到，正是父亲喜欢“宽大之名”，才导致“人心玩偈已久，百弊丛生”，因此即位后，他不惮以严酷手段，诛除异己，厉行整顿。他公开说，他不怕死后身负骂名：“至于众口之褒贬，后世之是非，朕不问也。”[8]

康熙中年以后，追求稳定，在地方上好用“安静不生事”的庸官、巧宦。雍正却最为反感这种“好好先生”。他说：“柔善沽誉以为和平安静，此风乃国家之大害，实奸诈小人之存心，非忠良大器之行事。”“夫为大臣者，……谓化有事为无事，化大事为小事，以博宽厚之名，其为害于人心风俗者不浅。且摘发奸弊，惩一儆百，乃整饬官方之要道，岂得谓之多事？岂得谓之苛刻？岂得谓之琐碎？”[9]“若一味好好先生，姑容玩法以邀誉，诸务废弛，贻害国家。”他爱起用那些积极有为，甚至是刚猛严苛的官员。

可见这对父子在性格作风上，几乎处处针锋相对，完全不同。

四

另一个很重要的不同是雍正比康熙更为洞悉下情。

雍正登基之后，曾经把自己和康熙做了一个比较，说他事事不及乃父，“唯有洞悉下情之处”，比乃父高明。确实，康熙八岁即位，深居九重。虽然天亶聪明，然自古天子所居的，都是极易受人蒙蔽的地位，没几个人敢对皇帝说真话。正如戴逸先生所说：“新皇帝……置身于变幻莫测的官僚政治的旋涡中。周围充满着欢呼和赞美，欺骗和谣言，摇尾作态的献媚乞恩，诚惶诚恐的畏惧战栗。”[10]为什么会这样呢？雍正皇帝曾经亲自现身说法，说这是因为大家在皇帝面前说话时，首先考虑的是自己的利益："大小臣工方欲自行其私，又孰肯敷陈其弊"，就连他自己都没对老皇帝说过几句真话："在朕居子臣之位，定省承欢，又有不便陈言之处。以朕为皇考之爱子尚不能言，则皇考果何从而知之乎？"[11]

在中国历史上，除开国之君外，那些能大有作为的君主往往有一个特点，就是曾经深入民间社会，"洞悉下情"，对社会实情有深入透彻的了解。比如创造了汉代"汉宣中兴"的汉宣帝，小时候曾经进过监狱，十七岁才被霍光从民间迎入宫中，深知当时民间疾苦和吏治得失。明孝宗的童年也非常不幸，生下来差点被皇后溺死，幸被好心人藏起，吃百家饭长大，所以他即位后才能励精图治，有针对性地施政，创造了明代的"弘治中兴"。

雍正皇帝也是这样。他曾经居于藩邸四十余年，在康熙朝的储位斗争中饱经风波之险，对天下利病、世事人心有着深入的认识。他说："朕事事不及皇考。惟有洞悉下情之处，则朕得之于亲身阅历。朕在藩邸四十余年，凡臣下之结党怀奸，夤缘请托，欺罔蒙蔽，阳奉阴违，假公济私之习，皆深之灼见，可以屈指而数者。"[12]

因为洞悉下情，所以雍正施政比康熙更现实、更理性。清代帝王原本一贯强调务实，比如皇太极曾说："凡事莫贵于务实。"在征服中原的过程中，满族统治就表现出强烈的现实主义精神，一切判断从现实出发，因势利导，灵活实用。雍正皇帝对列祖列宗的这方面经验总结得最深刻到位，他说："本朝龙兴关外，统一天下，所依靠的，惟有'实行'与'武略'耳。我族并不崇尚虚文粉饰，而采取的举措都符合古来圣帝明王之经验，并无稍有不及之处。由此可知，实行胜于虚文也。"[13]从雍正以后的所作所为看，他比康熙更能实事求是，而不为教条所拘。

这样的性格特点决定了康熙留下的问题在雍正手里能得到解决。面对这些严重的问题，雍正表现出了非同寻常的政治勇气。这个峻急严厉的皇帝没有遵循“三年无改父之道”的古训，即位之初，就迫不及待地调整康熙晚年的政策，在短短的十三年间，相继推出创建军机处、确立秘折制度、推行改土归流、废除贱民制度等林林总总的重大改革措施。当然，其中最重要的还是养廉银和火耗归公改革。

五

一般来讲，新皇帝登基，为了争取臣下的支持，首先都会广施恩泽。特别是雍正在动荡中即位，面临着皇族的集体挑战，他上台后应该先给官僚阶层一笔大大的好处才对。然而，雍正却不屑于此。帝位认同的危机，丝毫没有影响雍正果断整顿吏治。清代惯例，新帝登基都会颁发《登基恩诏》，豁免官员在前朝的罪责。但是雍正一上台，却破例将内阁草拟的“恩诏”当中关于豁免亏空的条例删除。雍正皇帝即位后明确指出，整顿吏治是他面临的第一要务，“古今为政之道多端，究其根本，未有不以吏治为先”。这是因为官场腐败比盗贼为害更大：“命案、盗案，其害不过一人一家而止，若侵帑殃民者，在一县则害被于一县，在一府则害被于一府，岂止杀人及盗之比”[14]。因此，他即位不久就发动了一场声势浩大的吏治整顿运动。

雍正决定以解决亏空问题为切入点，理顺大清财政体制。上任不久，他就开始全面清理亏空，并且规定各地要在三年之内自行消化财政赤字，补足过去的亏空：“限以三年，各省督抚将所属钱粮严行稽查。凡有亏空，无论已经参出及未经参出者，三年之内务期如数补足。毋得苛派民间，毋得借端遮饰，如限满不完，定行从重治罪。三年补完之后，若再有亏空者，决不宽贷。”对于造成严重亏空的官员，雍正对他们先罢官后索赔，要他们自掏腰包赔补。自己还不起的，家人和亲戚代还；畏罪自杀的，人死债不除，仍由其家属亲戚代赔。

雍正清查亏空的目的，第一个当然是快速充实国库，让他手里有钱可花，二是可以借机排查各地官员的贪污情况。这一招非常见效，各地通过查账查出了不少案子。比如广西巡抚李绂从康熙末年的广西捐谷亏空案入手，通过三年彻查，将广西各位大员侵蚀分肥的情况调查得一清二楚。

雍正皇帝排查亏空给很多地方官员造成了巨大的心理压力。很多官员因此丢官罢职甚至进了监狱，地方贪渎无能的官员被大批撤换。雍正十年（1732年），直隶总督李卫上奏：通省府厅州官员，在任三年以上者已寥寥无几。雍正也因此获得了“抄家皇帝”的“美名”。

当然，在清查亏空的过程中，雍正也比以前更为深入地了解了大清财政体制的弊端，认识到各地亏空的成因主要不是官员们的“婪索”，而是地方财政经费不足所致。他意识到如果财政制度不改革，亏空问题就不可能得到根本解决。

在皇帝追查亏空的强大压力下，很多地方官员不约而同地向他提出了“火耗归公”和“养廉银”这两项重大改革意见。我们上文讲过，要想从根本上解决亏空问题，就只有突破康熙“不加赋”的成例，把“火耗”由私下征收，变成公开征收，并用于弥补地方财政收入和官员生活支出的不足。这一点，其实是从康熙晚年到雍正初年，各地封疆大吏的共识。

中国历史上很多著名的政治发明，其发明权其实都不属于最高统治者。最高统治者做的，往往只是明智地采纳，并且有效地推行。

山西是全国的钱粮大省，财政亏空一直非常严重，雍正即位之时，山西各府州县的亏空积欠，达四百五十万两之多。雍正元年四月，内阁学士诺岷被任命为山西巡抚。他到任后，经过半年考察，于当年十一月提出建议，将全省的火耗征收权由州县收到省里，省政府统一征收火耗，一部分用来弥补以前的亏空，一部分用来给官员们补贴生活："疏请将通省一岁所得火耗银提存司库，以二十万两留补无着亏空，余分给各官养廉。"[15]

诺岷说，这个办法有四大好处。一是可以降低百姓的负担。因为以前火耗由州县官员私下征收，收来的钱大半都落入了他们的私囊，所以各地的火耗率很高。而由省政府公开征收，过程透明，征收钱粮之际，"布政使遣员监视"，征收后直接送到布政司库，钱粮不会落入州县手中，可以"减火耗"，降低火耗率。山西的火耗原来是百分之三十到四十，甚至更多，他预计归到省财政以后，能降至一成到二成之间，就完全够用。

二是以前的亏空可以顺利弥补上。诺岷估计，全省每年可以拿出二十万两白银弥补亏空，这样慢慢地可以把以前的财政欠款都补足。

三是地方开支有了着落。比如"每年修理城垣衙署并修筑汾河堤岸、义学束脩、杀虎口马匹料草并倒毙马匹、各衙门心红纸张、当办工食、布政司搬银工价、提塘报资等项共需银六万四千余两"，都可以从省政府征收的火耗中支出。[16]

四是此外所余火耗还可以发给官员作为养廉，让他们不再靠贪污受贿生活。诺岷说，如果发放养廉，官员"均得养家之银，又可杜绝礼物之耗费而安分守己。若非极端不肖者，必不会冒死而动私派于民、挪移钱粮之心"[17]，可以极大程度地改善吏治。

诺岷的思路与雍正皇帝不谋而合。如何改革地方财政是雍正一段时间以来一直苦苦思索的问题。而诺岷提出的办法非常切实可行。所以读到这个详明的建议，雍正极为赞许，当即朱批道：“除对尔赞许嘉贶外，别无降旨。”雍正“谕奖其通权达变，于国计民生均有裨益”，批准他立刻在山西全省实行。

提出财政改革的并非山西一家。雍正二年（1724年），河南巡抚石文焯也提出在河南实行火耗归公，用以养廉及公用。雍正皇帝也非常高兴，在石的奏折上批道：“此奏才见著实，……封疆大吏，原应如此通盘合算。”批准他在河南实行。

六

山西、河南改革破冰，成效也不错。于是，雍正皇帝想一鼓作气，把这个做法在全国范围内推广。当然，如此重大的改革需要集思广益，进行舆论动员。于是雍正把这个议题交给廷臣讨论。

不料，在会议中大部分中央官员对此明确表示反对，他们反对的理由和康熙皇帝相似，就是火耗归公会让老百姓感觉增加了赋税，属于“加派”，违反了老皇帝“永不加赋”的承诺。比如御史刘灿就认为这种办法是“贪吏阴取民财，而乃以取之名归于皇上”。

康熙当年反对明定火耗标准，说难保官员在标准之外还要多收，很多中央官员也持此意见。比如给事中崔致远说，如果公开允许加派，难保官员不“另行搜括，剥肤洗髓，无所不至”。

那么，如何解决亏空问题呢？朝臣们老调重弹，认为杜绝亏空之源在于“慎选督抚”“裁抑家口”“崇尚节俭”，也就是从选人和教育上下功夫，不必涉及体制。

雍正感觉到了改革的阻力。很明显，中央官员高高在上，不了解地方财政运作实情，多数人囿于成见，固守教条。而地方官员因为身处实际政务之中，所以能充分认识到改革的必要性。

眼看着公开讨论不能取得统一意见，雍正决定乾纲独断。雍正二年七月初六日，皇帝发表长篇上谕，详细论述火耗归公及养廉银改革的必要性，表明了他坚决改革的态度。

皇帝首先批评朝中大臣的见解和建议不合实际："今观尔等所议，见识浅小，与朕意未合。"

雍正说，火耗的产生有其客观理由。他并非不愿意减轻民众负担，而势有不能：州县火耗，原非应有之项。因通省公费及各官养廉，有不得不取给于此者。朕非不愿天下州县丝毫不取于民，而其势有所不能。

他说，过去各地官员私征火耗，银钱多入私囊，弊端很多，比如造成官吏的贪污、陋规的横行、国库的亏空和农民负担的加重等：

> 且历来火耗，皆州县经收，而加派横征，侵蚀国帑，亏空之数，不下数百余万。原其所由，州县征收火耗，分送上司，各上司日用之资，皆取给于州县，以致耗羡之外，种种馈送，名色繁多。故州县有所藉口而肆其贪婪，上司有所瞻徇而曲为容隐，此从来之积弊，所当剔除者也。

雍正问道：与其州县存火耗以养上司，何如上司拨火耗以养州县乎？

也就是说，百姓所交，不论税还是费，本来都应该是国家的财政收入。但是现在以私征的方式进行，就变成了州县官员掏自己的腰包来养活上级，上级就不得不感恩他们，这显然是是非颠倒。如果把火耗征收的权力上收，就变成了上级拨经费养活基层官员，这样才合政体。

所以，要改革大清财政体制的积弊，就必须实行火耗归公，从而把耗羡银两的控制权由州县转到各省督抚的手中，一改过去“州县存火耗以养上司”为“上司拔火耗以养州县”。这样一来，“上不误公，下不累民，无偏多偏少之弊，无苛索横征之扰，实通权达变之善策”[18]。

因此，雍正毅然谕令将此项改革“通行天下”。这道上谕充分显现出新一代君主的朝气和强势。

七

火耗归公和养廉银改革在朝臣的怀疑中在全国推广，不久之后，各地情况汇报上来，大家发现，改革的效果非常好。

第一个效果是减轻了老百姓的负担。在改革诏书中雍正曾说，火耗征收由州县政府征收改为省政府统一征收，可以降低火耗率。因为地方上征多征少与地方官实际利益不挂钩，这样可以避免他们滥收、多收：

> 耗羡与正项同解，分毫不能入己。州县皆知重耗无益于己，孰肯额外加征乎？

事实证明，雍正这个判断是正确的。火耗归公由省政府公开进行，收到的钱进不了地方官的私囊，与地方的利益并不直接挂钩，因此，火耗征收率普遍降低，人民的隐形负担相对减轻。改革之后，山西省的火耗率由原来的百分之三十到四十，降到了百分之二十，河南由原来的百分之八十降到了百分之十三，山东由原来的百分之八十降到了百分之十八。这样一下子就扭转了康熙后期地方官狂征滥派的严重局面。

第二个效果是财政状况大幅好转。火耗归公之后，各地财政亏空有了稳定的弥补渠道，数年间，各地亏空基本上补额完毕，雍正三年（1725年），国库存银上升到六千万两。魏源后来总结说，乾隆盛世国库充足，也是因为雍正打下的坚实基础：“户部存银……雍正间渐积至六千余万两，至乾隆五十一年，虽经南巡、蠲免西北用兵等巨额开支，仍存七千余万两”，“皆雍正十余载清厘整饬之功”[19]。

中央财力有了保障，就有能力惠及民生。遇到灾年，雍正开始经常减税。比如雍正六年（1728年）三月，皇帝谕户部：“数年之中库帑渐见充裕。……特恩将蠲免之例加增分数，以惠烝黎。其被灾十分者，著免七分，九分者，著免六分，八分者，著免四分，七分者，著免三分，六分者，著免一分。将此通行各省知之。”

第三个效果是地方公共事务得以开展。火耗归公缓解了中央与地方行政间的紧张，使地方各级政府获得了相对充裕的收入，有助于地方政府提高行政管理水平。火耗归公的一部分用于扩大地方政府资助的工程，改善了一些地方的交通、公共福利和水利设施。有学者认为，“这标志着近代国家发展的重要一环，即对政府职责的认识已超越了赋税的征收以及维持公共秩序”。

八

第四个效果是贪腐得到了有效扼制。

官俸太薄，结果自然是清官吃不饱饭，贪官贪婪无忌。比如康熙初年御史赵璟所说："俸禄不增，贪风不息，下情不达，廉吏难支。"[20]雍正认为，要反腐真正有成效，就要解决官员收入问题。否则，怎么教育、多少禁令都没有用："若图稳之好听，……又不管其养资，但泛言不许扰害地方百姓，恐众属员未必诚服"（朱批谕旨石文焯奏折）。

所以雍正说，他要求的只是清廉，而并不是让官员们饿着肚子办公："诸凡总期尔合于公慎而已，朕未有令尔等地方大吏至于困苦之心"，"未有枵腹从事之理，但不欺隐，于分外贪取，即为可嘉耳"（朱批谕旨常德寿奏折）。

雍正皇帝按各级官员的官职高低、事务繁简，给全国地方官制定了不同的养廉银标准。一般来说，雍正年间，总督每年的养廉银为20000两左右，巡抚为15000两左右，布政使为10000两左右，按查使为8000两左右，道府为5000两左右，州县为1000两至2000两。养廉银数额超过了他们各自俸银的数倍、数十倍乃至一百多倍。

养廉银制度使官员的薪俸收入有了明显增加，让他们仅凭工资就能过上体面生活。以前地方官员大部分人虽然名义上工资不高，但灰色收入极高，而且国家无法监管，实际上让大部分人都成了法律意义上的"罪犯"和"窃贼"，生活在罪恶感之中。"以下养上"的财政格局也让官场上不得不官官相护。

养廉银改革则让官员的收入显性化、透明化、制度化。用现代术语讲，火耗归公是一个从预算外资金转化为预算内资金的过程。与预算外资金相比，预算内资金具有规范、稳定、公开和透明等优点，有利于阻止腐败滋生，有利于控制宏观税负。养廉银改革使财政资金由省级政府支配，规范用途，拨给下级，划清了公私界限，明确了资金使用的程序。改革之后，下级没有必要，也没有财力向上行贿，上级也可以理直气壮地监管下级。这就打破了长期形成的“下养上”的局面，增强了地方对中央的向心力。发放养廉银数额虽然庞大，但实际上只是变暗为明，并没有加重人民的负担，也没有加大朝廷开支。

更重要的是，在养廉银改革之后，雍正就可以正式禁止“陋规”。雍正说，厚给养廉，就是要让官员“从容不窘”，则自然不贪。火耗归公和养廉银制度实施后，官员的合法收入已经可以满足需要，收受规礼自然就少了最重要的借口。在此基础上，雍正皇帝开始禁革陋规。他明令禁革一切节礼：

> 在地方官薪水之资自不可缺，但于属员之手接受节礼陋规，则断乎不可。目今各省内或有尚未分给养廉之员，著各省督抚悉心商酌办理奏闻。宁可以州县应出之项解至藩库从公发给，而不可使其自相授受，废公议而徇私交，留礼仪交际之名而长贪婪贿赂之弊也。倘再有私收规礼者，将该员置之重典，其该管之督抚亦从重治罪。[21]

雍正严厉警告各级官吏，在实施养廉银后“于应取之外，稍有加重者，朕必访闻，重治其罪”。雍正心狠面冷，说到做到，下手无情。“贪冒之徒莫不望风革面”，就此洗手。所以从当时地方官的汇报看，禁革陋规改革确实取得了比较好的效果。比如年希尧就任广东巡抚后，概行拒收下属例行节礼；广西巡抚孔毓珣上任伊始，也将衙门节礼“尽行不收”；广西布政使刘艇琛对各属所上节礼也“分毫不敢收受”。

雍正皇帝说：“近观各省吏治，虽未必能彻底澄清，然而贪赃犯法及侵盗钱粮者，亦觉甚少。”[22]养廉银改革使雍正年间至乾隆中期的半个世纪，大清王朝贪污大案明显减少，吏治面貌大为改观。雍正对火耗归公和养廉银改革十多年来的实施情况做总结说："山西巡抚诺岷始请提解耗羡之法，……自行此法以来，吏治稍得澄清，闾阎咸免扰累，此中利益，乃内外之所共知共见者。"[23]

对于雍正的养廉银改革，历来评价都比较高。比如清代学者章学诚说：

> 我宪皇帝澄清吏治，裁革陋规，整饬官方，惩治贪墨，实为千载一时。彼时居官，大法小廉，殆成风俗。贪冒之徒莫不望风革面，时势然也，今观传志碑状之文，叙雍正年府州县官，盛称杜绝馈遗，搜除积弊，清苦自守，革除例外供支，其文洵不愧于《循吏传》矣，不知彼时逼于功令，不得不然……[24]

近代著名史学家孟心史先生对清朝养廉银制度也予以了充分的肯定。他说，养廉银制实施以后，"自前代以来，漫无稽考之赡官吏，办差徭，作一结束。虽未能入预算决算财政公开轨道，而较之前代，则清之雍乾可谓尽心吏治矣。"[25]

火耗归公和实行养廉银制度，使清代的税收附加走上了规范化的轨道，一定程度上缓解了地方经费的不足，这是清代反腐制度建设最大的一项成就，也是中国历史上反腐制度建设为数不多的成功案例。

九

当然，雍正时期的养廉银改革也不是十全十美，它有几个明显的问题。第一个问题是利益分配不合理。雍正的养廉银改革主要针对地方官员，改革之后，地方官的薪俸增长数十倍。但是，清代京官收入很低微，生活非常困窘，待遇却没有得到同步提高，因此京官与地方官收入差距非常巨大。此外，地方上的高级官员，比如总督、巡抚的养廉银额定得很高，而府县官员相对较低。特别是吏员未有养廉，历代以来，吏员衙役横行乡里、鱼肉人民的现象仍然没有得到解决。

第二个问题是养廉银改革制度化不够。作为一项影响极深的改革，养廉银制度的推行并没有成立相关的组织机构，主要是依靠雍正帝的意志来强力推行。从根本上说，养廉银制度要想完善，就应该在中央政府层面加以统筹，让养廉银如同原俸一样，由中央政府从国家正项中支出，而不应该由省级政府从“费”中支出，留下未来监管的难点。

当然，对仅仅执政十三年的雍正来说，我们不能苛求更多。这些问题应该由他的继任者来解决，当然，前提是他的继任者能够秉承他的改革精神。

那么，他的接班人表现如何呢？

注释

1.《雍正朝汉文朱批奏折汇编》，第1册，第252页。

2.《雍正朝汉文朱批奏折汇编》，第1册，第808页。

3.印鸾章：《清鉴纲目》，岳麓书社，1987年，第211页。

4.胡厚钧等主编：《中外改革通鉴》，南海出版公司，1993年，第212页。

5.中国第一历史档案馆编：《明清档案与历史研究论文集》上，新华出版社，2008年，第610页。
6.郭成康：《18世纪的中国与世界：政治卷》，辽海出版社，1999年，第386页。
7.中国第一历史档案馆编：《雍正朝汉文谕旨汇编（9）》，广西师范大学出版社，1999年，第105页。
8.中国社会科学院历史研究所明清史研究室编：《清史论丛》2001年号，中国广播电视出版社，2001年，第109页。
9.中国第一历史档案馆：《雍正朝汉文谕旨汇编（7）》，广西师范大学出版社，1999年，第206页。
10.戴逸：《乾隆帝及其时代》，中国人民大学出版社，1992年，第130页。
11.冯尔康：《雍正传》，人民出版社，1985年，第502页。
12.万依等：《清代宫廷史》，辽宁人民出版社，1990年，第211页。
13.《清世宗实录》卷二三，雍正二年七月甲子。
14.中国第一历史档案馆编：《雍正朝汉文谕旨汇编（3）》，广西师范大学出版社，1999年，第184页。
15.《清史稿·诺岷传》。
16.《大清会典》卷二十四，《赋役一》，《奏报》。参见庄吉发：《清世宗与赋役制度的改革》，学生书局，1985年，第129页。
17.戴逸、李文海主编：《清通鉴（6）》卷十，山西人民出版社，2000年，第2689页。
18.《清世宗实录》卷二三，雍正二年七月丁未。
19.魏源：《圣武记》卷十一，《武事余记》。
20.蒋良骐：《东华录》，齐鲁书社，2005年，第140页。
21.晏爱红：《清代官场透视：以乾隆朝陋规案为中心》，天津古籍出版社，2012年，第195—196页。
22.《清世宗实录》卷九一，雍正八年二月丙辰。
23.《清世宗实录》卷一五七，雍正八年二月丙辰。
24.章学诚：《文史通义》，上海古籍出版社，2015年，第173页。
25.孟森：《清史讲义》，中华书局，2010年，第217页。

第十二章
人去政息：养廉银改革的失败

清代皇帝在雍正之后，基本规律是一代不如一代。道光天资平常，能力比较差，也没有什么魄力。但是，再无能的统治者刚上台之时，也想挽起袖子干点事业。因此，新帝登基，例有一番兴革。

在世界大势发生急剧变化的大背景下，清朝统治者却更加因循守旧，更加抱残守缺。因此，我们可以说，养廉银改革的失败，不是因为高薪养廉思路的失败，而是大清后世统治者们缺乏雍正皇帝那样实事求是的政治作风和敢任艰巨的改革勇气所导致的。

一

很多讨论反腐制度建设的文章都以“雍正养廉银改革最终失败”作为“高薪无法养廉”的典型例子。

但是，这些文章几乎没有一篇涉及清代的养廉银制度失败的根本原因。

这一章，我们就来探讨一下这个话题。

二

雍正的养廉银改革在雍正一朝是非常成功的。这一点，上一章已经说明。

雍正去世之后，二十五岁的乾隆继位。乾隆是一个正统儒家思想培养教育出来的皇帝，对于乃父为政之刚猛和为人之刻薄，早就腹诽不已。所以上任不久，就开始对雍正的很多做法“拨乱反正”，比如释放了雍正时期被囚的康熙第十四子胤禵，释放了许多因为填补不上亏空被抓起来的官员，废除了雍正的“奏开垦”政策等。

一开始，乾隆想把他父亲的火耗归公和养廉银改革也一并废除，因为乾隆即位之初，就有大臣向他上奏，火耗归公形同加赋，不如归复康熙旧制。乾隆刚登基，对这样一件牵一发而动全身的大事不敢轻下决断，于是让大臣们公开讨论。九卿大臣会议之后，认为从实行情况看，火耗归公和养廉银改革是非常成功的，不但便于朝廷，也便于百姓，因此不需要更改：“伏思耗羡由来已久，弊窦渐生，世宗宪皇帝允臣所请，定火耗归公，革除州县一切陋习……从此上官无勒索，州县无科派，小民无重耗，以天下之财，为天下之用，国家毫无所私，可久远遵行，弗庸轻改。”

乾隆采纳了群臣的建议，雍正皇帝的这项重要改革幸存下来。

不过乾隆还是忍不住对父亲的这项遗产动了手脚，进行了富有自己个性色彩的调整和“完善”。

乾隆是中国历史上另一个声名远播的皇帝，他这个人有两大特点。第一个是才干非凡，雄心、自信心和责任心在清代帝王中首屈一指。他对自己的能力极为自信，因此绝不仅仅满足于自己统治的这一代平安无事。他对每件事的考虑都是从“大清朝亿万斯年”这一大局出发，着眼于大清江山的永远巩固。

与此同时，乾隆和康熙一样，也是一个“静态思维”的人。在他的头脑中，世界永恒不变，历史永远循环。所以，乾隆酷爱用规章制度把他治理下的一切标准化、格式化，希望让社会永不再变化。他迷信集权，害怕地方的自发性和创造性，因此大力强化中央对地方的严格控制。

所以，他决心在自己任内，把大清的一切制度都完善并且固定下来，不用子孙后代再费脑筋。其中就包括火耗归公和养廉银制度。

三

上文我们说过，雍正时期的养廉银制度确实还有很多需要完善之处。比如这一制度并没有全面覆盖整个官僚体系。乾隆皇帝上任之后，首先扩大了养廉银制度覆盖的范围，无论文职武职，均有养廉。京官则扩大“双俸”覆盖范围，减少京官与地方官的收入差距。

其次，乾隆对养廉银制度进行了整齐划一的“固定化”处理。雍正皇帝设立的养廉银，本来是一个动态的、可以随着需要不断调整的数字，其原则是“令该抚酌量官职之大小，府州县地方之繁简，秉公派定数目奏闻”。由地方官员根据实际情况请示，由中央政府最后定夺。这样就可以保证养廉银的数字能够适应各种变化。

但是乾隆却规范了各级官员养廉银的数字，并且形成定制，不得突破。乾隆十二年（1747年），他发布上谕说：“各省督抚养廉有二三万两者，有仅止数千两者，在督抚俱属办理公务，而养廉多寡悬殊，似属未均，著军机大臣等酌量地方远近，事务繁简，用度多寡，量为裒益，定议具奏。”因此，朝廷对各级官员的养廉银都重新审定，公布了明确的数字，并且永为定制，轻易不做调整。

清代总督养廉银表

总督	金额（两）
陕甘	20000
云贵	20000
两江	18000
闽浙	18000
直隶	15000
湖广	15000
两广	15000
四川	13000

注：本表参照黄惠贤、陈锋《中国俸禄制度史》[1]制成。

从表面上看，乾隆此举是对养廉银制度的规范和完善，但是，这个做法却造成了严重的后果，那就是在通货膨胀之时，官员的收入与支出不能合理调适。

如前所述，从雍正到乾隆再到嘉庆，大清王朝经历了一波漫长的通货膨胀，物价上涨非常明显，生活在乾隆朝的很多人都有非常强烈的感受。比如汪辉祖在乾隆五十七年（1792年）说，当他十多岁的时候（乾隆十年前后），每斗米的价格只有九十到一百文，现在，一斗米在一百八十到三百一十文间浮动。钱泳则说，经他研究，顺治朝一亩地的价格不会超过二三两。在康熙时期每亩上升至四五两。乾隆初年，每亩价格上升至七八两，偶尔甚至有十两。到了乾隆后期和嘉庆初年，土地已升至平均每亩五十两。

这些人的说法得到了后来研究者的证实。我们现在已经知道，造成清代中期这波漫长通货膨胀的原因，除了清代的人口增长经济发展，还因为海外贸易导致美洲白银的大量流入。“根据整个十八世纪官员的零星记录，王业键估算出这一时期物价差不多增长了三倍。”

通货膨胀三倍就意味着官员的收入与支出之间至少又出现了三分之二的缺口。“康熙晚年三五钱银子就可以买一石米，如今恐怕一两多也买不到。州县官倚为左右手的钱粮、刑名两位师爷，过去二三百两银子能延请的，此时非千金罗致不可，但州县官的养廉总共不过白银千两上下。”[2]官员们的生活再一次严重入不敷出。“官员生活支出增加，但养廉额不变，使得官员极为紧张。”

四

地方政府的经费遇到了同样的问题。物价上涨了三倍，意味着原本就不甚充足的地方经费又缩减为原来的三分之一。物价上涨意味着“基建物料、劳役工食及幕宾和胥吏的薪金都必须相应地增加。除此之外，正如王业键指出的，人口增长了，就需要更多的胥吏，以应对地方管理，并且要求越来越多的经费用于诸如贫民赈济的支出”。所以，从乾隆中期开始，几乎所有的衙门都感觉到了严重的经费紧张。“柴潮生声称，分配给官员的养廉银也不足，只够提供私人幕宾和长随的薪金、招待费用以及车马、烛炭的开支。没有任何剩余，官员很难开展任何有益于农业、养蚕和百姓教育等的项目。”

在雍正的设计中，火耗的征收幅度和养廉银一样，也是一个可以根据实际情况不断调整的变量。但是与养廉银遇到的“完善”一样，爱好静态控制的乾隆皇帝把各省的火耗数额也固定下来了，不许轻易提高火耗标准。乾隆朝确定的火耗标准“只是基于制定之时也就是乾隆五年的最低需求，但未能考虑经济、人口和行政需求的变化”。因此在通货膨胀三倍后，火耗归公改革同样失去了意义：“火耗归公到了乾隆末年不再起作用的主要原因之一是中央政府拒绝同意定期增加火耗的征收，而这样本可以便于地方官员应付由通货膨胀和人口增长所带来的支出的增加。儒家的仁政观念阻止税收增长达到一个有可能毁坏小农经济的水平。然而，无法扩展财政基础只能引起地方与中央政府重新争夺有限的资源。”

除了把火耗和养廉银的标准固定化，乾隆皇帝还大力削弱了地方政府在财政上的自由支配权。雍正年间，省级政府征收的火耗归省政府自行支配，并不需要上报户部。乾隆却把省级财政支配权上收中央。地方官员要把每年火耗征收的数目汇报到户部，如何使用也要经过户部一一批准。“如果未得到户部的同意而对地方工程项目进行拨款，将遭到弹劾。然而，许多这种类型的开支都是紧急事情，比如抢修道路、桥梁甚至决口，官员常常没有时间走完户部所规定的烦琐程序。这种情况下，即便开支是合法的，相关官员也要为动用经费负赔偿责任。”

乾隆朝的财政制度僵化到了这样的程度，以至于我们在《宫中档》中见到这样一份奏折，直隶巡抚方观承在乾隆十七年（1752年）上奏，要求户部批准以下几项“重大支出”，其中包括密云县两条河流上卫兵工食银48两，水手工食银105两，赏赐给两个节妇的官方津贴银12两。这份奏折“生动地表现了征求户部同意支出的多样性和小数额”，让我们看到中央财政对地方的控制细化到了什么程度。在这种制度下，“许多在处理地方财政时富有创造性和革新精神的官员反而遭到处分，也就不足为奇了”。

通货膨胀的现实与乾隆制度僵化之间的冲突，通过广东巡抚鹤年的例子可以看得很清楚。按惯例，广东省负责为中央购置白蜡。然而，因为通货膨胀，白蜡的价格从部价定价三钱，已经涨到了市价九钱五分三厘。如果是在雍正时期，这个差价可以由省里的火耗加以弥补。但是，乾隆年间，这一调整必须经过户部批准。然而，当巡抚向户部提出这个请求时，户部毫不犹豫地以“不合制度”为由予以否决。

在这种情况下，地方官员没有别的选择，他们不约而同又一次开始在地方上偷偷征收“附加费”，雍正皇帝担心的“耗外加耗”大面积出现。

五

历史似乎又回到了原点，乾隆皇帝正确的应对方式是效仿父亲，进行一次新的财政体制改革，大幅度地提高官员收入，把他们从收支不平衡的桎梏下解放出来。

但是乾隆拒绝这样做。相反，因为财政紧张，他开始不停地打官员们那笔养廉银的主意。已经大大缩水的养廉银，在乾隆晚期又开始遭受朝廷的七扣八扣。比如乾隆四十年（1775年），浙江省修筑石塘，因为物价上涨严重，工料物价“今昔不同”，原来估算的工程造价，竟然短缺二百万两之多。这些短缺的经费如何弥补呢？乾隆要求，浙江通省官员自乾隆四十六年（1781年）起，每年各捐养廉四分之一。

这种做法并非乾隆创新，而是康熙时的旧例。康熙时期，因为地方公用不足，皇帝经常要求官员们捐出俸禄，要求吏员捐出工食银，但是雍正皇帝对这种剜肉补疮的做法极为反感。并不需要太高的智商就能想明白，把本来不多的工资捐出之后，官吏们不可能甘于喝西北风，他们肯定要从老百姓身上想办法弄钱，而且还会层层加码，本来只需一万，最终会从百姓身上克扣三万，国家受到的损失反而更大。所以雍正元年（1723年）三月，他在湖广总督杨宗仁的奏折上批示如下一段话：

“再捐助一事，朕甚不悦。……如有不肖督抚虚应捐助一万之名，而加倍取之于百姓两三万不止，拖欠钱粮、亏空仓库，合盘算来，所捐仍出于朝廷，如此等有害无益之举，尔可极力为朕改革。”

但是乾隆皇帝完全不理解父亲的思路，这种临时抱佛脚式扣款，从乾隆晚年起渐渐成为常态。嘉庆亲政之初，福建巡抚汪志伊说闽省官员“实得养廉不及一半”。福建所管辖的台湾情况更糟糕，据说当地官员的廉俸“非扣罚，即公捐，非部规，即私例，有名无实，百不一存”。[3]

嘉庆皇帝继位之后，也顺理成章地沿用这一“祖制”，靠扣发官员养廉银来解决一时的财政窘迫。比如嘉庆十九年（1814年）四月，因为“贼匪滋事”，直隶动用军需约九十万两，皇帝命令“于现在大小官员养廉内分作十五年均匀摊扣归款”。

本来就不足花用的养廉被扣得差不多了，现实又是“百物翔贵”“委难敷用”。官员们应该如何自处呢？毫不奇怪，贪污腐败又一次开始横行，“贿赂公行，已非一日，原情而论，出于贪黩者犹少，迫于穷困者实多”。“不得已设为名目，取给下僚。”陋规体系全面死灰复燃。嘉庆初年，洪亮吉在上书中具体指出了当时陋规横行的情况：

> 出巡则有站规、有门包，常时则有节礼、生日礼，按年则又有帮费。升迁调补之私相馈谢者，尚未在此数也。以上诸项，无不取之于州县，州县则无不取之于民。钱粮漕米，前数年尚不过加倍，近则加倍不止。督、抚、藩、臬以及所属之道、府，无不明知故纵，否则门包、站规、节礼、生日礼、帮费无所出也。州县明言于人曰：“我之所以加倍加数倍者，实层层衙门用度，日甚一日，年甚一年。”究之州县，亦恃此

督、抚、藩、臬、道、府之威势，以取于民，上司得其半，州县之入己者亦半。初行尚有畏忌，至一年二年，则成为旧例，牢不可破矣。诉之督、抚、藩、臬、司、道，皆不问也。

历史又流转回到了雍正初即位时面临的困境，再次燃起的腐败之火，比原来更有破坏力。

六

陋规在物价压力下生长壮大，这一过程在漕运的“帮费”中体现得最为典型。

清代，北京是粮食消费最集中的地方，除了市民吃饭，还有宫廷消费、供养军队等都需要大量粮食，此外，当时给百官发俸禄，也有一部分是发放粮食，称为“禄米”。所以漕运对北京很重要。所谓漕运，是朝廷在南方某些指定的省份征收税粮，然后把这些粮食经由水路运往北京。

如果漕运停止，北京城就要挨饿。因此对南方这些指定省份来说，漕务是一项极为重要的公务，由此就诞生了一项很大的花费，叫“帮费”，也就是指州县政府帮助运粮船运输的费用。

本来，运输漕米这个事与州县官员无关。朝廷的规定是，南方这些省份的州县官员只负责从老百姓那儿征收漕米，并且把这些漕米安全地送到船上，就完事大吉，可以拍拍手回家了。

运输漕粮本来是由国家指定的工作人员“旗丁”，也叫“运丁”，也就是负责漕运的兵丁负责。这些负责漕运的旗丁本来有国家法定的报酬，还有国家提供的运输经费，这些与州县官员本来没有任何关系。但问题是，旗丁的报酬标准和运输的经费标准都是在清初确定的。而清代中期通货膨胀之后，旗丁的收入就相当于原来的三分之一，“所领一石之价，仅敷买数斗之粮”，这些收入远远不能满足他们生活的需要。“今昔粮价不同，人口浩繁，买食不敷，丁力未免拮据。”与此同时，清中期后，运河河道年久失修，遇到浅阻之处，需要雇人拉纤，运输经费在通货膨胀后本来已经缩水为原来的三分之一，再加上增加的成本，经费更是不够。

在这种情况下，朝廷本来应该重新制定标准，把旗丁的工资和运输经费提高至少三倍。嘉庆四年（1799年），漕运总督蒋兆奎就以“诸物昂贵旗丁运费不敷”，奏请每石漕米增收一斗，作为补贴运费，嘉庆皇帝以“事属加赋，断不可行”予以驳回，并严旨申饬：“若谓时值物价较昂，则又不独旗丁为然，如各官俸廉、兵丁粮饷，概因物贵议加，有是理乎？”确实，物价上涨导致经费不足，不是漕运衙门一个衙门的问题，如果进行改革，就要牵一发而动全身，全国的经费制度都要跟着改。但嘉庆皇帝是一个著名的“守成皇帝”，以性格保守著称，他没有勇气突破财政制度固定化这一祖制。

实际上，在嘉庆任内，很多大臣都提出了陋规改革的建议。比如大臣尹壮图就提出，对现在陋规项目逐一清查，以乾隆三十年（1765年）为限，旧有者多少，以后增加者多少，定为标准，续增科派者全部革除。但嘉庆明确反对这一主张，他的理由是：第一，从表面看，这个建议似乎是让陋规合法化，很容易引起社会的非议；第二，陋规系积习相沿，由来已久，只可将来慢慢整顿，不可概行革除，以免引起纷扰。显然，嘉庆认为这个问题一动就会引起不稳定，还是采取保守疗法比较好。

所以，朝廷拒绝提高工资和经费，但是要求旗丁还必须得完成其本职任务，这实际上就是鼓励旗丁们去“自谋生路”。

这样一来，旗丁就不得不动歪脑筋。按规定，旗丁负责审查地方官送来的米符不符合标准，所以他们借口米色不纯等，开始向地方政府索要“帮费”。如果地方官不帮他们提供运输经费，他们就说送来的米不达标，拒绝上船。

漕运一事办得好坏，直接关乎地方官的政绩和官运。地方官员害怕“延误漕粮起运之期”，受到朝廷追责，只得向他们妥协，从地方财政中拿些钱给他们，这就是“帮费”的起源。

事情至此，尚可谓情有可原。

问题是，和所有不合理收费一样，实际需要最后只成了一个引子，引出来的是无比贪婪的人欲。如前所述，清政府的薪俸体系和经费体系定于开国之初，到了清代中晚期，因为通货膨胀，已经严重脱离实际，各级衙门都在挖空心思，寻找新的经费来源。发现“帮费”这个新的陋规来源之后，沿途所有衙门官员都纷纷伸手。因为粮船北上，“沿途文武均有催趱之责”，漕运总督、河道总督以及途经各省督抚都会派人在沿途重要的关闸检查，沿途“不下数百员”。每个人都要得些好处，否则不予放行。总漕、仓场衙门的官员和衙役也因为掌握盘查、验米等权力，更是“得以意为臧否”，对旗丁予取予求，而旗丁“顾惜身家，不得不如其愿”。

因此，和地丁银中的“耗羡加征”一样，漕务中的“帮费”自诞生后，也迅速恶性发展，滚雪球一样名目越来越多，数额越来越大。如魏源所言：“今岁所加，明岁成例，则复于例外求加。”由嘉庆初年的每船一二百两、中期的三百两之谱，至道光初年的四五百两，经道光中前期的大幅上扬，至末年已攀升至千两以上。名目也一再新出，什么铺舱礼、米色银、通关费、盘验费等，不一而足。据周健分析，这些帮费只有大约百分之十是旗丁用于补贴收入的不足，其他百分之九十，则分润给沿途管理漕运事务的各级衙门及官员。而帮费也因此成了州县办漕支出中最大的一项。从道光二十年（1840年）乌程县的实例看，支付帮费占整个漕务支出的42.45%。

在清代财政体制中，帮费的产生和发展很有代表性，对我们理解清代税收体系畸形发展的内在肌理，正好是一个便于解剖的“麻雀”。由这个例子我们可以看到，陋规往往是因事而设，缘势而生，如藤攀树，如瘿附躯。它的产生，没有依据，没有计划，因此，它的成长也漫无节制，呈现出一种病态的旺盛和繁荣。虽然没有一个明确的顶层设计和发展规划，全靠相邻层级间的博弈和纠缠，但是它丑陋生长的结果，却在一定程度上弥补了财政体系的缺陷，并且几乎满足了漕运过程中所有相关利益部门的利益需要。只不过，这种弥补是以大量民脂民膏被侵吞为代价的。

七

到了道光时期，大清王朝的统治者最后一次鼓起勇气，试图解决陋规问题。

清代皇帝在雍正之后，基本规律是一代不如一代。道光天资平常，能力比较差，也没有什么魄力。但是，再无能的统治者刚上台之时，也想挽起袖子干点事业。因此，新帝登基，例有一番兴革。道光皇帝在位期间，唯一一次积极进取就发生在即位初期。

道光皇帝登基不久，召见资深重臣英和，询问他如何整顿政治，改革国家。英和当时任吏部尚书，并在军机大臣上行走。他为官多年，深知当时天下最关键的问题在于吏治，而吏治的核心是整顿陋规。于是他建议道光从陋规这个问题抓起。

关于陋规横行之下官场的种种丑态，道光皇帝当皇子时，也有所耳闻。听英和这么一说，他也深感这个问题不抓不行。亲政之初，他雄心勃勃，但没有实际政治经验，不知道这个问题的深浅，对英和的建议立即表示同意。

十几天内，道光接连下了四道语气坚决的谕旨，宣布要整顿陋规。他说：

> 自雍正年间至今，已近百年，各省上自督抚大员，下至府、厅、州、县等地方官吏，借口办公经费不足，纷纷私定名目繁多的陋规，如舟车费、行户费、火耗费、平余费、杂税、存賸费、盐当费、规礼费等等，不一而足，恣意苛求，借以肥私。督抚等各省上司，明知通省官吏，莫不如此，难以参奏纠劾，只好表面禁止，而私下放纵，听之任之，于是，巧取豪夺，敛财聚富之风，日甚一日，小民生计，屡经朘削，日见困顿。

至于改革的具体思路也是英和制定的。他说，“以州县办公无资，而取民无艺。奏请各省陋规酌定其数为公用，有于数外多取者重罚之”。于是，道光皇帝命各省督抚要督率藩司，将所属机构的陋规逐一清查。看看这些陋规是因何产生，哪些情有可原，哪些纯粹是官员贪污入己。分别清楚后，“存者存，革者革，违者议处”。应该保留的就保留，应该革除的就革除，明定章程，立以限制，各省奏上，经批示确定以后，通行晓谕，一体遵守。

从这道圣旨来看，道光对陋规问题的实质看得倒是很清楚。他说，与其让各级贪官污吏偷偷摸摸地巧立名目，搜刮民脂民膏，导致官逼民反的可怕结局，还不如把陋规公开化、制度化。这样可以限制其剥削程度：“与其阴以取之，何如明以与之。”保留一部分陋规，满足地方官的生活需要，解决地方上的办公经费紧张问题，又可以通过革除一部分陋规减轻百姓的负担。其思路与雍正完全相同。

可惜，道光不是雍正那样的有为之君，道光时的大臣也罕少雍正时期那样的能臣，道光时期，“人才消磨已尽”，剩下的绝大多数已经是能力严重退化，只知维护自身利益的庸臣。

道光皇帝的这道圣旨发下，大清官场一下子炸了锅。大臣们纷纷激烈反对，不断上奏，给刚上台的皇帝来了个下马威。吏部侍郎汤金钊、山西学政陈官俊、礼部尚书汪廷珍等上了奏章，认为对陋规做明文规定与传统的以德治国精神不符。道光的这道谕旨不仅解决不了吏治腐败的问题，反倒会加深政治矛盾，进而引起社会危机。直隶总督方受畴干脆直接跑到北京，向道光面陈此事根本行不通，定会引起天下官僚群起对抗，局势将不可收拾。接着，两江总督蒋攸铦也千里迢迢跑到北京，表示明确反对。四川总督孙玉庭则上了一道奏折，详细论证说此举如何不可行。他说：各省的陋规本来是大清律令所不准许的，怎么能明令收取呢？准许陋规，实在是有失政体。按他的政治经验，如果搞一个陋规调查，清查中肯定会滋扰百姓，扩大清查对象，把零星小户，如舟车户的陋规也进行登记，那会搅得老百姓不得安宁。这就是所谓的“舆情不协，国体有关”。

气势汹汹的反对把道光皇帝吓倒了。他本来就是一个没什么主意的人，现在一看大臣们异口同声说此事不可行，那显然是不可行的。所以他后来回忆说：“据汤金钊、陈官俊、汪廷珍先后陈奏，皆以此事为不可行，……朕心已悟此举之非矣。”等到地方大吏进京面陈，特别是孙玉庭的奏折，完全说服了他，让他感觉“所言尤为剀切详明。此事不但无益于民生，抑且有伤国体”。他出了一身冷汗，感觉非常后怕，因为自己差点捅了个政治大娄子，造成政治严重不稳定，幸亏有经验的大臣们救了他。“幸而内外臣工知其不可，而肯据实驳正，若皆缄默不言，听其舛误，其失可胜言乎！”

道光皇帝于是立刻收回成命，下令立即停止查办陋规。

当然，这个弯子转得太快，道光对自己当初的决定不能不有所解释。他下达上谕说，之所以犯这个错误，一是当时刚刚奉皇父灵柩从热河回到北京，心绪烦乱，一时糊涂；二是“朕初亲政事，于天下吏治民生未悉”，初临政事，对天下吏治民生情况不熟；三是看“英和平时本明白敢言，其言似为近理，朕一时审度不明而误听”。英和看起来又是一个精明之人，他当时说的似乎也有些道理，所以引导他犯了错误。这实际上是把主要责任推给了英和。

最后，他向全体大臣道歉，请求大家原谅：“我不是一个文过饰非的皇上，既然深知清查陋规之弊，自当改过迁善。”“朕不慎不敏，为君之难，诸臣亦当谅朕之心。”

你看，这个皇帝当得还是挺有风度的，而且，虽然主要责任推给了英和，但是他认为英和也是出自公心，所以不必严惩。仅命英和“毋庸在军机大臣上行走”，其余一切职务照旧。至于反对最有力的孙玉庭，道光认为他“直言无隐”，是一个“公忠体国”的大臣，下令表彰。

大清王朝统治者最后一次清查陋规的努力就此流产。

八

鸦片战争之后，国家步入危急存亡之秋，财政问题更加突出，但是清代末期的几个皇帝更是一蟹不如一蟹，他们解决财政问题的思路只剩下一条，就是扣减百官的俸禄和经费。特别是太平天国军兴，咸丰皇帝首先想到的“节源”之方就是给京官“减薪”。咸丰六年（1856年），为缓解太平天国战争造成的财政收支不平衡，政府对京职文官俸禄减成支发：文职官员一二品酌给七成；三四品酌给八成；五品以下及七品之正印官，武职三品以上，酌给九成。甲午战争爆发，扣减又接踵而至。光绪二十一年（1895年），“在京王公以下，满汉文武大小官员俸银并外省文武大小官员养廉，均按实支之数核扣三成，统归军需动用”。政府还采取钱钞代银等方式，变相降低京官俸禄。

如果能效法雍正的改革精神，后世皇帝本来可以有更大的作为。传统社会除了宋代，其他王朝大多数陷入了财政思维误区，皇帝只重视田赋，工商业税收却大量流失。在“崇本抑末”的思想指导下，即使在康乾盛世，皇帝对于日益发展的工商业也没有给予足够的关注。商业，特别是盐商等垄断商业获得的巨额利润一部分只是以陋规的形式进入官员的腰包，政府却要承受财政拮据。所以晚清统治者完全有机会可以彻底改革财政制度，变不完全财政为完全财政，增加财政收入，大幅增加财政支出中养廉和地方公费的预算。当然，这样做就要求他们打开国门，让中国经济融入世界经济大潮，充分发展工商业，以提供足够的税源。

在世界大势发生急剧变化的大背景下，清朝统治者却更加因循守旧，更加抱残守缺。因此，我们可以说，养廉银改革的失败，不是因为高薪养廉思路的失败，而是大清后世统治者们缺乏雍正皇帝那样实事求是的政治作风和敢任艰巨的改革勇气所导致的。

注释

1.《中国俸禄制度史》，武汉大学出版社，2005年，第569—570页。

2.晏爱红：《清代官场透视：以乾隆朝陋规案为中心》，天津古籍出版社，2012年，第223页。

3.晏爱红：《清代官场透视：以乾隆朝陋规案为中心》，天津古籍出版社，2012年，第224页。

第十三章
回光返照："中兴名臣"主导的最后一次陋规改革

所谓的"同治中兴"，不过是大清王朝行将就木前的一次"回光返照"。不过，这一"回光返照"也并非轻易得来。大清王朝之所以又苟延了数十年性命，其基础正是晚清各地官员进行的卓有成效的厘金改革、减赋改革以及海关洋员主导的海关改革，这些措施一方面减轻了民众的负担，另一方面增加了财政收入，为中央政府进行了有效的"输血"。

一

官逼民反是传统社会不变的规律。清代陋规问题发展到最后，终于把老百姓逼到山穷水尽的地步，导致太平天国起义席卷长江中下游。

在太平天国起义之前，江南诸省就有很严重的"浮赋"问题，"附加税"之高达到了惊人的程度。比如江苏省在咸丰前期，一石大米值二千文钱。也就是说，如果给国家交一石米的漕粮，老百姓本来只需要交二千文钱。但是官府却层层加码，各地需要交八千、十千至十八千不等，附加税达到了正税的三倍至八倍不等。[1]当时就有人说："江南必反于漕。"[2]果然，太平军一到，那些活不下去的贫民纷纷随之而去。

在镇压太平天国的过程中，中央政府的权威逐渐下移，各地督抚掌握了越来越多的实权，因此在镇压太平天国过程中，许多有见识的地方官员开始主动调整赋税，整顿陋规。他们认识到，如果不解决陋规导致的民众负担问题，即使太平天国被镇压下去，另一场农民起义也会随之而来。

最早行动起来的是湖南省，因为湖南是太平军最早撤出的省份。经左宗棠建议，湖南巡抚骆秉章在1855年初秋决定裁革一些陋规，以减轻农民负担。他的具体方案是“地丁每两加耗四钱，漕米折色照部章每石完纳一两三钱，外加纳一两三钱以资军饷，又加纳银四钱作县署公费。其他款目，一概裁革”[3]。就是说，地丁银加收百分之四十的火耗，而漕米只加收百分之三十。这个数字看起来很高，但是比起原来已经低了很多：“新统一规定的田赋税率加上浮收约比原来总税率低二成，而折征漕粮加上浮收不到原来的五成。”当然，代价是地方官灰色收入的减少：“为了能够减低税率，骆巡抚取消了许多归地方各级官员所有的津贴。”[4]这是所谓的晚清各地“减赋”的先声。

湖北巡抚胡林翼是晚清地方大吏中减赋工作最有成效者之一。他很早就提出，减赋是与太平天国争夺民心的最好办法：“御贼之法，先结民心；救乱之略，先保民命。”[5]咸丰七年（1857年），湖北战乱初步平息，胡林翼对一度被太平军占领的那些州县也进行减赋改革。“1857年，胡林翼对一度被太平军占领的州县仿照湖南办法，裁减丁漕浮收，革除一些冗费。……把漕粮折价，定在4000—6500文之间，并宣布禁革由单费、串票费、样米、号钱等额外需索。”[6]当然，改革的内容必然包括对陋规的裁撤：“对三十三个应照常征缴漕粮的县，他争取清帝的批准进行一次大改革——大量削减极重的浮收和取消名义上数十种他称之为‘浮费’的收入。这里面包括过去巡抚本人、布政使、督粮道以及府道都享受的津贴。”[7]

在这个问题上较有作为的另一个“中兴名臣”是曾国藩。咸丰十年（1860年）四月十九日，湘军统帅曾国藩出任两江总督。就在朝廷任命曾国藩署理两江总督的当天，曾国藩的日记中记载他曾和胡林翼探讨湖北赋税征收体制改革的经验：

> 是日，胡中丞言州县办上司衙门之差，所费不过百千，而其差总、家丁开报至三四千串之多，县令无所出，则于钱粮不解，积为亏空，皆天家受其弊。故湖北州县现无丝毫差事，如有，向例由州县办差者，皆由藩库发实银与州县，令其发给，不使州县赔垫分毫。其名则天家吃亏，其实则州县无可籍口，钱漕扫数清解，为天家添出数十倍之利云云。信为知言。

也就是说，胡林翼和他讨论现行税收体制的弊端。胡林翼说，州县官员执行上级命令，原来只需要花费数百贯，至多一千贯，但是经手的吏员一般都会开报到三四千贯。州县官员没有这么多经费，只好挪用本应上交的税款，时间长了，就形成了亏空，中央政府吃亏。所以在他的治下，上级如果给州县安排什么任务，同时也会安排配套的经费，不让州县政府赔垫。表面上看，上级政府吃亏，实际上则是州县政府没有借口贪污，对整个国家是有好处的。

曾国藩把这番议论全盘记下，可见是非常赞同的。他在自己的辖区内裁除陋规，减轻百姓负担，也是在太平军撤出之后逐步推进的。同治元年（1862年），江西全境基本恢复，曾国藩开始了减负改革。江西省田赋的附加税率原来是百分之一百五到百分之一百七十之间

（地丁每银一两，或收银一两五六钱至六七钱不等，或收钱二千四百文至三千一二百文不等）。漕米则每一石米，或收银二三两至四五两不等。[8]

曾国藩与江西巡抚沈葆桢商量之后，决定自同治元年起，将田赋附加税率定为百分之五十（每地丁正耗银一两一钱，实收库平银一两五钱），漕米每石改收二两白银，所有州县办公等费一概在内。农民按照减浮章程完纳丁漕，较前大为轻减。据布政使李桓估计，改革之后，每年可为百姓减负一百多万两："此次新章核扣，每年复可为民间节省银一百万余两，为军饷共筹银三十余万两。"[9]

降低附加税必然就要裁减陋规。江西和其他省一样，"至于馈赠陋规，到任者则有上司各衙门之供应、门包，年例则有本管知府之节寿、月礼。收漕则有粮道、本府同寅文武、地方绅士之陋规与大漕馆、干修等名目。此外尚有一切随时零星馈赠之款"[10]。曾、沈、李认为"江西一切积弊情形均与湖北相等"，曾国藩与沈葆桢"仿照湖北定章，先将州县一切捐摊款项全行停止，馈赠陋规悉数裁革，以清其源，再将各属征收丁漕数目大加删减，以节其流"。

在曾国藩、沈葆桢的铁腕之下，这项严重损害官员阶层利益的改革得到了成功。不过由于是首次尝试，不久之后，曾国藩发现，这次减税改革搞得过于激进了。如此大规模地降低附加税后，各州县收入顿减，许多地方行政开支没有着落。"尽管这些措施能使江西的知县们办事更加方便，但曾国藩发现，在以后的两年中，他们的负担并未减轻，其中有些人为了完成任务还陷入了困境。""1863年6月，曾国藩在描述江西局势时说：'州县之入款顿绌，而出款卒不少减。牧令深以为不便，而绅民于大减之后，仍尔催征不前。'1863年，湘军军费增加，此事使曾国藩越加后悔不该把江西省田赋税率定得偏低。"改革的不良后果使曾国藩充分认识到了陋规存在的部分合理性。

同治二年（1863年）五月，江苏大部分已经收复，曾国藩与江苏巡抚李鸿章开始研究江苏的减税问题。不过鉴于江西经验，江苏的陋规裁革力度没有江西的大。旧有陋规，有的裁撤，有些予以保留，“只期足敷办公，不准逾额浮收[11]”。原来的钱粮不动，而漕粮数量合计全省为三十分减去八分。改革之后，江苏的漕粮负担只减去了百分之二十七，幅度远较江西为小。

太平天国战争耗尽了曾国藩的心力。越到晚年，他对官场上的陋俗越持“温和宽容”的态度。这种心态使得他不能下定决心从根本上重新厘定陋规，在地方上建立一套清楚合理的新财政体系。他认为陋规形成多年，合理因素与不合理因素纠结难分，只能因势利导。他说：“大抵风俗既成，如江河之不可使之逆流。虽尧舜生今，不能举斯世而还之唐虞。贤者举事，贵在因俗而立制。所谓‘治去泰甚’者耳。”[12]“他劝李鸿章，即使苏松太地区的浮收在将来得到核减浮收，‘竟可不必入奏，不必出示’。他还建议各县征收浮收可按该县风俗人情而为之制，对大小户之例不必更张过甚。‘大户名目可革则革，办法不必一律，减法不必一价，但使小户实有所减而已。’”[13]

不过在整顿盐务陋规方面，曾国藩的成就还是十分显著的。因为盐商们通过国家授予的专利权获利极丰，所以地方官场上对盐商们的剥削也极重。几乎每个衙门都想从盐商身上捞点钱，只要没有来源的支出，最后差不多都算到盐商头上。

与各地一样，两江地区财政的重要支柱也是盐规。根据两淮运司王凤生的统计，道光十年（1830年），两淮盐商负担的法定税额（两淮纲盐正课）为二十一万七千两，但这只是盐商负担的一小部分。除了正税，他们每年还要负担两江地区的养廉银、兵饷，以及“水脚”“部饭”等办公经费三十三万两，这算是国家的正项开销。此外，还有普济、育婴、书院、义学、务本堂、孝廉堂等地方公益事业，需要他们贡献二十余万两。这些还都不是大头，各衙门公费等项，需要他们负担八十万两之巨。为了向盐商们要钱，官员们想尽花招。如漕运总督、河道总督、巡抚各衙门，从未有缉捕犒赏等款，而各处仍以此名义每年向盐商征收开销三四千两。[14]

过于巨大的陋规导致盐商几乎赚不到什么钱，经营盐业的积极性大减，从而加剧了两淮盐务的衰败。从同治三年（1864年）起，曾国藩着手大力整顿两淮盐务。他替盐商们计算成本，明确了正税及各税附加税的税额，保证他们有钱可赚。为此，他规定：例收的每引收报部正课银一两五分一厘，杂课二钱，外办经费银四钱，仓谷一分，河费一分，盐捕营一分，无可减免，仍照旧额征收。而团练、坝工、缉费、号项等不急之款，则一概删除。至于从盐商身上所出的招商局费银、都营赏犒银、驳船、江船、商伙、辛工、栈租等处费银以及皖岸报效银等数目，都要固定下来，不得任意多收。书役人等也不准再需索分文，滥收者一经查出或商人禀明，给以严惩。[15]这一措施有力地促进了两淮盐业的重新兴旺。

从整体上看，江南地区的减赋政策对太平天国战争后经济的恢复功不可没。十余年来，两江总督所辖的江苏、安徽、江西都是清军与太平天国作战的主要战场。江南这块从前最富庶的地方，遭受的破坏尤其严重。“白骨露于野，千里无鸡鸣”之句，完全适用于两江。有外国人记述当时他观察到的苏州一带的情形：“沿途所历各村，每三四处，必有一完全焚毁者；亦有三村相连，外二村未动，而其中一村仅余焦土者。”过去，南京到苏州一带，“皆富饶殷实，沿运河十八里，廛舍栉比，人民熙熙攘攘，往来不绝”，现在，则“房舍、桥梁，尽被拆毁，十八里中杳无人烟，鸡、犬、牛、马亦绝迹。……自此至无锡，沿途如沙漠，荒凉万里”[16]。曾国藩在湘军围金陵时就曾在给郭嵩焘的信中感叹：“皖省群盗如毛，人民相食，或百里不见炊烟。”[17]

战争停止几年之后，原本被蹂躏得毫无生气的江南地区已经重现繁荣，许多地方已经见不到战争的痕迹。同时，官员们的贪婪榨取得到一定程度的约束，对澄清两江地区的吏治也起了重要作用。让步政策确实促进了经济的发展。太平天国战争后，江南经济迅速恢复，让步政策功不可没。西方传教士目睹了太平天国战后经济迅速恢复的情况，卫三畏写道：“1865年中国所面临的形势……其被破坏的程度是一般人难以想象的。然而，恢复的速度——居民不仅恢复了旧业，而且重建了住所，整顿了贸易——甚至使那些一贯诋毁他们的人也感到吃惊，并转而赞誉很被人瞧不起的中国文化所显示出的复兴活力。”[18]同治九年（1870年），曾国藩回任两江总督，经过瓜州，看到瓜州港口兴旺的景象：“荒江寂寞之滨，今则廛市楼阁，千樯林立矣”[19]，回忆起十年前经过瓜州时残破的情景，唏嘘不已。

所谓的“同治中兴”，不过是大清王朝行将就木前的一次“回光返照”。不过，这一“回光返照”也并非轻易得来。大清王朝之所以又苟延了数十年性命，其基础正是晚清各地官员进行的卓有成效的厘金改革、减赋改革以及海关洋员主导的海关改革，这些措施一方面减轻了民众的负担，另一方面增加了财政收入，为中央政府进行了有效的“输血”。

注释

1.吴云：《两罍轩尺牍》，卷五，第13页，转引自潘国旗：《太平天国后期清政府的“减赋”政策》，《财经论丛》，2006年第1期，第98页。

2.冯桂芬：《均赋税议》，《显志堂稿》卷十。光绪二年校邠庐刻本。

3.骆秉章：《骆文忠公奏稿》卷八，第12页；又《骆秉章年谱》，咸丰五年乙卯纪事，转引自潘国旗：《太平天国后期清政府的“减赋”政策》，《财经论丛》，2006年第1期，第99页。

4.费正清等：《剑桥中国晚清史（1800—1911年）》，中国社会科学出版社，1985年，第484页。

5.汪士铎：《胡文忠公抚鄂记》卷四，岳麓书社，1988年，第22页。

6.潘国旗：《太平天国后期清政府的“减赋”政策》，《财经论丛》，2006年第1期，第99页。

7.费正清等：《剑桥中国晚清史（1800—1911年）》，中国社会科学出版社，1985年，第485页。

8.夏鼐：《太平天国前后长江各省之田赋问题》，《清华学报》，1935年第2期。

9.李桓：《请奏严定减收丁漕裁停繁费章程详》，《宝韦斋类稿》卷11，官书七，赵宝墨斋版，1880年。

10.郑起东：《试论清政府镇压太平天国后的让步政策》，《清史研究》，2008年第3期，第62页。

11.刘郇膏等：《江苏减赋全案》卷二，清同治五年刊本。第43页。

12.郭廷以编：《郭嵩焘先生年谱》上册，台北：“中央研究院”近代史研究所，1971年，第247—248页。

13.费正清等：《剑桥中国晚清史》，中国社会科学出版社，1985年，第

490页。

14.倪玉平、朱鸿纲：《变通于成法：陶澍与淮南盐政改革》，《盐业史研究》，2010年第2期，第4页。

15.盛茂产：《曾国藩与两淮盐务》，《盐业史研究》，2003年第4期，第48页。

16.李文治：《中国近代农业史资料》，第一辑，生活·读书·新知三联书店，1957年，第148页。

17.《曾国藩全集·书信》，岳麓书社，1994年，第3922页。

18.卫三畏：《中国总论》下册，上海古籍出版社，2005年，第692页。

19.《曾国藩全集·书信》，岳麓书社，1994年，第1358页。

●上——广州十三行商馆（18 世纪末 19 世纪初）

●下左——罗伯特·赫德

清帝国海关总税务司，于 1863 年被总理衙门的恭亲王聘用，在此职位上工作了 48 年

●下右——那桐（1856—1925），内务府满洲镶黄旗人，1911 年被任命为“皇族内阁”协理大臣

●上——明代漕运

漕运是京城和江南之间唯一的交通运输线，对明朝国家财政发挥了至关重要的作用

●下——宋朝大都市，文化生活繁荣

●上左——天津漕运

天津自古因漕运而兴起，1404 年 12 月 23 日正式筑城，是中国古代唯一有确切建成时间记录的城市

●上右——清粤海关

创立于 1685 年（清康熙二十四年），与江海关、津海关合称“清朝三大海关”

●下——1898 年，戊戌变法失败，维新志士谭嗣同、康广仁、林旭、杨深秀、杨锐、刘光第六人于 9 月 28 日在菜市口惨遭杀害

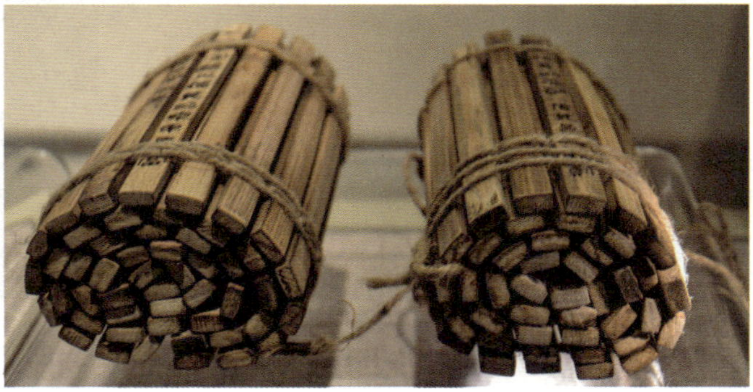

●上——雍正帝，爱新觉罗·胤禛（1678 年 12 月 13 日—1735 年 10 月 8 日），清朝第五位君主（1722 年—1735 年在位），定都北京后的第三位皇帝

●上——云梦秦简

又称睡虎地秦墓竹简、睡虎地秦简。1975 年 12 月，在湖北省云梦县睡虎地发掘出土的 1155 支秦代竹简，简文抄录者很可能是墓主人喜，内容涉及政治、经济、文化、军事等方面，尤其对秦代法律和文书做了比较系统、丰富的记载

从道德层面看，腐败的官员是不值得同情的，但如果不了解官员阶层的真实生存状态，那么，造成腐败的荒诞制度一定是抽象的、冰冷的。腐败顽疾为何蔓延千年，翻开清朝官员的账本之后，答案或许会清晰起来。

第三编

高贵的穷人：荒诞制度下的官员真实生存状态

第十四章
窘迫的曾国藩：清代京官的生活水平

理学学说认为“人皆可以成为圣贤”，就是说，再普通的人也可以通过刻苦的心性修炼，成为道德上的完人，就是圣人。所以曾国藩立下了学做圣人之志，要脱胎换骨，重新做人。

成为一个道德上的完人，体现在经济生活上就是不谋求任何经济收入。

一

在我们的想象中，古代官员都很富有。然而清代京官，大部分生活都很“穷”。

我们翻开史料，随处可见京官生活贫困的记载。比如晚清著名文人李慈铭在做京官时，有时候甚至吃不起饭，日记中有“近日窘绝，殆不能举火”[1]的记载。他还记载他见到的另一个京官——刑部主事，因为经常饥饿，甚至面有菜色：“贫悴不堪，观其门庭萧索，屋宇攲漏，使令不供，人有菜色。”[2]这并不是个别现象，《藤阴杂记》中记述顺治年间的京官张衡也是“贫不能举火”。

京官之穷在当时的大清帝国是众所周知的事实，还成为人们调侃的一个话题。有《都门竹枝词·京官》描写一品大员的穷状云："轿破帘帏马破鞍，熬来白发亦诚难。粪车当道从旁过，便是当朝一品官。"北京市井更有许多嘲讽京官的谚语。"京师有谚语：'上街有三厌物，步其后有急事无不误者，一妇人，一骆驼，一翰林也'。其时无不著方靴，故广坐及肆中，见方靴必知为翰林矣。"

京官为什么这么穷呢？我们可以以晚清名臣曾国藩为例，具体分析一下。

二

曾国藩是中国近代最重要的人物之一，他是一位著名的政治家、军事家，同时也是一位著名的理学家。

除了这些"家"，曾国藩还是一个标准的传统官僚，他科举出身，从"副处级"的翰林院编修起家，九年内做到了"副部级"的礼部侍郎。在那之后，他由文官转为武官，创建湘军，带兵打仗。后来他因功被授予两江总督、直隶总督，最后做到位极人臣的大学士，可以说是"出将入相"。曾国藩经历了传统官场低、中、高三个级别阶段，又经历过京官和地方官两种类型。所以说，他的经历在传统官场比较有代表性。与此同时，曾国藩又是一个心很细的人。我们在阅读《曾国藩日记》《曾国藩家书》等常见资料的过程中，经常会遇到关于他个人收支的零星记载。在台湾学生书局出版的《湘乡曾氏文献》中还保留有曾国藩亲手记的日常生活账簿，从买了一棵大白菜、剃了一次头、雇了一次车到收了别人十两炭敬、给某大学士送了三两节礼和一两门包，事无巨细，悉数记载。

所以我们可以给曾国藩算算账，看看曾国藩做官赚了多少钱，他基本工资多少，补助和津贴多少，他这些收入都花到哪儿去了，他的衣食住行水平如何，他住多大面积的房子，坐什么级别的车。通过曾国藩这个具体典型，我们可以观察一下清代官员的经济生活状态，观察一下清代官场的潜规则具体是如何运转的。

三

要说清楚曾国藩的经济状况，我们首先来看一下曾国藩的出身背景。今天的年轻读者可能很多人不知道什么叫“出身”。在我上学的时候，填表时要填“出身”一项，填你家出身是贫农，还是富农，还是地主。那么曾国藩如果需要填表的话，他应该会填“小地主”。

为什么说曾国藩出身小地主呢?

嘉庆十六年（1811年），曾国藩出生的时候，家里有八口人，一共有田地“百余亩”（据赵烈文《能静居日记》），人均十二亩半，按后来土改的标准正好是小地主。其实，曾家一开始只是一户普通中农，是在他祖父曾玉屏手上发达起来，勉强进入小地主阶层。

不过和我们想象中的大鱼大肉的地主生活不同，晚清的小地主其实也只不过是能吃饱糙米饭，顶多说家里的大家长在晚饭的时候可以拿半个咸鸭蛋来下酒而已。我们知道曾国藩参加过两次会试，第二次去北京时，家里就已经拿不出几十两银子的路费了，是亲戚们东拼西凑才把他送上路。所以，曾国藩也可以说是一个典型的“凤凰男”，一家人从小拼命供他读书，希望他通过考学改变整个家族的命运，起码把自己的四个弟弟都带出去，找份好工作。

曾国藩在道光十八年（1838年），二十七周岁时中了进士，并且“点了翰林”，成了翰林院“庶吉士”。道光二十年（1840年），曾国藩参加了“散馆”考试，被授予从七品的翰林院检讨一职。

翰林院乃储材养望的轻闲之地，翰林的职责是“充经筵日讲，撰写典礼册文，纂修校勘书史，以文学侍从之臣入值侍班”[3]等，地位清要，职务闲简。官品虽然不高，但因其“为天子文学侍从，故仪制同于大臣”。翰林院里设有掌院学士（秩从二品，清后期多由大学士兼任）、侍读学士、侍讲学士（秩从四品）、侍读、侍讲（秩从五品）、修撰（秩从六品）、编修（秩正七品）、检讨（秩从七品）等职。

“翰林院检讨”这个官职有多大呢？县令是七品，今天的县处级大致相当于过去的七品，则这个“从七品”大概就相当于今天的副处级。打个比方，这个从七品的翰林检讨，相当于今天国务院政策研究室的副处级的研究员。

曾国藩科举成功，成了从七品的翰林院检讨。那么，他是否马上从一个凤凰男变成高富帅，家里人是不是都沾光了呢？那倒没有。曾国藩在北京做了十三年京官，在这十三年中，他的经济生活的主旋律就是一个字——穷。

有两个证据可以很好地说明他的穷状。

一个是在道光二十二年（1842年），就是他做京官的第三年，身为翰林院检讨的曾国藩跟他的一个叫陈升的仆人发生了一场冲突。按理说，过去主人和仆人拌个嘴也是常事，但是冲突完了之后，陈升卷铺盖另寻高枝去了。为什么呢？因为曾国藩欠了人家好几个月工资。这件事使曾国藩颇受刺激，还写下了一道《傲奴》诗：

……
胸中无学手无钱。
平生意气自许颇，

谁知傲奴乃过我！[4]

就是说，我又穷，脾气又大，人家早就看不起我了。

另一件证据更有说服力。

曾国藩为人重感情，对亲戚朋友都很关照，稍有余力，必加周济。道光十八年（1838年），曾国藩中了进士之后，曾经衣锦还乡，在家里待了一段时间。临走的时候，他曾专门去看望几位母舅，跟他们告别。当时，他的大舅已年过花甲，却“陶穴而居，种菜而食”，过着半野人的生活。曾国藩不觉“为恻然者久之”。他的二舅江永燕比大舅强一点，但也好不到哪儿去，三间茅草房，东倒西歪。二舅送他走时，向他预约工作说：“外甥做外官，则阿舅来作（做）烧火夫也。”[5]外甥你将来如果做外官，我一定给你做烧火夫，就是说你让我跟你享几天福吧。曾国藩握着舅舅的手，潸然泪下。结果，曾国藩到北京整整当了五年的官，没有给两个舅舅寄过一文钱。这个二舅最后没有等到享外甥的福，到第五年因贫病而死。曾国藩听到这个消息非常难过，号啕大哭了一场。

作为一个从七品的翰林，一个副处级官员，为什么这么穷呢？

四

主要原因就是清朝的低薪制。

翰林地位清要，然而经济待遇却特别低下，以至于被人称为“穷翰林”。解剖曾国藩这个典型，我们对清代京官俸禄之薄可以有一个具体的了解。

我们前面已经介绍过，清袭明制，官员俸禄水平很低。清代一品官员正俸全年不过180两，二品155两，三品130两，四品105两，五品80两，六品60两，七品45两，八品40两，正九品33两，从九品及未入流只有31两有零。除此之外，每正俸一两，还有一石禄米。

雍正年间，考虑到这个收入水平太低，根本不够花，所以对地方官进行了养廉银改革。改革完之后，地方官的薪俸水平几十倍、上百倍地增长。比如总督的收入增长了100倍左右，知府增长了10—30倍，知县也增长了9—50倍，其养廉银最低400两，最高达2259两。但是京官只在乾隆年间改开双俸，正俸之外再开一份“恩俸”，就是工资大约增加一倍。

所以按这个标准，曾国藩这样的从七品京官薪俸内容是正俸45两，加上45两“恩俸”，此外还有45斛（22.5石）“禄米”。一般禄米每石值银一两三钱，所以曾国藩的禄米值银29.25两。加上双俸，曾国藩的薪俸总数为119.25两。

除此之外，京官还有数目不等的“公费”，也就是办公经费。看起来这是很合理的一项规定，不过朝廷核定的公费银水平极低，一品大员每月公费不过5两，曾国藩这样从七品翰林的公费标准是一两半，但是国家还要克扣一点，全年实发不过10.71两。将薪俸与公费两项相加，曾国藩全年正式收入为合计129.96两。这就是曾国藩的全部收入。

关于白银的币值我们可以用购买力换算，也就是用晚清的1两白银能够买今天多少大米来进行换算，结果是1两白银约相当于今天的200元人民币。所以今天电影电视剧中有一些常见的场景是不合理的，比如一个大侠，到一个酒楼吃饭，吃完了，扔下一锭白银，20两或者50两，就走了。这说明什么，说明编剧对白银购买力不太了解。其实普通人吃饭，两三个人，吃一顿，几钱银子就够了。

那么曾国藩一年的工资是多少钱呢？两万五千多块钱，平均一个月两千一百块钱。一个月挣两千块钱，今天在北京能生活吗？不可能。何况清代妇女是不工作的，所以这是曾国藩全家的收入，曾国藩老婆孩子好几口人，这样的收入当然不够花。

所以，曾国藩没钱的第一个原因是收入低。第二个呢，也很简单，花费大。

学者张德昌说：“和同时期的其他阶层的人来比较，京官的官职收入并不菲薄”。比如，李慈铭所用的男仆，每月工资为京钱十千文，在同治十一年（1872年），可折银九钱五分。也就是说，一个仆人的年工资不过十两多一点而已。[6]

然而，官员与社会底层仆役的支出水平完全不可同日而语，这是由京官的特殊生活方式决定的。曾国藩这样级别的副处级的京官，他一年大约要花掉多少钱呢？

五

我们先来看住。今天一个人从外地到北京来工作，遇到的第一个问题就是住房问题，曾国藩时代也是这样。清代京官在住房问题上不享有任何福利，不但没有公房或者集资房，也没有住房津贴之类。所以需要自己买房，或者租房。清代北京房价就已经很高了，刚到北京就买得起房的人很少，曾国藩的选择自然是租房。

在传统时代，等级观念很严重，一个官员必须要保持他的尊严和体面。不管朝廷给他开工资开得多么低，他要维持一个官员的体统。比如说住房的话，作为一个京官，他就不可能采取合租的方式，和那些拉洋车的、卖白菜的、卖煤的挤在一个大杂院里，他必须租一个像样的四合院，独门独院，门口还得挂块牌子：某某官宅。那么，一个像样的四合院那个时候在北京租金就不低。

曾国藩到北京后不久，在骡马市大街北的棉花六条胡同租了一处很小的四合院，全年租金六十七两白银，相当于他全年收入的一半。到第二年，也就是道光二十一年（1841年），曾国藩又搬到了菜市口的绳匠胡同，租了一个有十八间房的四合院。这个四合院很漂亮，不过租金更高，一百六十两白银。所以仅房租一项，就比他全年的工资还要高了。

曾国藩为什么要搬到绳匠胡同呢？说起来还挺有意思的。因为传统时代，官员大多很迷信，选择住房的时候非常讲究风水。有一天，曾国藩的朋友王翰城到家里来拜访。王翰城是曾国藩的湖南老乡，也是朋友圈中著名的"风水大师"。他一到曾国藩的家里就说这房子风水不好，"言余现所居棉花六条胡同房冬间不可居住"。说这个房子三面悬空，不利于堂上老人。曾国藩因为"翰城善风水，言之成理，不免为所动摇"[7]，问他怎么办。王翰城掐算了一下，说后两个月不适合迁居，因此必须这个月就搬家。曾国藩一听，心急火燎，放下手中所有事儿，东奔西走去找房子，最后，在位于菜市口大街的绳匠胡同终于选定了一处风水上佳的新宅。

绳匠胡同在清朝历史上非常有名，因为这里住过清代三十多位重要的人物：乾隆朝的名臣徐乾学、洪亮吉、毕沅，以及晚清同治皇帝的老师大学士李鸿藻，湘军领袖左宗棠，著名诗人龚自珍，"戊戌变法"六君子之一的刘光第，以及后来的北京大学校长蔡元培……这些人都在这条胡同住过。

那么为什么这么多名人都跑这儿来住呢？因为风水先生说，这里是北京最有"旺气"、最能出主考的一条胡同。京官都渴望着能当主考，因为能收到一笔厚礼。后来晚清官员刘光第也曾经在家书中解释说他为什么住到这里，他说："此胡同系京师最有旺气之街道，……盖气旺则无事不旺也。"所以曾国藩也跑到这里来住。

说起来也有意思，曾国藩搬到这里，过了两年之后，道光二十三年（1843年），他果然被外放为四川乡试主考官。这是题外话了。

再以后，曾国藩的官越做越大，人口越来越多，对排场的要求也越来越高。道光二十四年（1844年），曾国藩升翰林院侍讲后，搬到上朝更为方便的前门内碾儿胡同，房屋二十八间，年租金需二百五十一两。道光二十七年（1847年）三月，曾国藩又一次搬家，移寓南横街路北，这次租住的宅院共有四十几间房，更为宽敞气派，价格应该也更高。

这是第一大支出——住。

曾国藩的第二大支出是社交应酬，换句话说，就是今天随份子、请客吃饭的钱。今天，在我们的生活中，一个巨大的压力是随份子。有人算过，中国人收入的三分之一到四分之一都花到随份子上了，其实清代时的压力更大。清代礼仪烦琐，随份子比今天多。亲戚朋友生日节庆娶媳妇生小孩子，样样你都得随。除此之外，请客吃饭也是一个重要支出。京官生活很清闲，很多人只需要初一、十五去两次衙门就可以了，剩下大量的时间是彼此交往，彼此唱和，请客吃饭。

我们说过了，京官生活很苦，是赔钱的买卖，那么大家为什么还要待在北京当京官呢？当京官有两大好处，一个是升官快。因为京官经常和皇帝、各部尚书直接打交道，容易被赏识，容易被发现，比如曾国藩，他就是因为有机会和道光皇帝打交道，道光觉得他是个人才，十年七迁，很快就做到了副部级。但如果在地方上，绝对没有这个可能。第二个优势就是结交方便，可以编织起自己的人际关系网络，认识很多有用的人。清代有一本笔记叫《平圃遗稿》，其中说，京官剧院，习以为常，若不赴席、不宴客，即不列入人数。就是说，别人请客你不能不去，别人请了之后，你也不能不回请，要不然时间长了，你就会被大家排除在圈子之外，没有自己的人际关系网。所以，当时北京城的各大著名饭庄门口，每天晚上都停满了官员的车马。当然，京官吃喝不能报销，要自己花钱。

曾国藩很爱交往，人很热心，朋友非常多，社交开支也不少。我算了一下，在道光二十一年（1841年），曾国藩给朋友的婚丧嫁娶、朋友父母的生日送的寿礼，加起来是七十多两白银。他自己请客吃饭用了四十多两。这两项加一起就是一百一十多两。

这可以列为第二项——食。

第三项开支大的就是买衣服。很多人对曾国藩的感觉是，他是一个比较简朴的人，由此引出后世的种种渲染，比如说，他最好的衣服是一件天青缎马褂，只在新年和重大庆典时才拿出来用，平素便放在衣橱里，因此用了三十年依然犹如新衣云云。

但是他在做京官期间可不是这样，在做京官期间，曾国藩有很多很好的衣服。仅帽子这一项，在道光二十一年时他就买了大呢冬帽、小呢小帽、大毛冬帽、小毛冬帽、皮缝帽等，大概有十一顶[8]，这些帽子便宜的七八两，贵的大概有一二十两。

曾国藩为什么要买这么多的帽子、衣服呢？这和清代的官场体制也有关系。因为清代对官服的要求非常严格，又非常琐碎。春夏秋冬，一个官员的帽子、衣服、鞋都有严格的要求。官服所要求的材料多较为贵重，官帽上的顶珠皆以贵重材料制作，比如暖帽周围有一道檐边，须用名贵皮料，以貂鼠为贵，其次为海獭，再次为狐。然而，清代没有公款采购制度，官服要自己买。你进京当官，这一套都置办齐了，至少得五百两到八百两，所以很多官员买不起官服，那怎么办呢？租，向官服店租官服穿。比如晚清另一位京官，也是大名士李慈铭，就租了十多年官服，到后来当上了御史才有钱自己买官服穿。[9]作为一个翰林，我们前面讲到他经常要出席一些重大场合，有的时候还要见皇帝。曾国藩为人固然节俭，但是在官派威仪上却绝不含糊。曾国藩这个人是一个非常守规矩的人，所以他在买衣服方面花了很多钱。连曾国藩的夫人和孩子们，基于社交需要，也都衣着体面。道光二十九年（1849年），曾国藩在写给弟弟们的信中说：

> 我仕宦十余年，现在京寓所有惟书籍、衣服二者。衣服则当差者必不可少，书籍则我生平嗜好在此，是以二物略多。将来我罢官归家，我夫妇所有之衣服，则与五兄弟拈阄均分。[10]

确实，入都为官后，曾国藩的个人财物中，最值钱者就是衣服了。

这是第三项——衣。

除此之外，交通费压力也十分沉重。

清代北京道路都是土路和石子路，交通不便，特别是下雨刮风天，常难以行走。加上衙门离住地往往有一段距离，所以官员们多选择乘轿、骑马或者坐车出行。

当时北京的高级大臣交通费支出是非常昂贵的，何刚德在《春明梦录》中说，高级大臣一年坐轿就要费银八百两。因为必须雇有两班轿夫，还需前有引马，后有车辆及跟骡。曾宝慈说曾广汉在做户部侍郎时，“均须值日，至颐和园路程很远，骡车跸路上午走颠簸，时间不短，因此侍郎以上，多乘四人大轿，大学士则乘八人大轿，即绿呢轿，下有红拖泥。轿夫都是久经训练的壮丁，上身不动，两腿迅速而步子极小，既快又稳。每轿两班，四人一班，每个人月工资白银一两，轿夫约走百公尺即换班，行走如飞。换下来的轿夫就跳上二套车休息”[11]。轿夫八人，每人每月一两，则工资一项每年就要九十六两。

清代不但不配公车，连交通补助都没有，这些都得自己掏钱。初入官场的曾国藩自然买不起轿子，但有些场合总不能徒步参加。北京平时暴土扬尘，一下雨，到处都是泥，你去见皇上，见部长，到了目的地，衣上都是黄泥点子，那也不行，所以隔三岔五就要租一回马车，这也是一笔相当大的开销。我算了一下，道光二十一年（1841年），他在这方面花了三十多两白银。

这是第四项——行。

除此之外，曾国藩还需要在生活日用，买米买面，文化生活，买书买纸等方面花钱。我把这些都加到一起，发现道光二十一年，他一共花了六百零八两白银。

那么我们前面讲过，他全年收入不过是一百二十九两白银，算下来，他一年的赤字是四百七十九两，约合人民币95800元。

这么大的赤字是如何弥补的呢？

六

清代京官弥补赤字的途径大概有以下几种。第一，很多人到北京当官的时候就知道京官是赔钱的买卖，因此就要从家里带一大笔银子到北京去当官。在戊戌变法的时候，戊戌变法中的六君子之一的刘光第中了进士之后，被授予京官，他曾经一度不想到北京当官，因为他家里比较穷，他自己也拿不出做官的资本，后来因为他的一个叫刘举臣的远房族叔觉得家族多年好不容易出了一个进士，还做不了官，实在是太可惜了，答应每年资助他二百两白银。这样刘光第才勉强做了十年京官，这是第一个来源，就是家里的资助。

那么曾国藩有没有从家里带钱呢?

带了，而且没少带，一千五百两。

我们说过，曾国藩出身小地主，家里没多少钱。这些钱是哪来的呢？是曾国藩自己化缘来的。

道光十八年（1838年），曾国藩中了进士，而且点了翰林，这就意味着湘乡曾氏从一个普通农家变成了官员之家，曾家生活起居的排场马上发生了改变。新打造的木器家具运进了大门，曾玉屏、曾麟书出门有了跟班，曾家日常生活虽然不常大鱼大肉，但宴客时已经能上“海菜”了。

这就是所谓的“鲤鱼一跃过龙门”。

曾国藩刚中进士，还没有工资，怎么曾家就一夜变富了呢？靠的是曾国藩的进士身份。一个人一旦成了进士，在当时人看来，就成了一只极具投资价值的潜力股。所以，进士在社会上会受到与现职官员相同的待遇。顾公燮描述：

> 明季……凡中式者，报录人多持短棍，从门打入厅堂，窗户尽毁，谓之改换门庭。工匠随行，立刻修整，永为主顾。有通谱者，招婿者，投拜门生者，乘其急需，不惜千金之赠，以为长城焉。[12]

《儒林外史》中的一个情节，相信大家都很熟悉，说是范进在未中举前，家里穷得连碗米都借不到。他的老丈人胡屠户非常看不起他，成天对他骂骂咧咧。但是中了举人之后，马上就不一样了，胡屠户再也不敢跟范进耀武扬威了，在范进面前大气也不敢出。原来范进连穷朋友都没有几个，一中举人，城里的张乡绅马上坐轿来拜访。“拿过一封银子来，说道：‘弟却也无以为敬，谨具贺仪五十两，世先生权且收着。’”一看范进家太穷，马上把自己一座大院子借给范进住。自那之后，紧接着又有许多人来巴结范进；有送田产的，有送店房的，还有那些破落户干脆投身为仆，给他做仆役。不到两三个月，范进家奴仆丫鬟都全了。周进中举后也是一样，“回到汶上县，拜县父母、学师。典史拿晚生帖子上门来贺。汶上县的人，不是亲的，也来认亲；不相与的，也来认相与”。

曾国藩家里的情况和范进家非常相似。作为新科进士翰林公，曾国藩前途实在不可限量。混得最不济也是个知县，那要是混得好的，部堂总督大学士也都在意料之中。所以捷报传出，前来攀附者立刻络绎不绝。在曾国藩点翰林之前，曾家尽力巴结，也不过能认识衙门里的几个衙役。点了翰林之后，湘乡县令马上坐着八抬大轿前来曾家拜访，和曾国藩的弟弟们称兄道弟，把手言欢，又把曾国藩的父亲曾麟书称为“老太爷”，曾麟书心里那是非常得意。

刚中进士，虽然没什么工资收入，但是曾国藩社会地位提升，使得老曾家有了几条收入渠道：第一是接受馈赠，收受贺礼；第二是借钱，大家都乐意借钱给他家；第三则是作为士绅调解民间的纠纷，也可以获得报酬。

先讲第一条。

点了翰林之后，曾国藩请假回家，衣锦还乡，在老家待了一年。这一年他没闲着。干什么呢？到湖南各地去拜客，通过收人家的贺礼，为将来进京当官筹集“资本”。

为什么拜客能筹到钱呢？因为新科进士主动登门拜访，那么一般人家都得好吃好喝好招待，临走时还得送上几两银子做贺礼。一家送几两，走的人家多了，积少成多，就有钱了。

所以从道光十八年年底回到湖南老家，到道光十九年（1839年）十一月离家进京，曾国藩在老家一共待了二百九十六天，这期间，他花了一百九十八天来拜客。也就是说，回家这一年，他十分之七的时间都用于拜客了。

道光十九年正月十六日，曾国藩正式开始拜客。出了位新科进士翰林公，自然是方圆百十里内的轰动性事件，对这只崭新的潜力股，大家表现出极大的投资热情。曾国藩每到一地都受到隆重欢迎，不但摆酒款待（常有海参席、鱼翅席），有的还请戏班前来助兴（如四月十一日日记载，“是日唱剧，客甚多”），临走时都会给一笔钱。

他到的第一家是岳父欧阳家。岳父在欧阳宗祠大开筵宴，请客八席。在《湘乡曾氏文献》中，有一本曾国藩亲笔所记的“流水账簿”，专门记载他这一段拜客收入。从中我们可以查到，岳父送给他大钱十二贯零八百文，相当于八两白银。[13]

除了拜自己的亲戚朋友，曾国藩最重要的拜访对象是各地的官员。为什么？因为官员都有钱。说不好听的，这就是赤裸裸的“打秋风”了，然而官员一般来讲都心甘情愿送曾国藩钱，因为彼此都是官场中人，而官场生存，最重要的就是关系网络。多个朋友多条路，谁知道哪块云彩有雨，所以官员的赠送普遍比其他人要重一些。比如八月二十二日，他到武冈州城，知州杨超“请酒极丰，又送席”，又送银二十两。

除了亲戚、朋友、地方官员，曾国藩拜客还有一类对象很有意思，那就是湘乡人在其他县里所开店铺，凡是湘乡老乡开的店，不论当铺、纸行、布店还是杂货店，曾国藩一概拜到。这种拜访目的就是赤裸裸地敛财了。而这些小老板对这个新科大老爷自然不敢怠慢，多多少少都给点钱，有的还恭恭敬敬请他喝酒。因为在传统时代，商人社会地位低下，经营风险很多。结识一位翰林，自然只有好处没有坏处。

曾国藩拜客拜得非常辛苦。他一共出去跑了四次，每次都要跑好几个县，一路风餐露宿，足迹遍布湖南湘乡、宁乡、衡阳、清泉、耒阳、永兴、邵阳、武冈、新化、安化等十多个县州。我在地图上画出他的拜访路线，一段一段加一起，算出他二百天之内跑了一千五百公里左右，也就是三千里左右，简直是个迷你版的长征。他一共拜了多少家呢？将近两千家。简直像一个化缘的和尚一家一家去收钱，真是不容易。那么四次拜客收入总共多少呢？收入还是不错的。在曾国藩留下的账本中，每一笔收入都有详细记载。我一笔笔加起来，细细算了笔账，最后的结果是，折算成白银，收入共为一千四百八十九两一钱二分。

嘉庆道光时期，物价水平很低。猪肉一斤多少钱？五六十文，就是五六十个大钱。鸭蛋一个二文，就是两个大钱。黄瓜每斤二文，葱每斤五文。至于一亩良田，只要三十多两银子。这样说来，曾国藩的拜客收入可以买五六十亩良田，或者四万斤猪肉。这笔钱不是小数。

但是有了这些钱，到北京当官可能仍然不够用。所以曾国藩还曾经主动向他人借钱，比如道光十九年四月，他在日记中记载："向大启借钱为进京路费，大启已诺。"向他人借钱，这是他筹资的第二个渠道。

第三个渠道就是"干预地方公事"。

读过《曾国藩家书》的人都知道，曾国藩当官之后，在写给父亲和弟弟的信中经常要求他们洁身自好，不要结交官府，不要干预地方公事。其实这是他后来的认识，道光十九年，他自己就干预过好几回地方公事。

比如道光十九年二月，曾国藩的朋友朱尧阶典当别人的一处田地。典当到手，这块地的旧佃户却阻挠新佃户下地耕种。在这种情况下，曾国藩的进士身份就发挥作用了。曾国藩在日记中写道，他“辰后（八点钟）带（彭简贤）上永丰分司处法禁（给以刑法处罚）”[14]，带人将那个强悍不服的旧佃户抓送到了有关部门。

几天后，三月初五日，曾国藩在日记中又提到，朱尧阶写了两张状子，托他到县里告状。他当时就熟门熟路地告诉朱尧阶，说此刻县令正主持“县考”考试，不太方便，且等考试后再告。

通过这些记载，我们可以看出，新科进士曾国藩此时已经是地方上的重要角色，和官府关系很密切。此时的新科翰林年轻气盛，连父母官都已经不放在眼里。那年五月，曾氏家族和别的家族发生纠纷，“彼此殴伤”。他写信给县令宋某，托县令帮曾家说话，然而宋县令“亦未甚究”，没给他面子。于是新科进士曾国藩勃然大怒，“是夜又作书让（责备）宋公也”[15]，也就是写了封信，去骂宋县令。

曾国藩帮人打官司调解地方纠纷，并不是无偿的。一般来说会获得相当丰厚的酬谢。张仲礼先生说，做调解工作是许多乡绅的主要收入来源。我们大致估计，曾国藩调解这类案子，每次可获得几十两银子。

所以通过这三个渠道，曾国藩从家里带来了一笔巨款，让他能在北京立下脚跟。

七

除了从家里带钱，京官弥补赤字的第二个经济来源是冰敬和炭敬，就是地方官到北京办事的时候，都要给自己认识的京官每个人送上十两八两的银子，数目不多，冬天就让你拿这点钱买点炭，夏天就买点冰，消消暑，所以就叫炭敬、冰敬，这个严格来讲也是一笔灰色收入，但是在清代，这几乎是一个公开的规则。在道光二十一年（1841年）的时候，曾国藩刚到北京当官，这一年他收了九次这方面的馈赠，加在一起是九十七两白银。

京官弥补赤字的第三个渠道就是借钱，北京的商人比较愿意借钱给京官，因为大家知道京官一旦发达了，还钱很容易。曾国藩在道光二十一年年底，家里带来的银子就花光了，借了五十两勉强过了这个年，我们看曾国藩之后的日记、账本上借银的数量逐年增长，最后达到了一千多两。

除了以上的三个途径，还有一些京官弥补赤字有一个比较大的来源渠道，就是给地方官在北京办事，谋取一些灰色收入。因为京官虽然收入不多，但很多部门手里有权，可以影响国家政策的制定。所以很多地方官愿意结交京官，让他们在北京为自己探路。这些京官通过这种方式获得了巨额的灰色收入。但在曾国藩的资料中，我们找不到任何一笔这样的记载。

那么，为什么很多人有灰色收入，曾国藩却不这样做呢？

因为曾国藩已经发誓要“学做圣人”了。三十岁这一年，曾国藩正式到北京做官。北京是个人文荟萃之地，他在这里交了很多朋友，从这些朋友身上，他发现了一种新的风范、新的精神面貌、新的气质，跟他在湖南乡下所结交的那些读书人大不一样。所以三十岁这一年，在曾国藩的生命史上是非常重要的一年，他开始专心研究理学。理学学说认为“人皆可以成为圣贤”，就是说，再普通的人也可以通过刻苦的心性修炼，成为道德上的完人，就是圣人。所以曾国藩立下了学做圣人之志，要脱胎换骨，重新做人。“不为圣贤，便为禽兽”，只能有一个选择，或者做一个浑浑噩噩的人，或者做一个圣人，没有中间道路可选。

成为一个道德上的完人，体现在经济生活上就是不谋求任何经济收入。

道光二十九年（1849年）三月二十一日，曾国藩在写给弟弟们的家信中说："予自三十岁以来，即以做官发财为可耻，以宦囊积金遗子孙为可羞可恨，故私心立誓，总不靠做官发财，以遗后人。神明鉴临，予不食言。"

在有关曾国藩的数据文件中，我们没有发现任何一笔营求私利的记载，但困窘的生活确实使理学家曾国藩在京官生涯中不断为利心所扰，并导致不断地进行自我批评。在京官时期，曾国藩立下了"不靠做官发财"的铮铮誓言。但是，做一个清官其实是很痛苦的，由于经济压力如此之大。在曾国藩的日记中，我发现了一条很有意思的记载，那是在道光二十二年（1842年）二月初十的一段日记，他说，"座间，闻人得别敬，心为之动。昨夜，梦人得利，甚觉艳羡，醒后痛自惩责，谓好利之心至形诸梦寐"，也就是说，白天跟人出去吃饭，一个朋友在酒桌上聊起来，昨天有人送了我一笔别敬，数目很大，曾国藩当时就很羡慕。又想起昨天晚上自己做梦，梦见有一个朋友发财，发了几十两银子的财，他在梦中就羡慕得不得了。他反省这两点，觉得自己实在是太下流了，好利之心在梦中都不能忘，可见已经卑鄙下流到了什么程度。

还有一条日记也很有意思，在这一年的十月十九日，曾国藩在日记中说："两日应酬，分资较周到。盖余将为祖父庆寿筵，已有中府外厩之意，污鄙一至于此！"什么意思呢？就是我回想起来这段时间随朋友的份子都很周到，谁通知我，我都去，而且随的钱都很多。我为什么这么做呢？今天我想明白了，过几天我祖父的生日到了，我准备在北京摆几桌，通过祖父的生日收一点贺礼，渡过目前的财政危机。想想自己是一个堂堂的京官，一个要发誓做圣人的人，居然打这么一点小算盘，实在是太要不得，在日记当中痛骂自己。通过这两则日记的记载，我认为并不能说明曾国藩这个人本性是多么的卑污、多么的贪财，只能说明清代的财政制度是多么不合理。在这种财政制度下，惩罚的是清廉之员，鼓励的是贪官。

曾国藩进京为官前，他那富有远见的老祖父就对家里人说：“宽一（曾国藩的乳名）虽点翰林，我家仍靠作田为业，不可靠他吃饭。”[16]这句话一方面说明老人深明大义，不愿以家累拖累曾国藩仕途上的发展；另一方面也说明翰林之穷是普及到了穷乡僻壤的常识。

八

曾国藩在京官时期升迁非常迅速。曾国藩自己在家书中有一句话，说自己是“十年七迁，连跃十级”。就是说，曾国藩在十年之内，升了七次官，品级由从七品，大致相当于今天的副处级，升到正二品，相当于今天的副部级。在当时，曾国藩这个升官速度也是创了纪录的。

做初级、低级京官时曾国藩很穷，做了副部级高官之后，他的经济状况如何呢？仍然非常窘迫。

清代侍郎级高官，年俸一百五十五两。加以恩俸和禄米等补贴，年收入一共可达六百二十两，此外，还有一些公开的灰色收入。咸丰初年，曾国藩兼属礼、吏、兵、刑、工五部侍郎，在好几个部领津贴，收入应该更高。但是随着交往等级的提高，开支也随之增加。比如交通费一年就要四百两，所以清代的侍郎仍是一介穷京官。

不仅侍郎是穷官，其实清代连尚书的生活也算不上特别富裕。乾隆二十八年（1763年），陈宏谋由地方上内调，任吏部尚书，晋太子太保衔。乾隆二十九年（1764年）三月十八日，他写家信诉苦说：

太宰（吏部尚书之别称——作者注）每年饭银约一千二三百两，今停捐之后，饭银减少，每年不及千两，入不敷出，又无来路，不得不事事省减。“以俭养廉”，今日之谓也！决不肯到处告穷，向旧属借索，有损晚年志操，重负“宁仅苦节称”（乾隆赐诗中句——作者注）之圣训也。[17]

此封家书中他还提到：

每年九卿及各京官俱蒙圣恩，许买官参一票，吾得买二斤。从前诸公无银兑库，将票卖与商人自领，可净得银四百余两不等。今年人参壅滞，止卖得银二百两上下。但吾尚须自己吃用，只得设法兑票领出，酌留自用，余者设法卖去。

堂堂尚书需要将皇帝赐予的特权人参卖掉来补贴生活，可见生活迫窘，并非虚言。

这是乾隆中期的事情，到晚清，情况也大致相似。《春明梦录》的作者何刚德的座师孙诒经就曾做过光绪年间的户部侍郎，兼管三库，在副部级官员中是最“肥”的差事。有一次，孙氏说家里有好菜，留何吃饭。何氏兴冲冲坐到席上一看，六个碗里不过是些寻常的炖肉和炒菜而已。还有一次留何吃饭，“乃以剩饭炒鸡蛋相饷”。何刚德不禁感慨地说：“户部堂官，场面算是阔绰，而家食不过如此，师之俭德，可以愧当时之以八十金食一碗鱼翅者矣。”孙诒经在光绪七年（1881年）调户部，光绪十六年（1890年）卒，未赶上户部大卖实官的高潮期，加上他以清廉自持，故手头显得很紧。

曾国藩也是这样，在升任侍郎后的道光二十九年（1849年）七月十五日，他在家书中提到："今年我在京用度较大，借账不少。"咸丰元年（1851年）九月初五日，他更是说，"但京寓近极艰窘"。

曾国藩任职京官后，从未回过家乡。他在"梦寐之中，时时想念堂上老人"，对弟弟说："如堂上有望我回家之意，则弟书信与我，我概将家眷留在京师，我立即回家。"虽然说了几次，但一直没有行动，可见有不得已的苦衷，那就是筹不起路费，无法回家。道光二十八年（1848年），曾国藩在家书中说："余自去岁以来，日日想归省亲。所以不能者，一则京帐将近一千，归家途费又须数百，甚难措办。"做了堂堂副部长，居然掏不起回一趟老家的路费，不知今日读者读了这段资料会有何感想。

咸丰二年（1852年）六月，曾国藩终于得到了江西乡试正考官的外差。他兴冲冲地逃离这个让他失望而厌恶的京城，准备从此引退归山。不料，刚走到安徽太和县，就接到了母亲去世的讣闻，他当即换装回乡奔丧，至此正式结束了他十四年的京宦生涯。然而困窘并没有因此离他而去，因为他在北京欠了一屁股债。

从曾国藩书信中判断，一直到同治三年（1864年），也就是离开北京十二年之后，曾国藩才把在北京欠的钱还清。同年，曾国藩在写给朋友的一封信中这样说："弟京居时所借西顺兴店萧沛之名光浩银项，……兹接沛之来信，索及前项，因从徽商吴惇成茶行汇兑湘纹一千两，函属沛之约同江南提塘李福厚往取。"[18]到这时，曾国藩已经做了五年的两江总督了。可见做了多年总督之后，曾国藩才有能力彻底将京官生涯的欠账了结。

注释

1.《越缦堂日记》光绪七年九月十日，广陵书社，2004年，第9182页。

2.《越缦堂日记》同治十年三月五日，广陵书社，2004年，第4951页。

3.清高宗敕撰：《皇朝通志》卷六十四《职官略一》。

4.《曾国藩全集·诗文》，岳麓书社，1994年，第43页。

5.《曾国藩全集·家书》，岳麓书社，1994年，第76页。

6.张德昌：《清季一个京官的生活》，香港中文大学出版社，1970年，第51—52页。

7.《曾国藩全集·家书》，岳麓书社，1994年，第10页。

8.吴相湘主编：《湘乡曾氏文献》，台湾学生书局影印本，1965年，第4373页。

9.光绪十六年，李慈铭终于补授山西道监察御史，他叹道："行年六十有二，始以正五品左转从五品，强号迁官（人们一般认为御史较郎中尊贵），始具舆服，衰颓冠獬，潦倒乘骢，草创威仪，屏当匡匽，未曾上事，已欲倾家，亦可笑矣。"（《郇学斋日记》，后甲集之下，光绪十六年六月二十六日，转引自张德昌：《清季一个京官的生活》，香港中文大学出版社，1970年，第66页。）

10.《曾国藩全集·家书》，岳麓书社，1994年，第184页。

11.曾宝慈：《从曾文正日记看晚清习尚》，《曾国藩传记资料》（五），台湾：天一出版社，出版年不详，第107页。

12.顾公燮：《消夏闲记摘抄》卷上，《明季缙绅之横》，商务印书馆，1917年。

13.吴相湘主编：《湘乡曾氏文献》，台湾学生书局影印本，1965年，第4061页。

14.《曾国藩全集·日记》，岳麓书社，1994年，第8页。
15.《曾国藩全集·日记》，岳麓书社，1994年，第18页。
16.《曾国藩全集·家书》，岳麓书社，1994年，第1264页。
17.郭志高、李达林整理：《陈宏谋家书》，广西师范大学出版社，1997年，第215页。
18.《曾国藩全集·书信》，岳麓书社，1994年，第4326页。

第十五章
曾国藩的小金库：清代地方官员的真实收入

一方面，曾国藩确实是一个清官。他的“清”货真价实，问心无愧。在现存资料中，我们找不到曾国藩把任何一分公款装入自己腰包的记录。另一方面，曾国藩又和光同尘，有意识地不想让大家知道他是一个清官。因此我将他定义为“非典型类清官”。只要清官之实，不要清官之名。内清而外浊，内方而外圆。

一

我们前面介绍了曾国藩京官时期的经济收入。一个人之所以在北京苦熬、苦挣，做这个京官，目的就是将来能有机会外放做地方官，京官很穷，但一旦做了地方官，马上就会变富。所谓“三年清知府，十万雪花银”。为什么呢？因为一旦做了地方官，就掌握了地方上财政税收的大权。而且清代财政没有严格的审计制度，地方官在税收上弹性非常大，国家规定你一亩地收一两，你可以收到一两半，甚至二两，所以要想获得一些灰色收入易如反掌。

咸丰十年（1860年），曾国藩被任命为两江总督。

两江包括今天的江苏、江西、安徽，总督既管民政，也管军队，所以清代的一个两江总督，相当于今天的三个省的省长加上大军区司令的权力。

如此重要的人物，年收入是多少呢？

正如大清王朝的许多事情一样，两江总督的年收入不是一两句话就能说清楚的。

如果说基础工资，或者叫法定工资，说来令人难以置信。大清帝国的总督，年收入只有区区一百五十五两。如果大致以一两兑换二百元人民币计算，大约为人民币三万一千元，合成月薪约为二千五百八十元。

当然，和今天的工资制度一样，这一百五十五两只是工资条上的基本工资。今天形容贪官有句话，叫“老婆基本不用，工资基本不动”，清代就是这样。因为从雍正时期起，皇帝又特批给督抚一笔重大补贴，叫“养廉银”。两江总督养廉银为一万八千两。

只此一项，比起曾国藩的穷京官时代，已经是翻天覆地，不可同日而语了。

然而事实上，养廉银仍然不是两江总督收入中的大头。大头是什么呢？是陋规，或者说灰色收入。清代总督和巡抚级别的官员，平均每年要收的陋规也就是灰色收入，是十八万两，合人民币三千六百万元。

如果真的是这样的话，那曾国藩差不多能排进大清帝国的富豪榜了。

那么，成了富豪，曾国藩的生活水平是不是也发生了翻天覆地的变化呢？

确实是有变化，但是呢，不是变好了，而是变差了。别人眼中的富豪曾国藩活得像穷人一样。

我们先来看穿着。

曾国藩晚年的秘书赵烈文，说他第一次见到曾国藩时，曾国藩“所衣不过练帛，冠靴敝旧”。[1]

也就是说，曾国藩穿着一件料子非常普通的衣服，而且帽子和鞋子都很破旧。

这一记载得到了外国人的印证。同治二年（1863年），帮助曾国藩镇压太平天国的洋枪队首领、英国人戈登在安庆跟曾国藩见了一面。戈登的秘书写了本回忆录，他在回忆录中说，他惊讶地发现“曾国藩……穿着陈旧，衣服打皱，上面还有斑斑的油迹……”[2]就是吃饭时候不小心，上面落了些汤汤水水。

那么问题来了，为什么曾国藩在北京时候，经济那么困难，却穿得非常讲究，当了总督之后，手里有钱了，却穿得这么破旧呢？这是因为，曾国藩本人对穿着并没有什么要求，在北京穿得好，是因为他经常要见自己的上级。到了两江之后，他就是最大的官员，每天面对的都是自己的下属，所以，穿衣服就越来越简单。岂止简单，有时候简直到了不修边幅的程度。

不光自己的生活很简单，他对家里人的要求也非常严格。曾国藩当了总督之后，就把家里人都接到总督府和他一起生活，一大家子几十口人，只有两个女仆。一个是老太太，一个是小女孩，干不了太多的活。人手不够，怎么办呢？曾国藩要求曾家的女人们，每个人都要参与体力劳动，还给她们制定了一个“功课表”，要求她们每天从早上睁开眼睛就开始干活，一直忙到晚上。

曾国藩给她们制定的工作日程表，今天还保留在曾国藩孙女的回忆录中，内容如下：

早饭后，做小菜、点心之类，这是食事。

上午，纺棉花织布，这是衣事。

中饭后，要刺绣、绣花，这是细工。

晚上，要做鞋子，这是粗工。[3]

那么从洗衣做饭腌制小菜，到纺线绣花，到缝衣做鞋，这些活都是总督侯爵曾国藩家的女眷亲力亲为的。她们从早上睁开眼睛，直到晚上睡觉，基本上不得休息。如此辛苦的总督府家眷，恐怕大清天下找不到第二家了。当时，每晚南京城两江总督府内，曾国藩点上蜡烛，在大堂的一边批阅公事，全家长幼女眷都在另一边的麻油灯下做鞋织布，这是中国历史上的一幅动人画面。

曾国藩生活得如此清苦，那么，我们说的那十八万两白银，都去了哪儿呢？

其实，这陋规中的大部分，曾国藩都没收。

过去官场上的陋规，很大一个内容就是所谓的“三节两寿”的节礼。也就是过年过节、官长生日，下属都要给上级送礼，主要是送钱。

但是曾国藩规定，凡是送钱的，一律不要。这就相当于拒收了大部分陋规。

当然，除了送钱，还有人送礼品。对于礼品，曾国藩没有全部拒收。

既然成为地方高官，如何处理礼品，是一个无法回避的问题。你身在官场，一点礼不收也是不可能的，因为礼物不只代表着金钱，也代表着感情，片礼不收，不利于曾国藩与下属及朋友的情感交流。所以在实在拒绝不了的情况下，曾国藩也会收礼。不过他收礼很有特点。

咸丰十一年（1861年）十月，湘军名将鲍超亲自来到安庆给曾国藩贺寿。鲍超是一个粗人，大字不识几个，性格很豪迈，同时他也很有钱，其他部下不敢给曾国藩送礼，鲍超却不管这一套，一共带来十六大包礼物，其中许多是珍贵的珠宝古玩之类。曾国藩一看，很高兴，说你打开，我都看一看。鲍超把礼物打开，曾国藩细看了一遍，然后挑了一顶绣花小帽收下，说这顶帽子我很喜欢，其他的，你都带回去。曾国藩在日记中这样记载：鲍春霆来，带礼物十六包，以余生日也。多珍贵之件，将受小帽一顶，余则全璧耳。[4]

鲍超知道曾国藩说一不二，也无可奈何，只好又把这十六大包东西带回去了。

我们从史料上判断，曾国藩还收过美籍华人容闳“报效”的礼物。

容闳被称为“中国留学生之父”，他是中国第一个毕业于耶鲁大学的人，学成之后回国，和曾国藩一起办洋务。同治二年（1863年），曾国藩派他到美国采购机器。买来机器后，他到曾国藩家汇报工作。此时曾国藩已经离开南京，北上剿捻。曾国藩知道，按中国官场惯例，容闳一定会带些礼物，因为曾国藩给他的是一个所谓的“肥缺”。所以曾国藩特意写信给儿子曾纪泽，嘱咐说：“容闳所送等件，如在二十金以内，即可收留，多则璧还为是。”[5]

就是说，容闳送的东西，如果价值不超过二十两白银，那么可以收下，要是超过了，就退还掉。

由此可见，这个时候的曾国藩收受礼品有一条默认的“价格线”。那就是二十两白银，相当于四千多人民币。

二

以上我们讲的是曾国藩身上非常清廉的一面。从这些内容来看，曾国藩是一个清官。

可是除了“清”的一面，曾国藩身上也有“浊”的一面。

首先，曾国藩在做两江总督时也和一般官员一样，经常大吃大喝。

同治十年（1871年），曾国藩到苏州去阅兵，他写信给儿子曾纪泽，谈到在苏州这几天的情况。我们看他在苏州是天天请客吃饭，开始是苏州本地官员请他吃饭、喝酒、听戏，临走前，他也摆了两桌，回请当地官员。可见，曾国藩的所作所为，与一般官僚并无二致。

第二点，曾国藩也会给别人送礼。两江地区是南北交通要道，经常有人出差经过这里。凡是外地官员经过，曾国藩除了请他吃饭，还会送上一二百两银子的程仪，也就是路费。

我们讲过，曾国藩在做京官的时候，收了很多冰敬和炭敬。那么现在他做了地方官，而且是总督，当然要给京官送冰敬、炭敬。曾国藩家书中有相关记载，比如同治五年（1866年）十二月，曾国藩在写给曾国潢的信中说：“同乡京官，今冬炭敬犹须照常馈送。”

除此之外，曾国藩还送过“别敬”。所谓别敬，就是地方官进京办事，离开京城时，给自己在官场的熟人送的礼金。

同治七年（1868年），曾国藩由两江总督调任直隶总督，需要进京见皇帝和太后。

在出发之前，曾国藩身上带了一张二万两的银票。为什么要带这么多钱呢？主要就是为了给京官送别敬。他已经多年没有进京，那些穷京官早就盼他去了，所以他送的别敬当然不可能太少。在给儿子曾纪泽的信中，曾国藩说：“余送别敬一万四千余金，三江两湖五省全送，但亦厚耳。”

以上是第二点，送礼。

第三点，曾国藩也像其他官员一样，遵从官场上的“潜规则”。

同治七年（1868年），捻军被消灭，天下恢复太平，军费报销的事就提上了议事日程。曾国藩带兵打仗多年，军费花了三千多万，需要到户部报销。

要报销就要不可避免地遇到“部费”问题。

按照清代财务制度，曾国藩需要先将这些年来的军费开支逐项进行统计，送交户部。由户部审核，看看账目是否合理。

那么，户部凭什么来确定合不合理呢？凭“部费”，也就是“活动经费”送的多少而定。如果户部高抬贵手，什么不合规定的费用都能报销；如果他们鸡蛋里找骨头，再光明正大的支出也过不了他们的关。各地为了顺利报销，就要在户部花掉一笔专门的活动经费，这笔经费就叫“部费”。

所以在报销前，曾国藩就托李鸿章到北京打听一下户部打算要多少部费。李鸿章跑北京一问，给曾国藩写了封信，说：

> 报销一节……托人探询，则部吏所欲甚奢。虽一厘三毫，无可再减。……皖苏两局前后数年用饷约三千万，则须银近四十万。如何筹措，亦殊不值。……若辈溪壑，真难厌也。[6]

也就是说，李鸿章托人去找户部的书吏，探探他们的口风。反馈回来的消息说，书吏要一厘三毫的回扣，也就是报销一百两给一两三钱。曾国藩需要报销的军费总额是三千多万两银子，按一厘三毫算，部费需要四十万两。

这封信今天就收在《李鸿章全集》中。

曾国藩一听，也吓了一跳。四十万两实在太多，无论如何是不能答应的。怎么办呢？只有继续公关。曾国藩命江宁（南京）布政使李宗羲托人到北京，请户部的人吃吃喝喝，沟通感情。公关工作很见成效，讨价还价的结果是八万两，显然，户部的书吏做了极大让步。[7]

恰好这时皇太后的批复到了。出于他们平定太平天国、捻军的卓越功勋，皇帝（实际是太后）说，曾国藩一直很忠诚，而且他们的军费很多是自筹的，所以同意他们免于审核，直接报销，曾国藩对此感激涕零，但是这说好的八万两银子“部费”他还是照给了。因为阎王好见小鬼难缠，毕竟以后他还需要和户部打交道。这次不给，下次就没法再进户部。

三

那么，以上这些开支加到一起可是一笔很大的数目，这些钱都是从哪儿来的呢？

原来啊，曾国藩给自己建了一个“小金库”。我们说过，总督的陋规平均一年会有十八万两之多。陋规为两部分，一部分是下属官员三节两寿送的礼，另一部分是一些下属部门以“公款”名义送的钱。对于这些钱，曾国藩有选择地收了一部分。他属下有一些油水很多的部门，比如盐运司送的“缉私经费”，上海海关、淮北海关等几个海关送的“公费”，他都收下了。因为这些单位是有钱单位，清代实行食盐专卖，所以盐运司就如同今天的烟草专卖局，钱很多，要是不收，他们年底也就给职工发福利了。

收这些钱的用途主要就是供曾国藩官场应酬打点之用。曾国藩送的别敬，给户部送的八万两，平时请客吃饭的钱，都是“小金库”中的钱，他并没有动用自己的养廉银。

他的养廉银主要是供自己家庭的开支所用。

所以说，曾国藩当官有和光同尘的一面，他的很多做法和各地贪官是一样的。

但是，和贪官不一样的是，其他各地官员，为官任满，走的时候，“小金库”中的钱都要带回老家。曾国藩不这样做。在曾国藩不做两江总督，北上就任直隶总督之际，他查了一下，“小金库”中还剩了一万两白银。

曾国藩写信给曾纪泽说：其下余若干……散去可也，凡散财最忌有名。[8]就是说，剩下的钱，你想办法捐掉，但是不要署名。

曾国藩要求匿名捐款，说“凡散财最忌有名”，他说，“一有名便有许多窒碍”。所以“总不可使一人知”。一个人捐款出了名，就会有很多事找上门来，所以不能使任何人知道。他还说：“余生平以享大名为忧，若清廉之名尤恐折福也。”[9]

这是解读曾国藩为官风格最关键的两句话。一方面，曾国藩确实是一个清官。他的“清”货真价实，问心无愧。在现存资料中，我们找不到曾国藩把任何一分公款装入自己腰包的记录。但另一方面，曾国藩又和光同尘，有意识地不让大家知道他是一个清官。因此我将他定义为“非典型类清官”。只要清官之实，不要清官之名。内清而外浊，内方而外圆。

曾国藩为什么这么做呢?

这是因为在中国历史上有一个规律，那就是：清官办不成事。海瑞就是代表。海瑞拒绝任何灰色收入，恪守低得可怜的薪俸，以致不得不在官署之中自辟菜园才能维持生活，偶尔买几斤肉也能成为“轰动性事件”。

在官场上，海瑞受到大家的排挤。对同事来说，你做清官，显得我们都是贪官了。所以海瑞一到哪儿做官，不久之后，当地官员就会联名向朝廷表扬他，说他做得太好了，品质太高尚了，太清廉了，建议朝廷赶紧升他的官，让他走人，海瑞一生有几次升官都是这样升的。所以我们看海瑞一生，没办成什么大事。

曾国藩却不想以这样的清官形象被载入历史。曾国藩是想做大事的人。他做事更重效果，而非虚名。因此，曾国藩有意取海瑞一尘不染之实，却竭力避免一清如水之名。他的选择远比做“清官”更复杂，更沉重。他的这种做官方式，也许可以给我们今天的廉政建设提供一些启示。

注释

1.赵烈文：《能静居日记》，岳麓书社，2013年，第344页。
2.伯纳特·M.艾伦：《戈登在中国》，上海古籍出版社，1995年，第278页。
3.曾纪芬：《崇德老人自订年谱》，《曾宝荪回忆录》附录，岳麓书社，1986年，第15页。
4.《曾国藩全集·日记》，岳麓书社，1994年，第671页。
5.锺叔河评点：《锺叔河评点曾国藩家书：孝亲编、教子编》，中央编译出版社，2011年，第200页。
6.顾廷龙、戴逸主编：《李鸿章全集》信函一，安徽教育出版社，2008年，第704页。
7.见同治七年十一月二十七日给曾纪泽的信。《曾国藩全集·家书》，岳麓书社，1994年，第1345页。

8.《曾国藩全集·家书》，岳麓书社，1994年，第1343页。

9.《曾国藩全集·家书》，岳麓书社，1994年，第1350页。

第十六章
刘光第和那桐：晚清京官一穷一富的两个极端代表

作为一个庞大的群体，京官的生活水平自然不尽相同。虽然明清两代的京官通常都很穷，但并不是说所有京官都生活在困窘之中。京官之中，也有少部分人身处巨富阶层，这些人一般分两类。一类是立身不谨的重臣、权臣，因为掌握的资源广而巨，夤缘攀附者门庭若市，所以营私肥己的空间很大。另一类是“肥缺”官员。京官中有些职务，表面不显山露水，但“实惠”却非常之巨。

一

如果要数清代历史上最穷的京官，刘光第应该可以上榜。

我们知道刘光第，一般都因为他是“戊戌六君子”之一，因为参与百日维新，被杀害于菜市口，同时他也有诗名，是清末维新派的著名爱国诗人。但是对于他的经济状况，很少有人注意。

刘光第是四川人，光绪九年（1883年）高中进士，授刑部候补主事，时年不过二十五岁，在当时可谓是少年得志。但是奇怪的是，中了进士之后，他却一直没有到北京去当官。为什么呢？因为家里太穷，他拿不出到北京当官的本钱。直到光绪十四年（1888年），就是中进士五年后，他获得了亲戚的一笔资助，才得以起程奔赴北京。他在北京做了十年京官，在京官生涯的最后几个月，刘光第才因参与戊戌变法达到仕途的顶点：1898年9月5日被授予四品卿衔，在军机章京上行走。但是这个辉煌持续时间十分短暂，到了9月28日他就因变法失败被杀害。

刘光第的整个京官生活都穷得一塌糊涂。一般京官都住在城里，上下班方便，他却住在郊外，因为他付不起城内的高昂房租，所以他在北京南西门外找到一座废弃的菜园子，当中有几间旧房，简单收拾了一下，就在这里住了下来。当然，史书说得很客气，说他之所以住在这里，是因为北京城里尘土飞扬：“君恶京师尘嚣，于南西门外僦废圃，有茅屋数间，篱落环焉，躬耕课子。二三友人过访，则沽白酒，煮芋麦饷客。”[1]

刘光第一大家子人的生活水平很低。清代京官的收入中，有一项实物补贴，叫“禄米”，就是大米。但是大部分时候，京官领到手的禄米质量都非常低劣，根本无法食用。因为管理粮仓的官员往往会把好米私下卖掉，然后把劣米偷偷运进仓充数。在发放俸米时，粮仓官员会“先将霉烂之米充放”，虽“间有好米，亦多掺和灰土”。因此，一品大员可能会领到点好米，中下级官员领到的基本都是放了好几年的陈化老米。这些老米“多不能食”[2]。一般人领出来都会低价卖掉，买的人一般用作牲畜饲料。只有刘光第一家，领到之后是自己吃掉的。刘光第在书信中说：“幸兄斋中人俱能善吃老米。”[3]“幸兄宅中大小人口均能打粗，或时买包谷、小米面及番薯贴米而食……”[4]因为一直处于艰难之中，所以大人小孩都很能吃苦。

这一家人穿得也十分破旧。刘光第唯一一件体面的衣服，一穿就是十年，“一布袍服，十年不易”，“笔墨书卷外无长物”“除着礼服外，平日周身衣履无一丝罗”。其夫人则“帐被贫窭”，被子蚊帐千疮百孔，看起来根本不像一位官员夫人，而像是一位城市贫民。他的几个儿女则更是“敝衣破裤，若乞人子”[5]，像是要饭叫花子。因为住在城外，所以上班路程很远，“从寓至署，回转二十里”，因为无钱坐车，所以平时“均步行，惟雨天路太烂时偶一坐车”[6]。每天步行十公里，倒是非常锻炼身体。

刘光第避居城外，除了无力支付城内高昂房租，还有一个原因，这样可以避免频繁的应酬往还，换句话说，就是可以少随点份子。别人家都是三天两头请客吃饭，只有他们一家人很少出门交游，他老婆在北京待了十一年，没出过一次门：“寻常宴会酒食，亦多不至。其夫人自入都至归，凡十一年，未尝一出门与乡人眷属答拜。宅中惟一老仆守门，凡炊爨洒扫，皆夫人率子女躬其任。其境遇困苦，为人所不堪，君处之怡然。”[7]

综合以上情况，刘光第的生活比北京普通市民强不了太多，自然应该被归为京官中最贫困的一类。他的生活之所以如此穷困，有以下两个原因：

第一是收入低微。晚清太平天国战争兴起，为了弥补军费不足，朝廷不得不卖官筹钱，结果官多职少。所以刘光第到京之后，一直以候补的身份工作。按清代官制，刘光第正途候补的京官只有正俸，他所任主事为六品官，国家正俸为六十两，此外还有六十斛禄米。但是因为财政困难，正俸又经常折扣发放，刘光第在家书中曾说自己的“俸银五十余金”[8]。除此之外，晚清捐官兴起后，官员每年给老乡做保人，可以获印结银收入约一百五十两，加上五十两俸银，刘光第每年全部收入为二百两左右。但是在北京拖家带口生活，一个官员每年至少需要六百两，所以正常情况下，他每年的赤字要在四百两左右。

第二是刘光第出身非常贫寒。

京官生活水平如何与家庭背景有关。有些收入低微的京官在北京也能过上安定优越的生活，因为其家族在背后提供了强大的经济支撑。比如翁同龢状元及第后授翰林院修撰，每年工资收入不过一百多两，但是他的生活从来没有遇到什么窘迫。因为翁氏一族在北京仕宦多年，他的父亲翁心存时任体仁阁大学士，家资丰厚。

而刘光第则出生于贫穷的农民兼小商人家庭。读《刘光第集》可知，他的祖父冬天连棉袄都穿不起，成天赖在邻居家的铁炉边不肯走，熏得脸面漆黑，亲戚来了都不认识："隆冬犹衣败絮，寒不可支，则竟日负邻家铁炉坐不去。面目黧黑，亲故至不可辨识。"[9]到了他父亲这一代，家境也没什么好转，全家人两三个月才能吃一次肉，一次也不过几两："家经变故多，支用绌，入不敷出，食常不买生菜。两三月一肉，不过数两。中厨炭不续，则弟妹拾邻舍木店残杈剩屑以炊。"[10]

刘光第被钦点刑部主事，因家境贫寒不能支持京官生活的浩大费用，没有进京。后来，他的一位族叔，自贡盐场绅商刘举臣主动提出每年资助他二百两银子。富顺县令陈锡鬯一度"亦年助百两"[11]。这样，刘光第才在母丧服阕后进京为官。因为自己的花费全靠他人捐助，欠着巨额人情债，刘光第自然能省即省，不敢大手大脚。

二

刘光第其实有着强烈的出人头地的欲望，也不怎么掩饰自己对仕途的热衷，到北京之后，很想赶快升官。盖因他之读书，是全家人节衣缩食供出来的，母亲甚至"卖屋而买书"[12]，供他读书。所以全家人发达之愿望，皆在他一身。

到刑部上班后，他工作十分勤奋。一般人一个月到衙门上二十天班就已经算非常勤奋的了，他每个月出勤可达二十八九天。《年谱简编》载："销假就职后到署甚勤，每月必到二十八九次。"[13]在致刘举臣的信中，他这样解释自己为什么这样勤奋："主稿等均劝勤上衙门，一月得二十天都好，如能多上，便见勤敏。"[14]如此勤敏，大家都说他过不了几年就能升官，"同乡皆言，如此当法，数年后，必定当红了"。大家如此鼓励，他对自己的仕途也很有信心，认为像自己这样拼命做官，不难飞黄腾达。光绪十六年（1890年）十二月二十日，他在家信中说：

故就兄一人一身而论，尽可无虑，十数年间，一帆风顺，便可出头。

虽然如此说，事实是，十年之间，他却始终在候补主事一职上不能迁转。原因一方面是晚清仕途过于拥挤，另一方面则是刘光第的个性并不适合混迹官场。

刘光第从小在艰难困苦中长大，个性强硬方刚，能吃寻常人不能吃之苦。《年谱简编》记载，有一次他走在路上被疯狗咬伤，怕感染病毒，他硬是从附近人家借了把菜刀，硬生生地把伤口周边的肉都挖下来了，一八八六年（光绪十二年丙戌）二十七岁时，"常步行富泸间，为瘈犬所伤。从乡人借厨刀削去伤口，乡人围观骇叹。"[15]此举断非寻常人所能为，可见其性格之强。

刘光第的另一个性格特点是内向、孤介。对于社交活动，刘光第既不擅长，也不感兴趣。除了必不可少的礼仪，比如师门的三节两寿之礼[16]，平日"少交游，避酬应"[17]。偶尔应酬，也多独坐"寡相谐"，坐在那儿不和别人交流。胡思敬说他"恂谨寡交，稠人广坐中，或终日不发一言，官刑曹十余年，虽同乡不尽知其名”。他当了十年官，连同乡都没认全。他这样做，原因当然主要是对官场上的喧嚣浮华十分看不惯，也不愿意对高官做谄媚之态。刘光第也说自己“冷僻犹昔”“在人稠中”他“不善作便佞趋承之状”，以至于“众皆木石视之”[18]。这样的性格自然影响他在官场中广结机缘，导致迟迟不能升迁。

刘光第的收入中缺少外官“馈赠”等灰色收入，这是因为入仕不久，他就立志要做清官名臣。1889年，也就是进京为官的第二年，他就在家信中说，自己要效仿康熙朝的名臣魏象枢，有了亲戚的资助，就不收什么灰色收入，而是力图保持清廉之节：

> 昔康熙时魏敏果公（名象枢）为一代名臣，俗所称保荐十大清官者也。其初得京官时，亦患无力，不能供职，其戚即应酬之，后来竟成名臣。（有人接济，免致打饥荒，坏人品，此亦魏公之福也。）[19]

因为立志做名臣，刘光第十分爱惜羽毛，其清廉程度远过于曾国藩。步入官场之初，刘光第也一度和光同尘，接受过一些馈赠。[20]后来，随着做清官名臣的人生设计日益清晰，他开始拒绝被绝大多数官员视为正常的馈赠：“兄……不受炭别敬（方写此信时，有某藩司送来别敬，兄以向不收礼，璧还之）。”[21]甚至连好朋友的帮助他也不要，因为他不想沾染任何灰色收入。有个好朋友发了笔小财，得到三四千两白银，想帮他一把，也被他拒绝：“京中今年结费太坏，用颇不敷。抡三（刘光第的朋友王抡三）已补员外，别项进款约三四千金，平时颇知兄，常欲分润，露于言句，不知兄不敢受也。”甚至有人看他成天穿着破旧衣服，想给他两件衣服，他也不要：“赵寅臣欲出京时，欲以纱麻等袍褂相送，因兄所穿近敝故也，兄亦婉而却之而已。”[22]这样他就失去了“他人馈赠”这一京官颇为重要的收入来源。

及至后来，因参与变法而获得重用后，他的作风在军机中也独树一帜。升了官，别人都要给报信的太监赏钱，只有他一个钱不给：“向例，凡初入军机者，内侍例索赏钱，君持正不与。”不仅如此，谁家有事，他也不随礼：“礼亲王军机首辅，生日祝寿，同僚皆往拜，君不往。军机大臣裕禄擢礼部尚书，同僚皆往贺，君不贺。谓：‘时事艰难，吾辈拜爵于朝，当勖王事，岂有暇奔走媚事权贵哉？’其气节严厉如此。”[23]

当了军机章京，别人每年都可以收到大笔外官送的礼金，只有他一文不要：“（光第）性廉介，非旧交，虽礼馈皆谢绝。既入直枢府，某藩司循例馈诸章京，君独辞却。或曰：‘人受而君独拒，得毋过自高乎？’君赧然谢之。”[24]

如此做官之法，使得他升官反而更为赔钱，每年要赔五百两。他在家信中说：“兄又不分军机处钱一文（他们每年可分五百金之谱，贪者数不止此）……如不当多时，所赔犹小；如尚不能辞脱，则每年须干赔五百金。”

基于以上原因，刘光第的生活自然摆脱不了困窘。他在书信中描述自己的生活说，因为今年收入少，所有家务都是老婆带一女仆亲自干：“兄今年京中尤窘迫非常，……以致连厨手亦不能请了，全是一婢女与敝室同操作，日无停趾。”[25]家里越发破旧得不像样子：“盖去夏大雨后，顶槅全漏，烂纸四垂，屡次觅裱糊匠不得（通京俱从新裱糊，匠人忙极）。及觅得，又以价太昂，屡相龃龉，直至冬月，始迫于不得已，费十余金，乃收拾完好。……惟是顶棚未裱好时，客厅诸事，俱颇潦草。”[26]

这种贫困状况贯穿了刘光第京官生涯的始终。一般人苦熬苦做京官，一是期望能在级别上快些升上去，二是期望能放到外地做地方官，收入可以名正言顺地大涨。资助他的族叔也是这样期望的。可惜，因为参与维新变法，刘光第没有迎来自己经济状况改善的那一天就断送了性命，他的族叔也没能收回投资。他在变法失败后被捕之时，连执行抓捕任务的官兵都惊叹他家之穷："缇骑见家具被帐甚简陋，夫人如佣妇，皆惊诧曰：'乃不是一官人！'"[27]

三

作为一个庞大的群体，京官的生活水平自然不尽相同。虽然明清两代的京官通常都很穷，但并不是说所有京官都生活在困窘之中。京官之中，也有少部分人身处巨富阶层，这些人一般分两类。一类是立身不谨的重臣、权臣，因为掌握的资源广而巨，夤缘攀附者门庭若市，所以营私肥己的空间很大。典型代表当然非清中期的和珅和晚期的奕劻莫属。

另一类是"肥缺"官员。京官中有些职务，表面不显山露水，但"实惠"却非常之巨，比如内务府及户部的某些职官、银库官员、各榷关税务官员等。但是他们绝大多数是满人，这是因为清代的"首崇满洲"的民族政策。王志明说：

> 中央机关的满缺最多，据《清朝文献通考》的记载，1785年朝官中满洲缺、蒙古缺、汉军缺、汉缺分别是2751、253、142、558名，其中户部和工部的某些机要部门，如银库、缎匹库、火药局等，全为满缺所独占。可见要津和中央机关为满人所控制，牢固了满人的统治权。[28]

这类满族京官自然活得特别滋润。那桐就是其中的代表。

那桐是中国近代史上的一位重要人物，晚清历任户部尚书、外务部尚书、总理衙门大臣、军机大臣、内阁协理大臣等要职，对晚清政局产生了重要影响。在这里我们不论其政绩，只来看一看他的经济生活。

那桐乃内务府镶黄旗满洲人，叶赫那拉氏，咸丰六年（1856年）生于北京。他的家族是内务府世家，家资丰厚。不过和大部分内务府纨绔子弟不同，他自幼肯于读书，并且取得了举人功名，这在满人中算得上相当难得，所以被人称为晚清“旗下三才子”之一。他又颇有办事才干，在满族官员中属于一位“能员”，所以升迁之路相当顺遂。

那桐留下了一本日记，读这本日记，我们发现，从青年时代起，那桐的生活就是极为优裕，甚至奢华的。

那桐的住宅位于金鱼胡同，这是一座豪华宅邸，是一座横向并联的七跨大院，占地二十五亩之多，房屋约三百多间。特别是其中的“那家花园”，“台榭富丽，尚有水石之趣”，[29]闻名京师。

《那桐日记》起自光绪十六年（1890年）。从日记记载来看，那桐几乎天天都在饮宴应酬、唱戏听曲中度过，生活既按部就班，又富足滋润。比如光绪二十二年（1896年）三月，他共有十九天赴宴或者在家宴请别人，约晚饮，到同兴楼小食，赴福寿堂之约，在家晚饮，赴九九园消寒九集，到福全馆晚饭，谈崇文门公事，同和楼晚饭，赴九九园之约……名目繁多，经常子初、子正才归。[30]除了日常锦衣玉食，“那家爱听戏，经常一唱就是一整天，甚或连唱几天。”[31]那家花园经常举办各种演出，京戏名角大都是那家的常客。

在晚清时代，能不能玩得起“西洋玩意儿”是一个家庭是否有实力的重要标志。1897年，有一次赴天津旅游之后，那桐迷恋上了西洋事物，从那一年起，“那家隔三岔五吃西餐，买洋货。……坐汽车、安电话，甚至买汽车，反正什么东西时髦，那家便很快拥有”[32]。

那桐日常应酬手笔也很大。日记记载，光绪二十二年四月初九日，“熙大人宅”有喜事，他出份子二百两白银。[33]光绪二十四年（1898年）他升为“正部级”后，到各处拜谢老师，送给荣禄银一千两，其他送崇绮等十一人，从四十两至一百两不等。[34]光绪二十五年（1899年），庆亲王女儿结婚，他送“大裁江绸二套，九件荷包二匣，宴席二桌，绍酒二坛，茶叶百斤，羊烛百斤，喜分百金”[35]。日记中经常可见他借钱给别人，比如光绪二十四年六月十六日，伦贝子借去一千两京松银。[36]

四

那桐的生活水平如此之高，有三方面因素。第一是那桐的特殊出身。那桐出身内务府，家底本来就很厚。

第二个因素也是最重要的因素，是那桐一生工作多与经济收支有关，且多次署肥缺。

中举之前，那桐因为精明能干，就经常被派一些临时性职务，比如“充户部恭办（皇帝）大婚典礼处派办司员”“充恭办（皇帝）万寿庆典总办”[37]。虽然都是临时充任，但这些皇家庆典，例来开支浩大，承办人员扯虎皮做大旗，可钻的空子极多，甚至修办光绪朝《大清会典》这类看起来没什么油水的工程，也有很大闪展腾挪空间。光绪二十五年，那桐任《大清会典》馆提调官，事毕将工程用剩下的六万两白银交还朝廷，得到慈禧太后的专旨表彰，说他“奉公洁己，办事认真”[38]。

这件“小事”能引起最高层的注意，说明这六万两如果想办法分掉，才更符合那时官场之惯例。

那桐长期担任户部的职务。户部的职掌均与经济财政相关，户部官员的公开收入名正言顺地高于其他部门：“各部之中，以户部为较优。”[39]那桐长期任职户部，到底获得多少收入未见记载，不过他自光绪十一年（1885年）至十九年（1893年）在钱法堂当差，做到主事。光绪十一年起在捐纳房当差，光绪十八年（1892年）任总办，直至光绪二十四年。这几个地方都是极有油水的所在。此外，他还在贵州司掌过印。那桐为人并不在意清节，反而是贪名久著，正如摄政王载沣的胞弟载涛在回忆录中说那桐“平日贪得无厌”，“只认得钱”，“亦是著名的大贪污者”[40]，所以在户部期间，他的收入应该就已经不菲。

那桐还出任过一些著名的肥缺。

第一个肥缺就是“户部银库郎中”，“佩带银库印钥”。户部银库是收贮各地送到京师的赋税饷银之所。

众所周知，银库一直是清代财政中水最深的部门，那桐在这个正五品的职务上每年的养廉银五千两，除此之外到底有多少灰色收入，他在日记中当然不可能透露。不过在担任银库郎中后的第二年，他就开始在京城繁华地段经营当铺。《那桐日记》光绪二十三年（1897年）八月廿四日记载：

> 余托孟丽堂价买北新桥北大街路东增裕当铺作为己产。……计占项一万二千余金，架本三万金，存项一万金，统计领去五万三千余金。[41]

时隔一年多，那桐再次购买当铺。光绪二十四年十月十五日那桐在日记中写道：

> 余托孟丽堂价买灯市口北，东厂胡同口外，路东元丰当作为己产，改字号曰“增长”。总管为孟丽堂，……价本市平松江银三万两，占项市松一万七千两，存项京松二万五千两，统计市松七万二千余金。[42]

这两笔高达十二万余两的巨额投资显然不是他的公开收入所能承担的。事实上，分析那桐的升迁之路，我们可以很清楚地看到，银库郎中一职是他宦途升腾的关键点，在此之前，他一直是中低级京官，在此之后仅仅一两年间就跻身高级京官，之后更是飞黄腾达成了军机大臣、文渊阁大学士。

那桐做过的另一类肥缺是“派充左翼税务委员”“派充崇文门正监督”等税收官员。这也是著名的肥缺。

清代税关官员都是肥缺，崇文门税关更是肥中之肥。崇文门税关处于万方辐辏的京师，商贾往来频繁，征税总额巨大，此关的税务官员和胥吏很容易暴富。[43]清代巨贪和珅之发家致富，一个重要来源就是担任崇文门监督所获的收入。那桐担任这些职务的具体收入我们不得而知，但从他一生行迹来看，我们可以肯定的是他不会洁身自好。

除去以上两个因素，那桐个人的理财水平也是一个关键因素。那桐极具经济头脑，擅长理财，这也许与他长年在北档房、户部工作不无关系。他办事经常习惯性地核算成本，比如光绪十六年（1890年），第一次随两宫赴东陵谒陵，来回十余天，回来他算了一笔账，“此次一役除户部应领津贴银四十两，尚须赔数十金”[44]。他热衷于从事各种经营活动。比如，他经营商铺、置田产、地产，买房产，出租房屋，把自家的经济活动搞得有声有色，资产积聚相当迅速。

那桐的经营活动中，获利最丰的当属当铺。清代皇族和大员热衷于典当业，这是因为开当铺税收少，获利丰厚。据夏仁虎记载："质铺九城凡百余家，取息率在二分以上。"[45]

那桐生活优裕奢华的最后一个原因，是他的性格因素。与晚清大部分满族官员一样，那桐虽然是"能员"，但他的"能力"仅限于操办具体事务，对朝廷大政，国家兴衰，他从没表现出什么独到的政治见解或思想主张。圆融、开朗、外向和精明使他很善于构建自己的人际关系网，在国家艰难之际仍然全力经营自己的"幸福生活"。从《那桐日记》看，他每年春节登门拜年往还的数字相当惊人。光绪十六年，那桐34岁，身为中级京官，当年正月初一至十五，他登门所拜的人家约计260家，第二年春节期间，拜年约330余家。官至一品后，前往各府拜会的数量略有减少，但来访的客人却明显增加，成为重臣的1904—1911年，那家每年过年更是门庭若市。这自然也预示着他的灰色收入的来源越来越广：除去附加效应不提，最直观的收入是每个登门者所携的节礼。那桐日记中记载的"持贽"者中所持最高的为"千金"。[46]

所以，虽然国难重重，但那桐因经济实力雄厚，人际关系广泛，性格开朗乐观，在晚清社会政治灰暗沉郁的大背景下，他的生活却是一派阳光、热闹和快活。看《那桐日记》九十万言中，最频繁的记载是家居生活、饮宴应酬、礼尚往来的繁忙和享受。不论年岁如何，每逢年节，那家肯定会举办各种频繁奢华的饮宴聚会。甚至国难临头之际，遇到红白喜事也从未草率行事，各种喜分、奠分一丝不苟。孙燕京在《从〈那桐日记〉看清末权贵心态》中写道：

1890—1925年间，那家的娱乐活动多得不可胜计。如果外出听戏（包括入宫听戏）、看花灯……出游不计算在内的话，那桐及家人最钟爱的文娱活动是堂会，内容包括什不闲、八角鼓、大鼓书、说书、影戏（含皮影、幻灯）、洋傀儡戏（木偶戏）和京剧。双处评书、抓髻赵什不闲、子弟什不闲、马老什不闲、马老八角鼓，多是那家固定邀请的演员，甚至成为门客。日记里常提到这些演员的名字，有时还进行评论和比较。什不闲很受那家老少的欢迎，隔三差（岔）五就会被请到那家来娱乐一番。……家庭祝寿，友朋拜寿多以演戏为乐，甚至把京剧当成“贺礼”相互送来送去。1903年，那桐的二女儿19岁生日，在新西花厅唱安庆高腔戏一天，伦贝子、诚玉如、三祝、小川、彭子嘉、陶杏南送昆戏六出，来客甚多，午正开戏，子初散。[47]

对这些活动，那桐总是兴致勃勃，乐此不疲，偶尔才会感慨两句“忙累”“倦极”。[48]

几乎未间断记日记的晚清到民国的三十五年里，那桐绝少出现失望、烦躁、不安、不如意、心灰意懒等负面情绪。相反，倒是兴奋、昂扬、兴味盎然、兴致勃勃、心满意足表现得淋漓尽致。[49]

综上所述，那桐是京官中优裕派的典型。清代优待满族的特殊政策，内务府出身的背景和屡署肥缺，使他拥有了雄厚的家底。而善于理财投资的天赋，“贪财好利”和开朗圆滑的个性，推动他在动荡的政治大背景下敛财投资，成为京城巨富，其生活水平是曾国藩等普通汉族京官无论如何都难以达到的。

注释

1.《刘光第集》编辑组：《刘光第集》，中华书局，1986年，第440页。
2.何刚德：《春明梦录》卷下，张国宁校点，山西古籍出版社，1997年，第101页。
3.《刘光第集》编辑组：《刘光第集》，中华书局，1986年，第215页。
4.《刘光第集》编辑组：《刘光第集》，中华书局，1986年，第280页。
5.《刘光第集》编辑组：《刘光第集》，中华书局，1986年，第70页。
6.《刘光第集》编辑组：《刘光第集》，中华书局，1986年，第451页。
7.《刘光第集》编辑组：《刘光第集》，中华书局，1986年，第439页。
8.何刚德说："余初到部时，京官俸银尚是六折发给。六品一年春秋两季应六十两，六六三十六，七除八扣，仅有三十二两。后数年，改作全俸，年却有六十金，京官许食恩，正两俸补缺后，则两份六十金，升五品则有两份八十金。俸之外有米，六品给老米，五品给白米。老米多不能食，折与米店，两期仅能得好米数石。若白米则尚可不换也。"见何刚德：《春明梦录》卷下，张国宁校点，山西古籍出版社，1997年，第101页。
9.《刘光第集》编辑组：《刘光第集》，中华书局，1986年，第35—36页。
10.《刘光第集》编辑组：《刘光第集》，中华书局，1986年，第44页。
11.《刘光第集》编辑组：《刘光第集》，中华书局，1986年，第451页。
12.《刘光第集》编辑组：《刘光第集》，中华书局，1986年，第44页。
13.《刘光第集》编辑组：《刘光第集》，中华书局，1986年，第451页。
14.《刘光第集》编辑组：《刘光第集》，中华书局，1986年，第193页。
15.《刘光第集》编辑组：《刘光第集》，中华书局，1986年，第450页。

16.刘对师门应酬从不懈怠。“秋节在即，各处师门，餽送方殷（第自奉事事从俭，唯应酬师门一事，断不敢菲薄）”。师门应酬周到，不为有所干求，而只是尽师生之情：“诚欲自奉俭约，多余点数，以为师门应酬，并非有所干求，只是情不能已。”见《刘光第集》编辑组：《刘光第集》，中华书局，1986年，第196页。
17.《刘光第集》编辑组：《刘光第集》，中华书局，1986年，第452页。
18.《刘光第集》编辑组：《刘光第集》，中华书局，1986年，第230页。
19.《刘光第集》编辑组：《刘光第集》，中华书局，1986年，第200页。
20.比如1891年12月16日这封家书中透露的：兄京寓诸尚稳适，今岁外来冰炭费稍多于前年而仍形不足者。良以入数微多出数亦因之以多。谚所谓“水涨船高”是也。见《刘光第集》编辑组：《刘光第集》，中华书局，1986年，第225页。
21.《刘光第集》编辑组：《刘光第集》，中华书局，1986年，第287页。
22.《刘光第集》编辑组：《刘光第集》，中华书局，1986年，第233页。
23.《刘光第集》编辑组：《刘光第集》，中华书局，1986年，第436页。
24.《刘光第集》编辑组：《刘光第集》，中华书局，1986年，第439页。
25.《刘光第集》编辑组：《刘光第集》，中华书局，1986年，第207页。
25.《刘光第集》编辑组：《刘光第集》，中华书局，1986年，第247页。
27.《刘光第集》编辑组：《刘光第集》，中华书局，1986年，第457页。
28.王志明：《雍正朝官僚人事探析》，华东师范大学博士学位论文，2003年，第16页。
29.贾珺：《台榭富丽水石含趣——记清末京城名园那家花园》，《中国园林》，2002年第4期，第71页。
30.北京市档案馆编：《那桐日记》，新华出版社，2006年，第203-206页。

31.孙燕京：《从〈那桐日记〉看清末权贵心态》，《史学月刊》2009年第2期，第124页。
32.孙燕京：《从〈那桐日记〉看清末权贵心态》，《史学月刊》2009年第2期，第123页。
33.北京市档案馆编：《那桐日记》，新华出版社，2006年，第207页。
34.北京市档案馆编：《那桐日记》，新华出版社，2006年，第300页。
35.北京市档案馆编：《那桐日记》，新华出版社，2006年，第324页。
36.北京市档案馆编：《那桐日记》，新华出版社，2006年，第281页。
37.北京市档案馆编：《那桐日记》附录，《那桐亲书履历本》，新华出版社，2006年，第1079—1080页。
38.北京市档案馆编：《那桐日记》，新华出版社，2006年，第327页。
39.何刚德：《春明梦录》卷下，张国宁校点，山西古籍出版社，1997年，第84页。
40.载涛：《载沣与袁世凯的矛盾》，全国政协文史资料研究委员会编：《晚清宫廷生活见闻》，文史资料出版社，1982年，第82页。
41.北京市档案馆编：《那桐日记》上册，新华出版社，2006年，第252页。
42.北京市档案馆编：《那桐日记》上册，新华出版社，2006年，第293页。
43.万依：《供宫廷及税官染指的“崇文门”》，《故宫博物院院刊》，1987年第2期，第29页。
44.孙燕京：《从〈那桐日记〉看清末权贵心态》，《史学月刊》，2009年第2期，第127页。
45.夏仁虎：《旧京琐记》卷九《市肆》，民国刻本，首都图书馆北京地方文献部藏。

46.北京市档案馆编：《那桐日记》，新华出版社，2006年，第535页。
47.孙燕京：《从〈那桐日记〉看清末权贵心态》，《史学月刊》，2009年第2期，第124页。
48.孙燕京：《从〈那桐日记〉看清末权贵心态》，《史学月刊》，2009年第2期，第123页。
49.孙燕京：《从〈那桐日记〉看清末权贵心态》，《史学月刊》，2009年第2期，第122页。此段直接引文以外部分也主要参考了此文。

图书在版编目（CIP）数据

简读中国史．中国历代腐败背后的权力与财政 / 张宏杰著．-- 长沙：岳麓书社，2020.8（2024.6 重印）

ISBN 978-7-5538-1360-8

Ⅰ．①简… Ⅱ．①张… Ⅲ．①中国历史—通俗读物 Ⅳ．① K209

中国版本图书馆 CIP 数据核字（2020）第 168115 号

JIAN DU ZHONGGUO SHI. ZHONGGUO LIDAI FUBAI BEIHOU DE QUANLI YU CAIZHENG

简读中国史．中国历代腐败背后的权力与财政

作　　者：张宏杰
责任编辑：奉懿梓
监　　制：秦　青
特约策划：曹　煜
特约编辑：停　云
营销编辑：吴　思
版式设计：利　锐
封面设计：格局创界文化 Gervision
岳麓书社出版
地址：湖南省长沙市爱民路 47 号
直销电话：0731-88804152　88885616
邮编：410006
2020 年 10 月第 1 版　2024 年 6 月第 4 次印刷
开本：680×955　1/16
印张：20
字数：260 千字
书号：ISBN 978-7-5538-1360-8
定价：59.80 元
承印：三河市鑫金马印装有限公司

若有质量问题，请致电质量监督电话：010-59096394
团购电话：010-59320018